中国农业大学现代远程教育系列教材

社会心理学原理及应用

朱启臻　主编

中国农业大学出版社

主　编　朱启臻

副主编　高春凤　林丽丽

参　编　（按姓氏笔画排序）
付永峰　宫贤平　林向英　姜希玉

序 言

党的十七大提出了发展远程教育和继续教育，构建全民学习、终身学习的学习型社会的指导思想，为我国教育教学的改革带来了新的活力。现代远程教育因其独特的优势，使得越来越多的在职人员选择了远程教育方式接受继续教育。现代远程教育在高等教育中的重要作用日益彰显。

中国农业大学是2001年经教育部批准开展现代远程教育的试点高校。几年来，我们对网络教育的办学理念、教学模式、管理模式和运行机制等进行了积极探索，基础设施不断完善、管理制度逐步健全、教学质量日益提高、办学规模稳步发展。

网络教学中学生的主要学习方式是基于资源的自主学习。为学生提供内容丰富、形式多样、使用便捷的学习资源是网络教学学习环境的基础，也是提高网络教学质量的基本保证。在网络教学中，学生常用的学习资源有课程教材、学习资料、网络课件等，其中课程教材是最基本也是最常用的学习资源。因此，加强现代远程教育教材建设，编写适合网络教育人才培养需要的、具有网络教学特点的教材至关重要。

我们组织编写网络课程教材的宗旨是：积极探索，建设高质量的与网络教育相适应的精品教材，以提高网络教学质量。具体要求是：在编写理念上以当代教育教学思想为指导，力求符合成人在职学习规律和课程改革的精神，体现以学生为中心的当代网络教学理念；在内容上体现科学性和教学性相结合、理论性和实践性相结合、前瞻性和实用性相结合、创新性和继承性相结合；在篇幅、体系、文字、体例、版式上适应成人学习特点，有利于学生自学，更适合于网络教学。

对于编写适合于网络教育人才培养要求、具有网络教育特点的教材，我们还是初步尝试，在编写中难免有不妥之处，敬请读者指正。

中国农业大学网络教育学院

2008年9月

前　言

2000年我们从事社会心理学教学和来自实际工作的同志联合编写了一本《社会心理学原理与应用》教材，由中国社会出版社出版，主要是适应当时干部培训需要。该教材出版后受到了广大读者和教学工作者的欢迎，读者普遍反映该教材不像其他同类教材那样晦涩，不仅通俗易懂，可读性强，而且能够密切联系实际，对任何职业岗位的学生完成本职工作都有积极的作用。随着近些年来我国社会心理学的研究取得了一系列的成果，社会心理学学科得到了较快的发展，以及人们对社会心理学教学要求的不断提高，原教材的一些内容已经不能反映我国社会心理学的最新研究成果，不能满足广大读者运用社会心理学理论与方法解决实际问题的需要。为此，我们在原教材的基础上对教材内容进行了较大的修改，吸纳了近些年社会心理学的研究成果。在内容的取舍上，我们仍然遵守了原教材"淡化理论，突出应用"的原则，在保证基本内容体系完整的前提下，突出了应用性强的内容，使读者在掌握社会心理学知识的同时，学会在实践中应用相关知识去解决相应的实际问题。同时，该教材注意到了网络课程学习的特点，突出了自学特点。我们在每一章的开头增加了本章学习目标和技能目标，在每一章的结尾增加了本章小结和思考题，有助于学生自学和掌握主要内容。

本书第一稿各章撰写人分别是：第一章、第二章、第三章、第九章由朱启臻撰写；第四章、第五章由吴惠芳、朱启臻撰写；第六章由张春明撰写；第七章由何惠丽、朱启臻撰写；第八章由潘进撰写。本次在原教材基础上重新编写，各章节分工如下：第一章和第三章由林丽丽撰写；第二章和第四章由付永峰撰写；第五章和第七章由姜希玉撰写；第六章和第九章由林向英撰写；第八章由宫贤平撰写；第十章由高春风撰写，最后由朱启臻、高春风、林丽丽统稿。

该教材适合网络教学和干部培训需要，也可供高等学校相关专业教学参考用书。由于社会心理学发展较快，人们对社会心理学的需求复杂而且变化较快，一本教材难以满足读者多方面的需要，加之内容的取舍受篇幅的限制，难免存在不足，恳请读者提出建议和指正，使该教材不断完善。

编者

2008年5月

前言

目　录

第一章 绪 论

知识目标

- 了解什么是社会心理学。
- 理解社会心理学研究对象特性。
- 掌握社会心理学的学科特点。

技能目标

- 能够辨析社会心理现象。
- 能分析具体社会行为的影响因素。

早在远古时代人们便开始了对社会心理现象的种种猜测和思考。但社会心理学作为一门独立的学科，却经历了一个漫长的发展过程。它与心理学、社会学和文化人类学有着深刻而广泛的历史渊源。社会心理学的产生源于人们为解决与现实生活有关的心理问题，它所考虑的问题同社会生活有着密切的联系。由此，社会心理学理论在社会生活的各个领域得到了越来越广泛的应用。通过社会心理学知识的学习，人们可以更好地了解自己社会心理的形成和社会行为发生的机制，更好地处理自己同他人以及周围世界的关系，从而使自己在不断变化的客观环境和社会中有良好的定向能力，客观地评价自己、评价他人、评价社会，使自己在完成适应社会的同时，充分地发挥自己的心理潜能，实现自我存在的价值。本章通过对社会心理学对象的研究、对社会心理学学科性质的理解，及其产生与发展的历史，使学生能够从多元的而不是单一的学科视角出发，来了解和学习人类行为的基本特征和变化规律。

第一节 社会心理学的研究对象

每一门学科都有自己独特的、其他学科难以替代的研究对象，社会心理学也不例外。每一个接触或准备接触社会心理学的人都会问，“社会心理学是研究什么的?"但人们获得的答案往往不能令人满意。其主要的原因就在于对这一问题的表述千差万别,因此,有人无可奈何地说:社会心理学"是那些自认为社会心理学家的人倾心研究的一门科学",也有人说,有多少位社会心理学家,就有多少关于社会心理学研究对象的说法。针对这一问题,我们有必要对国内外关于社会心理学研究对象的种种规定进行一番审视,在此基础上阐明我们对社会心理学研究对象的理解。

一、国外学者对社会心理学研究对象的界定

国外关于社会心理学研究对象的表述很多,主要是由于研究和关注的方向有所差异。因此,社会心理学研究对象的主要分歧发生在不同取向的社会心理学家之间。

1.心理学取向的社会心理学心理学家的观点

心理学注重个体,试图通过研究个体的人格特征来解释人的行为。心理学取向的社会心理学家肖和康坦佐认为"社会心理学是关于社会刺激反应的个人行为的科学研究";麦独孤在他的《社会心理学导论》一书中则强调个人行为,他研究了个人的行为机制和先天倾向;K·杜加克斯等人在《八十年代社会心理学》的著作中依旧坚称"社会心理学的目的是理解、说明和预见人类行为"①,并引用了20多年来一再为人引用的G·奥尔波特的定义为自己的观点加以说明:"社会心理学家认为他所投身的学科旨在设法了解和解释个体的思想、感情和行为如何受到他人存在的影响;这个他人的存在可以是实际的,也可以是想象的或暗指的。"这个定义也为西方社会心理学界普遍使用。由此可以看出,奥尔波特认定"社会心理学研究个人的社会行为与社会意识"。简言之,心理学取向的社会心理学试图从个人的人格结构中求得对人类社会行为的解释,该取向的基本研究方法是F·奥尔波特所倡导的实验室的控制性实验。

2.社会学取向的社会心理学家的观点

关注群体以及试图通过群体内部的互动来解释人类社会行为是社会学的社会心理学的基本特点,符号互动理论、社会交换理论、社会角色理论以及参照群体理论这4种主要的社会学取向的社会心理学理论,可以说都是围绕着群体内部的互动展开自己的论述的,社会学家则注重群体研究,试图通过人们在群体中的互动来解释人的行为。社会心理学家C·A·埃尔伍德进一步强调"社会心理学是关于社会互动的研究",他所关心的"是人类集体行为的心理学解释";G·麦考尔和

①杜加克斯等,《八十年代社会心理学》,北京:三联书店,1988年,第1页。

J·西蒙斯指出，社会心理学“关注社会运动的研究”，重点强调各种“塑造群体”的因素，如社会自我与社会化；而伊恩·罗伯逊则明确提出：“社会心理学的研究有助于理解社会环境对人类行为的影响”，“人类行为主要取决于人们所属的群体和群体间的互动及影响。”①

3. 文化人类学取向的社会心理学家的观点

文化人类学家出版了大量的有关社会心理学的跨文化研究的专题著作（其中有些著作就是以社会心理学题名的，如卡丁纳的《社会心理疆界》、杜波依丝的《阿罗人：一个东印度岛的社会心理研究》），但具有系统的理论体系的概论性著作到了1980年才得以诞生：这就是由美国夏威夷东西文化研究中心的特雷安迪斯和朗伯特主编的《跨文化心理学大全》中的第五卷《跨文化社会心理学》。从文化人类学家半个多世纪的研究来看，他们所欲图证明的是文化在一个民族的人格与社会行为的模塑中的重要作用，以及能动的人格与社会行为又是在何种程度上建构文化的。文化人类学家发现“在心理学及大部分社会学之外存在着另一类人类行为的决定因素。这就是传统的风尚习俗、典章制度、工具、哲学、语言等，即我们的传统文化。”②在许多社会心理学的定义中都有文化人类学的影响，《新大英百科全书》中写道：“社会心理学是研究个体在其社会和文化情景中的行为科学。”

从这些经典的表述中，我们可以获得以下一些规律性的认识。

第一，长期以来社会心理学家有关学科对象的争论，焦点并不在是否研究社会行为上，而是在怎样研究社会行为上。在这点上，心理学家强调个人因素（人格），社会学家强调社会因素（群体与互动），文化人类学家则强调文化因素。

第二，尽管有的社会心理学家（如奥尔波特兄弟）使用的行为概念是狭义的，但大多数社会心理学家使用的行为概念则是广义的：它不仅指能够观察到的外部事件，也包括了诸如情感、态度、思维等不能被直接观察到但却能为现代科学间接测量的内隐过程。无论是单单使用社会行为或社会心理，还是同时使用这两个概念的学者，都一致认为社会心理学的研究对象既应包括内隐过程，也应包括外部事件。也就是说，包括人对各种社会刺激所做的全部反应和活动。

第三，尽管社会心理学家在早期曾形成对大群体研究的兴趣，但20年代以后却基本上限于对个体（至多是小群体）的社会行为的研究。由于能够直接获得数量资料使社会心理学的定量化及进一步的科学化成为可能，但这种倾向同时也混淆了群体与个体的辩证关系，进而导致了西方社会心理学缺乏对宏观社会过程的理

①周晓虹等，《现代社会心理学》，南京：江苏人民出版社，1991年，第6页。

②周晓虹等，《现代社会心理学》，南京：江苏人民出版社，1991年，第6页。

论解释以及把个体置于更广泛的社会中去考察的社会性。在这方面，以安德列耶娃为代表的前苏联社会心理学家的观点较为全面，他们认识到“人的心理具有社会意义的特征的内容正是在宏观社会的层次上形成的。”①在论述个体行为的同时，注意到了表现在风尚、习俗、社会舆论、流言与谣言中的社会心理学问题，注意从阶级、民族等大群体的角度论述人的心理与行为。

二、我国学者关于社会心理学研究对象的代表性观点

社会心理学在我国中断了数十年，在改革开放后得到迅速恢复。尽管对社会心理学研究对象的认识还缺乏广度和深度，但在我国社会心理学著作中，大多数学者关注的是群体对个体心理和个体行为的影响，但又有所区别，其中对社会心理学研究对象的定义形成了几种有影响的表述。

1.吴江霖教授的定义

他在1982年4月中国社会心理学研究会成立大会的报告中，分析了国外社会心理学的发展、现状和建立我国社会心理学的理论、方法与原则等，提出“社会心理学是研究个体或若干个体在特定社会生活条件下心理活动的变化规律的科学”。这是社会心理学恢复以来，提出最早，被人们广泛引述的一个定义。这一定义中包含了3个方面的内容：一是个体之间的相互影响；二是个体与群体之间相互作用的思想；三是把人的心理的发生、发展置于广泛的社会生活中去考察。这定义在一定程度上揭示了社会心理的本质属性。但这一定义带有明显的心理学化倾向。在这里，社会心理学的研究对象是个体或若干个体，重点是个体心理活动如何受社会生活条件的影响，缺乏对群体心理的概括。事实上，吴江霖教授论述的重点就是个体如何在社会生活条件中生活并受其影响和塑造的，即个体在一生的社会化过程中，心理活动的变化发展就是其全部体系的逻辑主轴。

2.沙莲香教授的定义

在沙莲香《社会心理学》一书中认为社会心理学是：“研究社会心理的基本过程及其变化发展的条件和规律的具体科学。”②并对什么是社会心理，以及社会心理的特点和作用进行了较详细的论述。她认为“所谓社会心理，是人们在社会自发产生，并互有影响的主体反应”③。可见，她把研究对象规定为人们对社会客观现实“主体反应”，并力图把这个对“主体反应”的考察置于马克思关于人的理论解释之

①安德列耶娃，《社会心理学》，第164页。

②沙莲香，《社会心理学》，北京：中国人民大学出版社，1987年版，第32页。

③沙莲香，《社会心理学》，北京：中国人民大学出版社，1987年版，第32页。

上。这符合国内外社会心理学者对社会心理学对象的一般规定。沙莲香教授认为社会心理作为一种精神现象是以一个过程出现和存在的。并把社会心理的基本过程概括为内过程(包括社会认知、社会情绪、社会动机、社会态度)和外过程(指各种层次的群体心理)。实际上她是将社会心理的内过程等同于个体社会心理,社会心理的外过程等同于群体社会心理,有学者认为这一观点是值得商榷的①。

3.王康教授及孙晔、李沂等学者的观点

在《社会学和社会心理学的关系》一文中,王康指出"社会心理学是研究社会环境对人的思想、感情、态度、行为产生什么影响的学科"。② 这一观点明显受美国社会心理学家G·奥尔波特的影响。两年以后为孙晔、李沂等人简化。孙晔、李沂等人提出了认为"社会心理学是研究个体和群体的社会心理和社会行为规律的一门科学。"这个定义并列使用了"社会心理"和"社会行为"两个概念,不仅使定义简单通俗,而且符合人们对社会心理学的理解习惯。因此,这一定义被不少社会心理学教科书所采用。但是这个定义由于并列使用了"社会心理"和"社会行为"两个概念,容易给人造成一种误解,似乎社会心理学的研究对象是两个独立的成分。实际上社会心理学的研究对象应该是从内隐到外显的统一体。他们提出"社会心理学是研究个体和群体的社会心理和社会行为规律的一门科学"。

在综合社会心理学研究对象各种表述的基础上,周晓虹提出了一个定义,认为"社会心理学应该研究社会在特定的社会生活条件下、具有独特的文化和完整的人格对各种简单与复杂的社会刺激所做的反应"。也就是说,他认为社会心理学研究人的社会或文化行为发生、发展变化的过程及其规律。③ 在对这个定义的解释中,尽管他强调了反应的主体不仅包括生活于群体中的个人,而且包括了由这些个人组成的大小不等的群体。但这个定义仍然会给人以忽视群体心理研究的感觉。

三、本书对社会心理学研究对象的解释

根据以上国内外对社会心理学研究对象的表述,我们认为社会心理学的定义,应该包括4个要点:第一,社会心理学应该以社会心理或社会行为为研究对象。社会心理和社会行为是社会心理学研究同一过程的不可分割的两个方面,即主体反应的内隐和外显过程。实际上研究人的内因过程也必须通过对人的外部行为的分

---

①周晓虹,《现代社会心理学》,上海:上海人民出版社,1997年,第3页。

②王康,《社会学和社会心理学的关系》,载《社会学和社会心理学》,北京:工人出版社,1985年版,第168页。另参见全国八院校合编,《社会心理学教程》,兰州:兰州大学出版社,1986年版第5页。

③周晓虹,《现代社会心理学》,上海:上海人民出版社,1997年,第11页。

析来实现，研究外显过程，也不可能离开对内隐过程的分析。许多学者都认为，人的行为既包括外显事件，也包括内隐过程，所以越来越多的社会心理学家仅仅使用社会行为这一概念来表述自己的研究对象。第二，这种心理和行为包括个体和群体的社会心理和行为。第三，要在社会的相互作用中来进行社会心理现象的研究。第四，作为一门科学，社会心理学应研究社会心理现象发生、发展和变化的规律，并把它应用到社会实践中去。

所以，我们可以简单地把社会心理学定义表述为：社会心理学是研究在特定社会环境下正常人及其群体社会行为发生、发展和变化规律的科学。这个定义包含了以下 3 层含义。

1. 社会心理学研究的对象是正常人及其群体

正常人及其群体是相对于非正常人（如生理缺陷、心理变态者或精神病人）而言的，是指具有健康的生理素质、健康人格和正常心态的人，以区别于变态心理学等以非正常人及其群体为研究对象的学科。社会心理学有时也涉及非正常人及其群体，但只是从社会刺激与主体反应的因果联系的角度进行探讨，而不研究非正常人及其群体的行为本身。

2. 社会心理学研究的对象是生活在特定社会环境下的正常人及其群体

主体反应的内容和形式，归根结底取决于社会生活环境。环境包括自然环境和社会环境，人的行为一方面受自然环境的影响，另一方面受社会环境的影响。由于自然环境的变化相对于社会环境的变化要缓慢得多，它对人的行为的影响具有恒常性特点。而人所创造的社会环境，随着社会的发展则具有灵活多变的性质，是制约人是行为的主要因素。这种特定的社会环境既包括社会物质环境，也包括社会精神环境，如社会经济发展水平、科学技术、传统文化、生活方式、社会制度、社会规范、社会道德、社会舆论等。社会心理学就是探讨特定社会环境与人的行为之间的相互作用关系。

3. 研究社会行为的规律性

与其他学科一样，社会心理学也是有规律可循的，勒温曾提出个体行为是个体的个性特点与环境的函数。用公式表示：

$$B=f(P\cdot E)$$

式中，B 为个体行为（behavior）；P 为个体的个性特征（peronality）；E 为个体所处的环境（environment）。这个公式反映了人的行为最一般的规律。说明人的行为是由他本人的主观因素和他所处的环境因素共同作用的结果。对人的社会行为规律认识的程度，是社会心理学这一学科成熟度的重要标志，也是社会心理学理论应用于实践的基本前提。因为，只有掌握了人的行为规律，才能预测、引导和控制人的行为。

四、关于社会行为及其影响因素

在把社会行为规定为社会心理学研究的对象后，我们有必要对社会行为及其影响因素做些探讨。

1.社会行为

行为这个概念原来是指有机体为适应生活环境而对环境刺激做出的生理与心理的反应。社会学家韦伯(M. Weber)把行为引入社会学，并以此为始点展开社会学的基本体系，韦伯的行为概念是指社会行为。作为社会心理学研究对象的社会行为是指生活在特定社会生活条件下的人们(个体和群体)，对各种社会刺激所做的反应。人的行为产生不是随意的，而是在内外环境的共同作用下形成的，一般认为人的行为的产生要经过以下环节(图 1-1)。

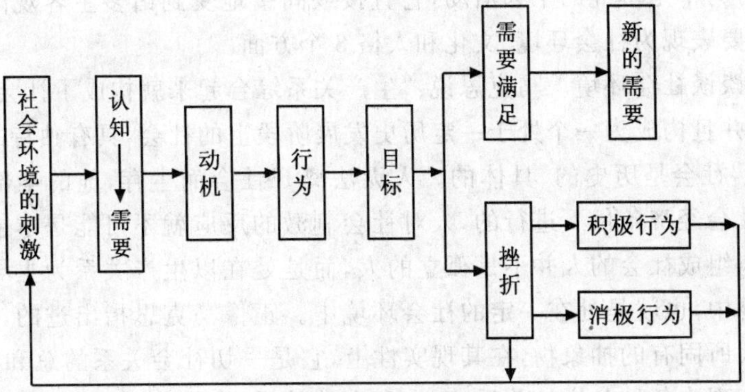

图 1-1 人的行为基本模式图

一般认为人的社会行为的是在一定的社会刺激下产生的，社会刺激是各种社会客体对人产生的直接或间接的作用。从社会心理学的角度看，作用于人的全部社会客体可分为两大类：一类为社会情景，这是与某个个体或群体直接发生联系的其他个体或群体；另一类为社会文化环境，包括社会政治制度、法律制度、经济地位与经济状况、社会规范、风俗、时尚、信仰、舆论、民族与阶级群体等。社会情景对人的作用是直接的、简单的，而社会文化环境对人的刺激则是间接的、复杂的。社会行为是人们对社会刺激做出的回答或反应。刺激是引起人们反应的前提，而反应则是主体受刺激后的内心体验和外部表现形式。在特定社会环境的作用下，个体产生某种社会认知和社会需要，一定的社会认知和需要又引起一定的社会动机，进而引发人们为实现某种目的的社会行为。而目的的实现伴随着需要的满足，又会转变为新的刺激，产生新的需要，引起新的行为。由此可见，人的行为的内过程与外过程是交织在一起的，从社会行为的形成来看，社会行为首先经历个体内部心理过程，当这一过程表现为外显行为时，实际上个体就进入了群体，个体行为就转化为群体行为。

社会行为具有以下 3 个基本特征：首先，表现为社会行为既有主动性又有受动性。社会行为是对包括他人在内的社会刺激的反应，这种反应同时又可以成为对他人的刺激，形成社会生活中的互动性。其次，社会行为既有内隐性又有外显性。它是内在体验和外部表现过程的统一体。其三，社会行为既有个体性又有群体性。社会认知、需要、动机、态度等均属于个体社会行为，而从众、模仿、合作、竞争等则属于群体行为。

2. 制约社会行为的因素

社会行为不是单纯的个人活动，它直接或间接地受到诸多主客观因素的制约和影响，主要表现为社会环境、文化和人格 3 个方面。

第一，谈谈社会环境。马克思说："生产关系综合起来就构成了社会关系，构成所谓社会，并且构成为一个处于一定历史发展阶段上的社会，具有独特的特征的社会。"①因此，社会是历史的、具体的。人无法离开社会而生存，他的全部活动都是在特定的社会经济条件下进行的，人对社会刺激的反应就不可能是本能性的而是社会性的。组成社会的人并不是孤立的人，而是处在以生产关系为主导的特定的社会关系网中，也就是处在一定的社会环境中。正像马克思指出过的，"人本质并不是单个人所固有的抽象物，在其现实性上，它是一切社会关系的总和。"②人与社会的联系表现为各种各样的关系，有人和人的关系，人和物的关系，以及由此形成的社会制度、社会群体、社会关系、社会规范、国家法律、风俗习惯等。社会对人行为的影响，是通过这种由社会关系构成的社会环境发生作用的，我们把同社会生活主体发生联系的外部世界，统称为社会环境。社会环境是针对自然环境而言的，人从自然环境分化出来，上升为"万物之灵"后，通过各种活动不仅改造了自然环境，也创造出了特定的社会环境。人的行为受自然环境的影响，但更主要是受社会环境的影响。自然环境的变化比起社会环境要缓慢得多，随着社会的发展，社会环境越来越复杂，对人的行为越来越发生着强有力的影响，它制约和改变着人们的社会

①《马恩选集》第一卷，北京：人民出版社，1972 年，第 363 页。

②《马克思恩格斯全集》第一卷，北京：人民出版社，1972 年，第 18 页。

行为。1758年，瑞典的生物学家林奈(Carl. Von. Linne)在创立生物学分类法时，就指出了在地球上有被野兽抚育长大的小孩存在。到20世纪50年代，世界范围内共发现了20多个兽孩，其中绝大多数是狼孩。由于他们在很小的时候离开了人类社会而与野兽共同生活，所以他们也就失去了作为人类社会一个成员所必须具备的各种社会行为。相反，在他们身上却发展了各种适应野兽生活的行为习惯。即使是成年人离开了人类社会环境，其已经获得的人性也会丧失，可见，社会环境是人的社会行为的决定因素，所以社会心理学十分重视社会环境的研究。

第二，文化。文化也是社会环境的组成部分，它是文化人类学家的研究主题，同时也是他们用来说明人类行为的基本概念，许多人类学家一再申明，“我们在世界上不同民族中所发现的人类行为只能根据他们各自的文化来解释，而不能求助于‘人的感情’或‘心理倾向’”①。社会心理学必须研究人的社会行为与文化的关系，因为生活在不同文化背景下的人，往往具有不同的社会心理特点。显然，生活在中国传统文化背景下的中国人与生活在美国文化背景下的美国人具有不同的社会心理和社会行为，即使在中国不同地区、不同民族，其社会心理特点也存在不少差异。

那么，究竟什么是文化呢？西方“文化”一词来源于拉丁文“Cultura”，意思是指耕作、培养、教育、发展的事物，是与自然存在的事物相对而言的。野生的禾苗非为文化，但人工栽培的麦、稻等则为文化；天然的燧石非为文化，但经过原始人打制的石刀、石斧则为文化……可见，文化为人类创造的东西，而不是自然存在的事物。“文化”一词的社会学意义是随着19世纪以来社会学、文化人类学的发展而赋予的。这里我们不能不提到英国文化人类学家爱德华·泰勒(E. B. Tylor)，他在1871年出版的《原始文化——关于神话、哲学、宗教艺术和风俗的研究》一书中，第一次把文化作为一个中心概念提出来，并将含义系统地表述为：“文化是一种复杂体，它包括知识、信仰、艺术、道德、法律、风俗，以及其余从社会上习得的能力与习惯。”②尽管泰勒的定义是描述性的，但却是第一次给了文化一个完整的概念，并为后来的社会学家和人类学家研究文化界定了一个基本的范围。泰勒之后，不少社会学家、人类学家、社会心理学家给文化重新下过定义。我们认为文化就是在一特定群体或社会的生活中形成的，并为其成员所共有的生存方式的总和。文化不仅包括价值观、行为准则、生活态度这类非物质的形式，也包括了体现这些非物质文化意义的物质表现形式。文化是有层次的，我们将在社会中起主导作用的文化称

---

①怀特，《文化科学》，杭州：浙江人民出版社，1988年，第133页。

②司马云杰，《文化社会学》，济南：山东人民出版社，1990年，第9页。

为主流文化，将某些群体所具有的既包括该社会的主流文化，同时又具有自身特点的生活方式称为亚文化。文化的内容非常丰富，我国社会心理学家孙本文把文化分为物质文化（指一切有形的具体实物）、社会文化（包括语言、风俗、时尚、法律、道德等）、知能文化（科学、技术等）和精神文化（包括宗教、艺术等）4类。[①] 文化和社会对每一个具体的、现实的人来说，都是一种不以其意志为转移的客观存在，它们共同构成了人类除自然条件以外的全部生活环境，并也因此构成了人类行为的全部客观制约因素。所以社会科学家在说明外在世界对人的影响时，往往混用或并列使用"社会"与"文化"这2个概念；但是，"社会"与"文化"毕竟又是有区别的，社会由共享某种文化的、受制于特定关系的人构成，而文化则是该社会或群体共有的生存方式，是人类活动的产品或创造物。

第二，人格。我们常听说某人人格高尚，某人人格卑鄙。这是从道德或伦理上对人的一种评价。又有人说某某人侮辱他人的人格，这是从法律规范的角度，说明某人侵犯他人的尊严或人身自由。但这些人格的意义不是社会心理学人格的主要意义。

人们社会行为的差异性，其直接的原因在很大程度上是由人格特点所致。社会心理学的兴趣在于研究人格的差异性及其影响人格形成的社会因素。具体的人格，既包含了独特的个性成分，也包含了由个人体现但又为某一群体成员所共有的群体成分。前者是规定一个人区别于他人的内在因素，后者则是规定一群体区别于他群体的内在因素。这种为一群体多数成员所共有的内在因素既是"这个群体共有的生活方式和基本实践活动的结果"，[②]也是社会学家和人类学家创设"社会性格"、"民族性格""众数人格"等概念的理论依据。

社会、文化和人格对人的社会行为的影响与制约不是孤立的，它们相互联系、相互作用，共同组成了人类行为的制约系统。

第二节　社会心理学的学科性质

关于社会心理学的性质，目前国内外社会心理学界还没有形成完全一致的看法。主要的观点可以分为3类：一是认为社会心理学是心理学的分支。这种观点以心理学家为代表，如美国社会心理学家G·奥尔波特认为"心理学的所有分支都

①孙本文，《社会心理学》，北京：商务印书馆，1935年，第329页。孙本文所指的知能文化也属于精神文化，因此文化实际上应为3种，即物质文化、社会文化（或称行为文化）和精神文化。

②佛罗姆，《逃避自由》，北京：工人出版社，1987年，第358页。

是研究个体的科学，作为社会心理学当然是心理学的一个组成部分”。前苏联社会心理学家安德列耶娃也认为“社会心理学是心理学的一个组成部分”。[①] 我国学者也有不少人持此观点。二是认为社会心理学是社会学的分支。早期社会心理学家吉丁斯、埃尔伍德就认为“社会心理学是社会学的重要组成部分”，我国社会心理学家孙本文也曾说过：“应把社会心理学视为社会学的一个重要部门。”[②]持这种观点的人不及第一种普遍。实际上，他们并不是要将社会心理学纳入社会学之中，而是要使社会学成为“一门心理科学”，[③]如孙本文从芝加哥互动派心理行为理论出发，认为“社会学为研究社会行为的科学”，杨心恒也认为“社会学是研究人们的社会行为规律的科学”。三是认为社会心理既不附属于心理学，也不附属于社会学，而是在社会学与心理学之间形成的具有综合性质的独立学科。随着时间的推移，持这种观点的人越来越多。我们认为社会心理学作为一门独立的新型学科，具有以下3个显著特点。

一、综合性

所谓综合性，就是在多种原有学科的基础上形成的新的学科，它既综合了原多种学科的特点，又具有原学科不具备的新特点。社会心理学就是一门由多学科组成的交叉性、综合性学科，特别是社会学、心理学和文化人类学是社会心理学的主要理论来源。

1.社会学

社会学是从变动着的社会系统整体出发，通过人们的社会关系和社会行为来研究社会的结构、功能、发生、发展规律的一门综合性的社会科学[④]。也有人把社会学定义为“是关于社会良性运行和协调发展的条件和机制的综合性具体社会科学”。[⑤] 也有人说社会学是研究社会关系的科学。它研究社会组织、社会结构、社会制度、人的社会化和社会角色以及社会问题等。现代社会心理学与社会学的关系十分密切，二者在理论方面有许多内在的相同之处，他们都非常重视从社会环境和个人的相互作用的关系上来分析人们的行为，重视人的社会行为与社会关系的研究。在研究方法上，社会心理学要运用社会学的知识和方法探索人在社会关系中表现出来的行为。研究人的社会化、社会角色、人际关系、群体心理都需要社会

---

①安德列耶娃，《社会心理学》，天津：南开大学出版社，1984年，第5页。

②孙本文，《社会心理学》，北京：商务印书馆，1946年，第31页。

③怀特，《文化科学》，杭州：浙江人民出版社，1988年，第79页。

④韩明谟，《社会学概论》，北京：中央广播电视大学出版社，1997年，第14页。

⑤郑杭生，《社会学概论新修》，北京：中国人民大学出版社，1994年，第1页。

学的知识和方法。

在社会心理学形成的过程中，社会学家起了重要的作用。对早期社会心理学的发展有重要影响的人物是法国社会学家迪尔凯姆，他认为相互作用的情景能自然产生规范，这些规范具有一种强制力，制约着而后的行为。法国的另外几名社会学家塔尔德、黎朋等人主要研究了人们面对面的互动过程，研究了暗示、同情等问题。1908年，美国的社会学家罗斯出版了《社会心理学》教科书，集社会学者之大成，对社会心理学做了系统的阐述。

2.心理学

心理学是研究人的心理活动规律的科学。人的心理是在内外环境的影响下形成的，并对人的行为起着引导、调节和维持的作用。社会心理学要借鉴心理学观察、实验等方法研究社会心理学的规律，要运用心理学已阐明的心理活动的一般规律，解释社会心理现象。如用联想的接近律和对比律解释群体的沟通、广告心理、时髦现象；用个性理论解释社会交往、社会定势和社会适应等社会行为。心理学与社会心理学都研究人的行为，但心理学所研究的行为是个体在任何环境下表现出的行为，研究范围是个体行为过程及其生理机制。而社会心理学是研究人们在特定社会环境下的社会行为，研究社会环境和个人行为的相互作用以及范围，既包括社会环境下的个体行为，也包括群体行为。

3.文化人类学

文化人类学是研究人类文化的起源、演化和发展，以及不同时代和不同地理环境的人类文化结构和功能。文化人类学对社会心理学的贡献主要表现在特定社会环境中人的行为与人类社会的起源理论，人类社会行为与人类和文化的关系等。在人的行为中，文化性的行为多于生物性的行为，人类通过不断社会化的学习过程，使行为超越了本能的行为，在特定的文化环境中形成特定的价值观念、规范、风俗、习惯和民族性等。由于各国文化背景的差异其所熏陶出的民族性格也不同。因此，社会心理学的研究离不开文化人类学的基础。

除此之外，政治学、管理学、伦理学、生物学、生理学等都是社会心理学的理论基础，共同推动着社会心理学的发展。社会心理学的发展所产生的“反哺”功能，又为母体学科的进一步发展注入了活力。

二、独立性

无论从社会心理学的研究对象、方法，还是从理论体系来看，社会心理学都是一门独立学科。它虽然是在社会学、心理学和文化人类学等学科的基础上形成的，但它不是某一学科的附属物，也不是上述多种学科的简单相加，它具备以上学科不具备的全新的性质和特点。

第一，从研究对象看，社会心理学研究在特定社会环境下正常人及其群体社会行为发生、发展和变化规律的科学。它吸收了社会学、心理学和文化人类学理论和研究成果，但并不是母体学科附属物，社会心理学就是因为已有的学科不能解释社会发展过程中诸多社会心理现象而产生的。因此，从它一产生，就确定了其特殊的研究对象和研究范围，并具有完整的研究内容(图 1-2)。

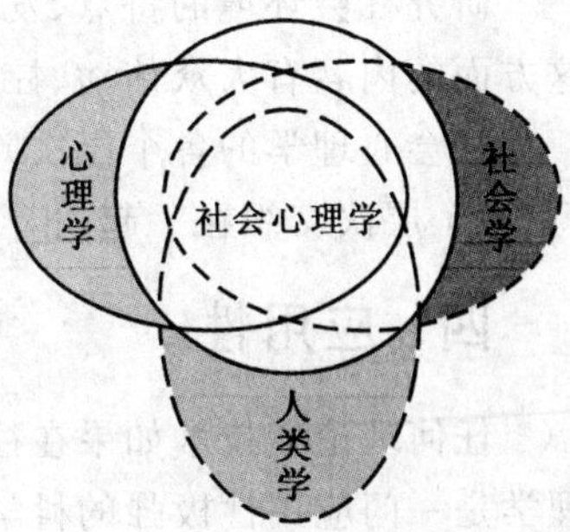

图 1-2 社会心理学与相邻学科的关系

第二，有自己独特的方法。社会心理学之所以成为一门具有自己独特存在价值的现代科学，除了具有自己独特的研究领域和研究对象，还在于在社会学、心理学和人类学等学科方法的基础上形成了自己完整的方法体系。在对人类社会行为研究的过程中采取了一系列特殊而有效的方法和程序。

第三，社会心理学发展出了一套有效地解释社会行为的理论。

正因如此，我们说社会心理学是一门独立的学科。它既不属于其他任何学科的分支，也不能被其他任何学科所替代。

三、层次性

层次性反映了社会心理学的结构特点。因为社会心理学探讨人的行为与社会环境之间的关系，使社会心理学的研究对象具有多层次的特点。根据从微观到宏观的顺序，我们把社会心理学分为以下 4 个研究层次。

1. 个体社会心理和社会行为

探讨社会文化因素对生活在这一环境下的个体的作用及其个体的行为规律。属于这个层次的内容有人的社会化、自我意识、社会认知、社会动机、生活态度等。

2. 人际关系

探讨社会社会中人与人之间的相互作用及其关系，包括社会角色、人际交往、人际沟通、社会期望、社会角色、利他行为、侵犯行为等。

3. 群体行为

社会不是由单个的个体直接组成的，而是通过群体或组织。因此，探讨群体行为是社会心理学的重要内容，包括群体规范、群体内聚力、社会促进、社会互动、集群行为以及民族心理、性别差异等。

4.社会环境

研究社会环境的特点、发展变化规律以及对个人及其群体行为的影响。属于这方面的内容有大众传播、社会舆论、社会运动、社会文化变迁等内容。

社会心理学的各个层次并不是绝对的,对任何一个层次的研究都不能孤立进行,各个层次交织在一起,相互影响、相互制约,构成了社会心理学研究的整体。

四、应用性

任何理论或技术如果在社会实践中无用武之地,便没有存在的必要。社会心理学是一门应用性极强的科学。社会心理学所考虑的问题同社会生活有着最为密切的关系,[①]从某种意义上说,社会心理学与普通大众所思所虑的联系,正是这门学科的生命力所在。事实上,不仅社会心理学的产生导源于人们为解决与现实生活有关的社会心理问题的迫切需要,而且社会心理学在日后的每一步发展都直接从社会需要中获得巨大的动力。20 世纪 20 年代这一动力来自工业生产的实际需要,“霍桑实验”发现了工人的士气与生产效率的关系。30 年代这一动力来自世界经济的萧条和社会的动荡不安,社会舆论、流言与谣言、种族关系和价值冲突、民意及其测量都成为当时不得不研究的课题。40 年代这一动力来自第二次世界大战,信仰、偏见、劝导、态度及其转变、民族性格等成为这一时期的主题。五六十年代是社会发展相对稳定平和的时期,为社会心理学提供了全面发展的机会。其研究范围几乎触及了人类社会生活的各个领域,许多社会心理学的分支相继出现。如环境社会心理学要研究人和生活环境之间的关系,研究噪声、污染、自然灾害等对人的社会心理的影响,研究居住环境的设计和安排应如何适应人的心理的需要;健康社会心理学要研究某些身心疾病与社会因素之间的关系;法律社会心理学要研究犯罪心理的形成和犯罪行为的发生规律,研究预防、预测犯罪的措施;宣传社会心理学要研究电影、电视、广播、报纸、杂志、图书馆对人的态度的改变作用,以及如何引导人的行为朝着有利于社会需要的方向发展;教育社会心理学要研究教育环境(社会风气、传播媒介、学校、班级的特点)对学生发展的影响,促进学生的全面发展……可以说每一种事情,每一类人都有其丰富的社会心理学研究内容。在一些发达国家社会心理学的社会职能在社会生活中体现的越来越明显,在社会政治、经

①正是这个原因,社会心理学也往往受到人们的轻视和嘲笑,认为社会心理学的理论不过是从日常生活的普通假设中套搬过来的。社会心理学是对社会生活、对人在社会中的所思所虑、所作所为的本质思考。因此,一个人在社会生活中八面玲珑、如鱼得水,可能并不能改变他对社会生活及人类行为一无所知的事实。社会心理学的理论既有来自母体学科的内容,也体现在它本身提出的一系列有别于其他学科的理论体系与学术观点之中。

济、文化、教育、医学、卫生、社会管理、法律、宣传、宗教、公共关系等诸多领域，都有许多社会心理学家从事实际应用工作。社会心理学的许多研究成果已经转化为“直接的生产力”。

第三节 社会心理学的产生与发展

恩格斯曾经说过，锻炼一个人的理论思维能力最好的方法是学习以往的哲学史，学习社会心理学也不例外。了解社会心理学的历史，就能够从社会背景的角度了解这一学科的发展和变化，了解著名社会心理学家贡献产生的根源，了解社会心理学的发展历史和主要的里程碑式的事件。一句话，像米尔斯所说，能够培养学生的社会学想象力。

19 世纪末 20 世纪初，随着资本主义的发展，社会矛盾日益尖锐，新的社会问题不断涌现，为了解决这些问题，稳定社会，需要对这些社会问题以及产生这些问题的原因进行研究。社会学和社会心理学都是在这种背景下产生的。关于社会心理学的创始之年一直是一个莫衷一是的议题，但社会心理学界一般采用美国当代社会心理学家 E・P・霍兰德的“三阶段理论”。1976 年，E・P・霍兰德在《社会心理学的原则与方法》一书提出可将社会心理学的发展划分为社会哲学、社会经验论和社会分析学三大阶段。我国社会心理学界相应提出了社会心理学发展的 3 个时期：孕育时期、形成时期和确立时期。

一、社会心理学的孕育时期

社会心理学同社会学、心理学一样，在其形成之前都依附于西欧思辨哲学的母体中，尽管我们无法从中寻找出社会心理学方面的直接论述，但不难发现其中不少涉及这个领域的思想观点。作为哲学这一母体，论及社会心理学主要有两条基本线索。

第一，源于古希腊的苏格拉底和柏拉图。他们认为，人性虽然不能摆脱生物遗传的纠缠，但却可以受到环境和教育的影响，因此，认为人的行为是由社会决定的。柏拉图在《理想国》一书中企图设计一种社会，使其中的孩子因适当的教育而得到适当的塑造。这一观点为康德、歌德和卢梭等人所继承并得到进一步的发展。他们认为人具有潜在的善性，使人变得邪恶的原因是邪恶的社会，要改变人性首先要改变社会。卢梭致力于探究人类不平等的起源以及克服这种不平等的办法。认为在原始社会的自然状态下，人们漂泊于森林中，“没有记忆，没有语言，没有战争”，人人都自由平等。后来有了私有制，出现了贫富的对立，这是社会不平等和一切罪恶的根源。在小说《爱弥尔》中卢梭表达了对人性及教育的基本看法。卢梭认为婴儿诞生时本来是完美无缺的，教育的责任就是保护这种完美。卢梭强调儿童的爱好和儿童的个性，教育要促使儿童自由地发展，小说塑造的爱弥尔就是理想社会教育出来的理想少年。卢梭的《社会契约论》是以人性观为基础提出的社会改革论，认为自由和平等是人类最大的善，但在自然状态下人不能生存，因而要用契约组成社会，受社会共同意志的约束。根据契约论的观点，卢梭提出民主的思想，强调人民的意志是主权者，社会的领导者只能是共同意志的执行者，应该受到人民的监督，以防止执行者个人意志篡夺人民意志。卢梭曾经讲过"人生来是自由的，却处处都在桎梏中"，"不服从共同意志的人应当强迫他服从，也就是强迫他自由"。新行为主义者斯金纳的《超越自由与尊严》、《沃登第二》等一系列著作也都与这一来源一脉相承。

第二，源于古希腊的亚里士多德。亚里士多德是柏拉图的学生，他认为社会源于人的本性，而人性又是由生物或本能的力量支配的，人只能在生物性的基础上建立仁爱和文明的社会。与社会心理学有关的著作《论灵魂》、《论演说》、《论理学》和《政治学》等。亚里士多德的许多著作为当代社会心理学开辟了诸多的研究领域，如《论演说》中讨论演说家如何支配听众的情绪与现代心理学关于宣传、劝说、态度的改变有密切关系。亚里士多德在《诗学》中提出的"宣泄说"孕育了弗洛伊德的"心理动力说"，进而影响到当今社会心理学对人类侵犯行为的研究。《论理学》和《政治学》论及了人的自制和人与人的关系等社会心理学问题。

二、社会心理学的形成时期

19 世纪下半叶到 20 世纪初，是人类社会发生重大历史变化的时期，伴随着工业文明的进步和由此带来的整个资本主义世界相对稳定的发展，许多学科都发展起来。这一时期，与阐述人及人类社会本质有关的社会学、心理学、文化人类学都逐步确立起来。为现代社会心理学奠定了基础。社会心理学成为一门独立的学科，一个重要的原因就在于当时已有的学科(如社会学和心理学)无法解决伴随社会发展而带来的某些社会问题。

这一时期影响社会心理学发展的因素相当复杂，一方面，达尔文进化论的提出结束了对人性的思辨讨论，使心理学家倾向于从生物学和人类学的研究中吸取对人类本性的理解，并从进化论的观点理解人类社会的进化；另一方面，社会科学的研究成果也吸引了科学家的注意，社会对个人的影响越来越重要。特别是资本主义大工业和都市化的发展，多种社会问题的出现和社会生活范围的扩大迫使人们关注社会心理学的研究。

在这一时期,形成了一系列被不同的社会心理学家视为社会心理学形成的标志的重大事件。其中包括:

1895 年,德国人 M·拉扎勒斯(M. Lazarus)和 H·施泰因塔尔(H. Steinthal)主编的《民族心理学和语言学杂志》,借助哲学、人类学和史学的取向对民族的语言、风俗、习惯进行了研究。发表了许多民族的民间传说、风俗习惯和宗教信仰的文章。他们假定存在不同的民族心理,他们发现挪威人看问题与印地安人和意大利人不同,这里提出了群体中个人社会心理形成的共同规律问题。

1875 年,德国学者 A·谢夫勒首先在现代意义上使用了"社会心理学"一词。在《社会躯体的结构及其生活》一书中,沿袭了斯宾塞和孔德的传统,用大量的篇幅论述了社会生活中的心理状况和民族意识。20 年后,A·斯莫尔和 G·文森特在美国首先使用了"社会心理学"一词,并将社会心理学列为《社会研究导论》(1894 年)一书的重要章节。

1897 年,美国人詹姆斯·鲍德温以"一种社会心理的研究"为《心理发展的社会和伦理解释》一书的副标题,声称"与其说人是社会的单位,不如说人是社会的结果"。接着,法国人 G·塔德写出了《社会心理学研究》一书。10 年后,英国心理学家威廉·麦独孤和美国社会学家爱德华·罗斯分别写出了第一本社会心理学的同名教科书,标志着社会心理学家在这一时期取得的最高成就。

三、社会心理学的确立时期

19 世纪 20 年代以前,社会心理学尽管已经成为一门独立的学科,但从整体上看,仍然没有完全摆脱哲学的思辨和抽象性质。从 19 世纪 20 年代开始,伴随着各种实证手段的运用,社会心理学完成了其在这个发展过程中具有革命意义的转折,即由"社会经验论"阶段进入了"社会分析论"阶段。其重要特征是:社会心理学从描述转变为实证,从定性转为定量,从理论转变为应用,从大群体分析转变为小群体和个体研究。这一系列的转变标志着这一学科逐步走向成熟。这一阶段的研究众多而分散,只选取以下 3 个方面略做说明。

1.奥尔波特与实验心理学

F·H·奥尔波特是具有极端个人心理学倾向的社会心理学家,他创立的社会心理学中的实验方法以及有关实验成果都具有划时代的意义。1916—1919 年,F·H·奥尔波特在前人的基础上进行了一系列有关"社会促进"的实验,富有成效地观察到合作群体中存在的社会刺激对个人工作效率的影响。此外,F·H·奥尔波特还对从众、群体中的态度实验和人格特征等问题进行了研究。在奥尔波特的影响下,小群体和个体的研究成为 19 世纪二三十年代社会心理学研究的主要趋势。其中为人们所熟悉的有以下几项：

瑟斯顿(L. L. Thurtone, 1928)和李凯尔特(E. A. Likert, 1932)对态度测量的贡献，前者提出了态度量表的结构(这是有史以来的第一个量表)，后者对量表的结构进行了简化，他把态度的强度由强烈同意和强烈不同意分为5级或7级，如图1-3所示。

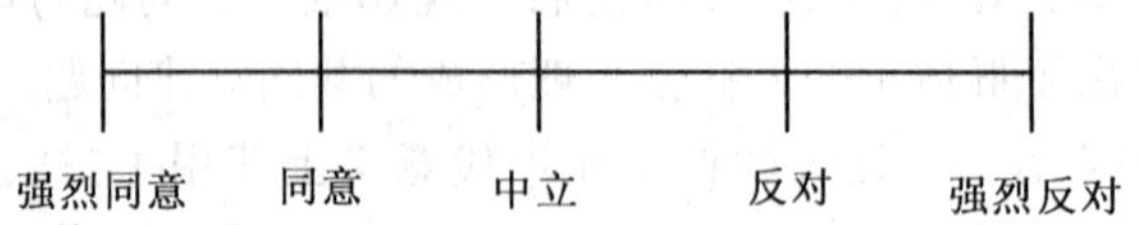

图1-3　态度量表

这种测量方法现已广泛应用在各种民意测验和等级评定中。

谢里夫1935年完成了有关社会规范形成的研究，发现人们的认识受以往学习和现在态度的影响，但在群体中却主要受制于群体认识的影响。这一实验是20世纪五六十年代阿什(S. E. Asch)的从众行为研究和米尔格雷姆的服从行为研究的先导。

K·勒温对群体动力学的研究。他对种族歧视、人际关系、群体形成、群体内聚力、领导作风等问题进行了一系列的实验和理论研究。K·勒温认为群体是一个整体，具有自身的特性，只有依据群体所处的社会环境和当时的时代精神才能理解群体的动力。K·勒温研究了领导作风与全体内聚力的关系，认为民主的气氛会引导一种更富有内聚力和更具创造力的群体。在这些研究的基础上形成的群体动力学至今仍对社会心理学的研究产生着重要影响。

2.米德的社会学传统

社会心理学作为一门研究人类自身行为的科学，用自然科学的实验室实验方法来研究社会行为，显然有很大的局限性。以乔治·米德为代表的美国社会心理学家所从事的研究，在一定程度上弥补了这一不足。米德的《心灵、自我和社会》一书，为后来被赫伯特·布鲁默称之为"符号互动论"的社会心理学奠定了基础。米德通过分析社会生活中的互动来理解社会行为的思想，直接孕育了后来形成的诸多社会学倾向的社会心理学理论，如萨宾的"社会角色理论"、海曼的"参照群体理论"、戈夫曼的"社会戏剧理论"以及勒墨特的"社会标签理论"都与米德的"符号互动论"有着这样或那样的联系。

在具体研究方面，社会学家的经验研究主要有如下几项：

20世纪三四十年代进行的有关社会心理和社会流动的调查，代表作有罗伯特·林德的《中镇》和沃纳的《杨基城》，揭示了一个人的社会地位对其世界观的影响。

20世纪30年代对民意、恐慌、流言与谣言的研究，其中最富有成效的是美国社会学家乔治·盖洛普1935年运用分层抽样的方法进行了科学的民意测验。一方面，导致了民意测验在美国的迅速发展，另一方面，同20世纪20年代由心理学家梅约进行的"霍桑实验"一起，将社会心理学引向了应用。

3.文化人类学的贡献

社会心理学产生在西方，这就促使人们把西方文化影响下的西方人的行为以及这些行为所遵从的标准当成是全人类的。从认识论角度看，人类普遍有一种以自身及自己的生活标准判别他人行为的倾向，这也是种族中心主义形成的原因之一。马克思曾对此进行过精湛的分析，"在不同的所有制形式上，在生存的社会条件上，耸立着各种不同的情感、幻想、思想方式和世界观构成的整个上层建筑，……通过传统和教育承受了这些感情和观点的个人，会以为这种感情和观点是他的行为的真实动机和出发点。"[①]

由于文化人类学研究的性质，使文化人类学家首先突破了自身认知的限制。在与外族及外族文化的直接接触过程中发现，先前社会心理学对人的行为模式的阐述并不具有绝对的普遍意义，进而他们宣称："人类学家关心的是整个人类的行为，不单单是一种传统（如我们自己的传统）所塑造的行为，而是无论什么传统所塑造的人的行为。"[②]从20世纪20～40年代，由文化人类学家完成的社会心理学研究主要有以下几项：

英国人类学家马林诺夫斯基进行的有关新几内亚特罗布里恩德群岛土著居民心理的研究，在1927年出版的《原始社会的性与压抑》一书中，马林诺夫斯基运用其研究成果批驳了弗洛伊德关于"俄狄浦斯情节"在人类心理发展中具有普遍性的观点。

20世纪20年代末30年代初，美国文化人类学家马格丽特·米德在她对南太平洋上的萨摩亚群岛和新几内亚的现场研究基础上，分别出版了《萨摩亚人的成年》(1929)和《三个原始部落的性别与气质》(1935)。前者提出，青春期危机并不是伴随着生理成熟而必然出现的生理反应。[③] 后者则认为男性和女性的心理特征并

①《马恩全集》第八卷，北京：人民出版社，1960年，第149页。
②本尼迪科特，《文化模式》，杭州：浙江人民出版社，1987年，第1页。
③M·米德，《萨摩亚人的成年》，杭州：浙江人民出版社，1988年。

不依赖于生物学的性差异，它们是特定社会的文化条件的反应。[①]

1934 年，美国文化人类学家本尼迪科特在《文化模式》一书中，探讨了人的心理和行为特征与所处的文化之间的关系。[②]

四、社会心理学研究的现状及趋势

20 世纪 40 年代以后，社会心理学得到了进一步的发展。第二次世界大战的爆发刺激了美国社会心理学的繁荣，社会心理学的研究成果也为战争做出了贡献。如心理学取向的社会心理学家霍夫兰德进行的沟通与说服实验，对说服、宣传、态度的改变做出了贡献。社会学取向的社会心理学家拉扎斯菲尔德根据 1940 年进行的美国战时总统选举的调查，编写了《人民的选择》(1945)一书，对大众传播的社会心理功能进行了出色的描述。文化人类学取向的社会心理学家将先前本尼迪科特开创的关于原始民族的心理和行为的文化思考转向了对现代社会国民性格的比较研究，M·米德的《一个人类学家眼中的美国人》(1942)和本尼迪科特的《菊花与刀》(1946)对美国的战争动员和对日政策的制定都产生了直接的影响。20 世纪 50～60 年代，由于战后资本主义的繁荣，为社会心理学的发展提供了良好的时机，社会心理学的研究范围几乎涉及人类社会行为的各个方面。各种社会心理学理论层出不穷，在心理学的社会心理学中，除了早期的精神分析理论、群体动力学理论外，在华升、赫尔和斯金纳的影响下又形成了学习理论，在勒温的影响下形成了社会认知理论。在社会学的社会心理学中产生了社会交换理论、参照群体理论和社会角色理论。与此同时，社会心理学在世界各国也取得了较快的发展。

历史往往在人们对它寄予太多希望的时候，会发生令人失望的转折，美国社会心理学在经历了 20 世纪五六十年代的鼎盛时期后，从 20 世纪 60 年代末开始进入了危机阶段。在这场危机中，黑人运动、妇女运动、反战运动以及以“全球大造反”为标志的青年运动此起彼伏，社会处于激烈的动荡中。面对日益严峻的现实，许多人呼吁社会心理学家“应该走上街头，迅速解决最迫切的社会问题”[③]，但令人遗憾的是，社会心理学家却一时手足无措，他们无法为医治社会疾病提供良方。这导致了以往作为一般大众心目中“宠儿”的社会心理学开始失去人们的信任。有人甚至形象地说，1968 年的青年运动像一张试纸，检验出了西方社会心理学的不成熟性。

围绕着社会心理学危机的原因，学者们给予了不同的理解，寻找出了各种各样

---

①M·米德，《三个原始部落的性别与气质》，杭州：浙江人民出版社，1987 年。

②本尼迪科特，《文化模式》，杭州：浙江人民出版社，1987 年。

③伯克威茨，《社会心理学》，长春：吉林人民出版社，1988 年，第 4 页。

的原因。美国许多人尖锐地指出,社会心理学的知识是建立在欺骗手段使用前提上的,像阿希、米尔格拉姆(S. Milgram)那样的经典实验,不凭借欺骗就得不出任何有意义的结论,而这显然是违反社会道德的……但我们认为,社会心理学的所谓"现代特征",即实证主义、实验主义和个体主义是危机的重要原因。①

实证主义对社会心理学挣脱哲学的怀抱,成为一门独立的现代科学,做出了巨大贡献。但是实证主义在现代社会心理学中的盛行,直接造成了两个相互联系的恶果:一个是对研究方法和技术手段的过分崇拜;另一个是对理论研究和理论综合的极端轻视。这种对理论的虚无主义态度,使人们对理论的兴趣降低到最低的程度,结果是"在报纸、杂志和教科书中塞满了特殊的和个别的调查研究",使"一些研究似乎停滞在对琐屑工作的悉心修补上"②,这样就使得整个社会心理学缺乏理论综合,无法对涉及人类社会发展和人的行为本质的问题做出成功的解释。

实验主义同实证主义一样,也功过兼半。从积极的意义上说,实验法增强了社会心理学的科学性,使之摆脱了空谈与意想,在使社会心理学由形而上学向科学转变过程中起到了决定性的作用。但伴随着现代社会心理学的发展,当实验法成为这一学科占主导地位,甚至是唯一的研究方法的时候,这种"唯实验才科学"的实验主义也造成了越来越明显的两大弊端:第一个弊端是与社会现实相脱离,割裂了社会心理学研究同现实社会的联系。这是实验法的天然局限造成的,因为在实验室中是极难将一些重大的历史过程作为研究对象的。如尽管对有关暴力、侵犯和社会动乱方面的实验不胜枚举,但由于其与社会现实相脱节的抽象化倾向,使得这类研究及其结果不能解释更不要说防止像 20 世纪 60 年代美国出现的社会大动乱。就像 G·墨菲一针见血指出的那样,"从实验室中的'社会助长'问题研究到理解校园内的动乱或国际间的仇恨还有很长一段距离。"③第二个弊端是造成了"价值中立"或"文化中立"的假象。在孔德提出实证主义后的相当一段时间中,人们深信社会科学应该也能够像自然科学那样,消除主观偏见,以价值中立或文化中立为原则,客观地、不带价值判断地揭示社会行为和社会现象的内在规律。但大量的事实证明,包括实验法在内的各种实证手段不仅不能保证社会心理学研究的客观性,反而因为学者们放松了对研究可能受到主、客观影响的警觉,使许多研究离科学性和客观性更远。

因心理学倾向占主导地位造成的个体主义,曾有效地抵制了早期社会心理学

---

①周晓虹,《现代社会心理学》,上海:上海人民出版社,1997 年,第 59 页。

②周晓虹,《现代社会心理学名著菁华》,南京:南京大学出版社,1992 年,第 416 页。

③墨菲,《近代心理学历史导论》,北京:商务印书馆,1980 年,第 613 页。

家将“群体心理”视为超个体的精神实体的唯心主义错误。在实际研究中,使研究者能够直接而便捷地获得数量资料,使社会心理学的定量研究成为可能。但从社会心理学的整个发展看,由于个体主义立场从根本上混淆了个体与群体的辩证关系、完全否定了群体的现实性及其对个体行为的制约,对现代社会心理学有较大的消极作用。大多数学者习惯于从行动者个人的认知、经验、人格特征入手去寻找社会行为的原因,导致了现代社会心理学缺乏对宏观社会过程的理论解释,以及把现实中的个体置于广泛的社会生活中去考察的社会性。这种社会心理学割断了人们的社会联系,自然也难于服务现实社会。

危机使社会心理学家认识到“要建立真正的社会心理学,就必须改弦更张,把当前这种抽象社会活动的研究变为对社会关系的具体研究。”①因此,自 20 世纪 70 年代以后,美国社会心理学研究形成了这样一种趋势,即对从社会学角度研究社会心理学的普遍关注。在美国之外,一个世界范围的社会心理学本土化运动日益高涨。

从许多资料来看,美国的社会心理学发展最快。许多大学都开设社会心理学课,并且有庞大的社会心理学专业队伍(有 5 000 多社会心理学的专业人员和一批享有盛名的社会心理学家)。美国社会心理学强调研究团体情景下人际关系中的个人心理及行为。近些年来,研究的团体范围由小团体扩大到大团体。在研究方法上由偏重实验室研究发展到重视现场研究。越来越多的人主张对社会心理现象要采用多种研究方法进行综合研究,可以取长补短。

在日本,加强社会心理学与社会现实联系的趋势也日见明显。1966—1982 年,日本《社会心理学年报》发表的文章就可以证实:《群众交往社会心理学研究》(1966)、《战争与和平的社会心理学》(1967)、《社会不安宁的社会心理学》(1968)、《现代人际关系的社会心理学》(1969)、《领导和社会群体结构的社会心理学》(1970)、《冲突社会心理学》(1971)、《对时代的社会适应》(1972)、《环境社会心理》(1973)、《语言、符号与沟通》(1974)、《生活方式社会心理学》(1975)、《民族社会心理学》(1976)、《会议社会心理学》(1977)、《关系社会心理学》(1979)、《持续和变化的社会心理学》(1980)、《家族解体社会心理学》(1981)、《灾害社会心理学》(1982)②。进入 20 世纪 70 年代后,日本社会心理学界出现了三大动向:①摆脱了假说的验证阶段,进入实证化阶段;②加强了同社会学、心理学、文化人类学、政治学、经济学、管理学等一系列行为科学的联系;③研究课题广泛地面向实际,从理论

---

①卡尔·拉特纳,《美国社会心理学的历史与现状》,北京:中国社会科学,1984 年,第 2 期。

②管连荣,《四十国心理学概观》,济南:山东教育出版社,1985 年,第 103 页。

探索转向应用研究。

前苏联的社会心理学经过20世纪50年代末和60年代初的大讨论之后，得到了进一步发展，据1977年统计社会心理学的文献已达2 500多种。20世纪70年代末，社会心理学朝着深入研究个性、小群体和集体问题的方向发展，社会心理学家的触角已伸向社会规划、社会管理、工业生产、日常生活、婚姻与家庭、大众传播等领域。在理论研究方面，安德列耶娃的《社会心理学》和《西方现代社会心理学》在内容的丰富性、体系的完整性和理论的深刻性方面都较之以前进了一步。在实际研究方面，热心于解决由科技革命、政治改革和社会变革引起的各种社会心理问题。帕雷金声称“社会心理学要敢于大胆地提出和解决社会生活中各种骇人听闻的问题，不要怕做安宁的打扰者”。①

在中国，1981年恢复社会心理学教学和研究，近20年来社会心理学从无到有，从小到大得到了迅速发展。先后撰写、翻译的教科书和专著有50余部，其中影响较大的如时蓉华的《社会心理学》，孔令智的《社会心理学新编》，孙晔、李沂的《社会心理学》，沙莲香的《社会心理学》和周晓虹的《现代社会心理学》等。在应用方面，有人统计近20年来发表的数百篇论文，大都与应用有关。不少社会心理学工作者深入基层，完成了一系列范围不等的社会心理调查，为政府改革方针的制定提供了科学依据。但也应看到，我国的社会心理学还处在刚刚起步阶段，一方面，人们对社会心理学怀着浓厚的兴趣；另一方面，又不知从何下手才能切合实际地研究中国社会的具体问题。因此，与社会心理学出版物极其“繁荣”相对应的是有深度的理论与现实研究极度“贫困”。立足于改变这种状况可以说是今后中国社会心理学研究的重要任务。

关于社会心理学未来的发展趋势，目前大多数社会心理学家都已经意识到改造社会心理学现有知识体系的必要性和紧迫性，他们从各种可能的角度提出了一系列富有远见卓识的设想，综合这些设想可以发现如下3个趋势。②

一是，社会心理学在今后的发展中将呈现出本土化和世界化相统一的趋势。没有本土化，社会心理学就不可能在一个国家或民族的社会文化结构中扎根；而没有世界化，一国或一个地区的社会心理学就无法参与该学科的全球合作，无法为揭示人类社会心理与社会行为的共同规律做出自己的贡献。

二是，社会心理学的发展将呈现出实证主义与人文主义相并存的趋势。实证

①龚浩然，《从两次大辩论看苏联社会心理学的发展》，心理科学通讯，1983年，第1期。

②周晓虹，《现代社会心理学》，上海：上海人民出版社，1997年，第77-78页。

主义强调运用自然科学的方法，使用一定的检测手段对研究结果进行严谨的验证，而人文主义则重视反省自己与研究对象之间的互动关系，强调对社会行为本身的理解与诠释。而这两种研究方法在社会心理的研究中都得到了广泛的运用。

三是，社会心理学在今后的发展中将会呈现各种研究取向相综合的趋势。具体说，将继续沿着两个方向变动：一个是由于心理学化造成的社会心理学的危机，促使学者更多地从宏观的社会文化因素入手探讨人类行为的原因；另一个是由于分子生物学和分子遗传学的发展，使人们有可能从微观的生物遗传因素入手，重新探讨人类行为的先天和遗传倾向。

本章小结

本章从三个方面介绍了社会心理学这门学科。首先，介绍了社会心理学的研究对象。强调社会心理学是研究特定生活环境下的正常人及其群体社会行为的规律。其次，介绍了社会心理学的学科性质。社会心理学作为一门独立的新型学科，具有综合性、独立性、层次性和应用性等特征。最后，从社会心理学的孕育时期到形成，确立时期再到它的发展现状及未来发展趋势介绍了社会心理学的不同发展阶段。

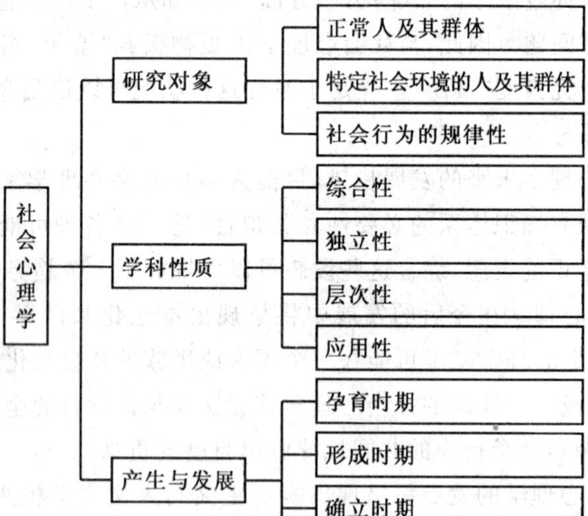

思 考 题

1. 如何理解社会心理学的研究对象?

2. 试分析社会心理学的学科体系。

3. 影响社会行为的因素有哪些?

4. 如何理解社会心理学的不同发展阶段?

第二章　社会心理学的研究方法

知识目标

- 了解社会心理学方法的重要性。
- 理解社会心理学研究的方法论。
- 掌握社会心理学研究的具体方法。

技能目标

- 能够在社会心理学方法论的指导下进行研究。
- 能够在实际研究中运用各种具体的研究方法。
- 熟悉社会心理学研究报告的程序。

在社会中,各种各样的社会心理学现象层出不穷,人们往往根据自己的生活经验对某些社会心理学研究的领域提出见解,忽视科学方法训练的重要性。任何一门学科的形成与发展都离不开一套不断完善的研究方法体系,社会心理学与其他学科一样也是一门科学,长期以来已经发展出一套有效的研究方法来解答社会行为的问题,研究社会行为背后的原因,而这是得到科学结论的前提。本章主要介绍了社会心理学的基本研究方法以及各种方法之间的关系,社会心理学的研究程序以及研究的选题、设计和实施,目的在于使学生在学习社会心理学的开始就对研究方法的概念、原理以及操作形成初步的整体的认识,避免学习知识与学习研究方法的脱节与割裂,并希望将这种认识融会到后面的各章的学习中去,并初步掌握研究的具体方法和研究程序,最终能够自己进行社会心理问题调查并成功编写调查表和撰写研究报告,在此过程中尽量避免偏差,使自己得出的结论可以重复,别人可以验证。

社会心理现象是人们自古以来就十分关注的现象。一般人和社会心理学家都关注和考察这类现象,他们得出的看法和结论可能一致,也可能不一致,无论一致与否,这是两个不同的结果。一般人在日常生活中形成的对社会心理现象的看法,往往受个人经验和主观因素的影响,他们收集的资料是偶然的、不系统的,对资料的解释也往往以个人的经验为依据。心理学家对社会现象的研究则不同,他们采用客观、科学的方法进行研究,采用标准化的方法系统地收集资料,分析资料,并以报告的形式发表。他们在研究过程中尽量避免偏差,其结果可以重复,别人可以验证。因此,他们得出的结论往往不同于一般人的看法,即使看法是一致的,两种结果的意义也不相同。一种是个人经验得来的,一种是经科学方法验证的。

第一节　社会心理学研究方法概述

一、社会心理学方法的重要性

在社会心理学的发展过程中,人们积累了各种各样的研究社会行为的方法,这就是我们了解和研究人的社会行为的重要武器。巴甫洛夫指出:“方法是首要的、基本的东西。研究上的关键都决定于方法和进行的方式。一切事情都在于有好的方法。在有好的方法时,才能不大的人,也能做出许多事情。而在没有好的方法时,即或是有天才的人来工作,也是徒劳无益的,得不到有价值的结果。”①因此,科学的方法对社会心理学的研究十分重要。

研究方法总是同具体对象发生关系,社会心理学的研究材料只能是那些能说明个体、群体社会行为特点的材料以及与社会心理现象相关的各种具体材料。社会心理学不允许在没有任何具体对象材料的情况下,对个体或群体的社会行为做出任意的说明。这是由社会心理学的重要性和严肃性所决定的。社会心理学研究的目的有 3 个方面,即解释、预测和控制。解释是社会心理学研究的基本目的,解释某种社会行为或社会心理现象需要真实的材料,而科学的方法可以使我们获得这些资料。预测是指在掌握人们社会行为规律的基础上,预见在某种社会环境下可能出现的社会行为。控制则是在预测的基础上采取一定措施减少或避免人们不符合社会要求和社会规范的行为,引导人们的行为向着合乎社会要求的方向发展。没有科学的方法,社会心理学的研究就会局限于对经验和现象的一般描述,不能成为解释社会行为的科学原理,也就失去了对社会的指导意义。对于社会心理学工作者来说,不掌握和运用科学的研究手段,也难以对社会心理学的理论与实践做出开拓性的贡献。

①《巴甫洛夫全集》第五卷,第 26 页。

二、社会心理学方法论和原则

既然社会心理学离不开科学研究，那么，我们就不能不考虑社会心理学研究的方法论问题。事实上，社会心理学的研究方法是由各不同层次的理论原则和操作技术组成的一个完整体系。从目前的研究状况来看，我们认为同其他学科一样，可以将社会心理学的研究方法划分为方法论、基本方法和技术性方法3个层次：

第一个层次是一般方法论或广义方法论，即哲学世界观层次的方法论。任何一门科学和从事这门科学研究的人都处在一定哲学理论的指导之下，其讨论思考或解题都会遵循某些最一般的原理和原则，这就是一般的方法论。这个层次要探讨的主要问题是：

(1)社会心理学能否像自然科学那样客观地认识社会现象。

(2)是否存在客观的社会心理学规律。

(3)应采用何种方法来研究社会心理学现象。

(4)如何判断研究结果的真理性。

(5)人的主观因素对研究结果的影响。

从现代社会心理学的发展来看，对这一学科发生影响的一般方法论体系主要有3点：一是实证主义方法论；二是人文主义(反实证主义)方法论；三是马克思主义方法论。其中，实证主义方法论在现代社会心理学近百年的发展中始终占据着主导地位，它既赋予了社会心理学重视实证的所谓“现代特征”，也造成了它看重研究技巧、轻视理论综合的弊端。这也是近年来与之相对立的人文主义方法论日渐势大的原因之一。

现代社会心理学应该以马克思主义哲学作为自己的一般方法论，最起码应该在从事社会心理学研究的过程中，重视马克思主义的辩证唯物主义和历史唯物主义的指导作用。现代社会心理学要想适应现实、切合实际，从事研究的人就应该牢记，它所取得的信息资料的来源，永远是而且只能是生活在一定的社会环境中的人。按照马克思主义的理论，“人的本质并不是单个人所固有的抽象物。在其现实性上，它是一切社会关系的总和”。这就为社会心理学的研究指明了方向。在任何时候，都要把人的社会性本质放在首位。不能忽视人所特有的认识、意志和情感，绝不能把对人的观察等同于对任何其他生物或物体的观察。只有这样，我们的研究结论才能最大限度地反映人类行为的客观规律。

第二个层次是社会心理学知识领域采用的方法论原则的总和，即社会心理学的专门方法论。它包括了社会心理学家借以从事科学研究的基本假设、研究逻辑和原则。在这个层次上，社会心理学的方法论是在综合社会学、心理学和文化人类学的方法论原则的条件下形成的。它包括社会心理学家借以从事科学研究的基本假设、研究逻辑(归纳与演绎)、研究原则(如实证性、客观性、系统性、再现性、预见性等原则)、研究目的(解释、预测和控制)、研究程序及过程等。

第三个层次就是具体方法,也就是社会心理学研究的具体技术和手段。它与一般方法论和专门方法论密切相关,任何一种研究手段都是在一般方法论和专门方法论的指导下应用的。它们不能脱离一般方法论和社会心理学的专门方法论。一般的哲学指导只能通过专门方法论折射到具体的研究中。社会心理学的方法和程序受到了社会学、心理学和文化人类学等母体学科的影响,或者干脆也可以说,“社会心理学应用在互为联系的和较早的心理学、社会学和人类学等学科中发展起来的研究方法”。通常的研究方法包括观察法、实验法、调查研究法、测验法、档案法、跨文化研究法、个案研究法等,其中在传统的研究方法中占主导地位的是实验室实验,近几年调查研究法的运用在日益增多。跨文化研究法是目前兴起的社会心理学研究方法。它通过对比考察各种文化背景下个体与团体的心理状况,以揭示不同文化背景、不同民族或种族中的社会心理现象。此方法对研究民族心理尤为重要。个案研究法是通过收集一个人的家庭、教育、智力、婚姻、年龄、生活经历的个人史和家庭史的情况来研究社会心理现象的方法。

在社会心理学研究过程中无论采取何种具体方法,都必须遵守以下几个原则,遵守这些原则,是保证研究获得的结论具有科学性,具有积极社会意义的重要前提。

1.理论与实践相统一的原则

实践证明,进行一项具有一定水平的社会心理学课题研究,除了要掌握一定的理论原则外,还必须掌握有关的理论知识和具有一定的实践经验。这是论证研究课题,确定研究步骤和研究目的的前提。任何形式的社会心理学研究都受一定的理论知识、观点和思想的支配,人们从事具体课题研究不过是这一理论思想的先导而已。然而从理论来源的观点讲,实践则先于理论,任何新的理论都产生于分析现实材料之后,这些材料是在实践基础上产生的。社会心理学作为一门新的学科更是如此。

2.动态研究和静态研究相统一的原则

人的社会行为随着社会的发展变化而处在不断的发展和变化过程中,任何一种研究都只能截取其过程某一现存状况作为自己的对象,这对于一个确定的研究项目是必要的,但作为一种完整的研究方法或研究过程仅限于此是不够的,而应把现状的研究同过去的历史和未来的趋势结合起来,把静态的研究同动态的研究结合起来,通过动态的研究预测社会行为的发展趋势和发展规律,对社会心理学实践具有重要的意义。因此，只有把动态研究和静态研究结合起来，从动中把握静，从静中看到动，才能全面、准确地反映研究对象，使研究达到较深的程度。

3.宏观研究与微观研究相统一的原则

社会是一个整体，任何一种社会现象或个体的社会行为都是这一整体的一个片断或方面，并且受到整体的制约。社会心理学必须把对宏观与微观的考察结合起来。把具体社会心理现象或社会行为置于整个社会联系中去认识、去解释。只有这样，才能发现事物的真正规律，探究事物的真正原因，所研究的结果才能对实践具有科学的指导作用。

4.分析与综合原则

把复杂事物分解为相对简单的组成部分，或将事物的各个部分联合成为统一整体，是科学研究的基本方法，即分析与综合，也是一个普遍的方法论原则。在社会心理学研究中贯彻分析与综合的原则，包括两个方面的含义：其一，社会心理与行为虽然是极其复杂的现象，我们仍然可以通过分析，将其分解为各个方面加以专门考察研究。在分析研究的基础上，我们再通过综合，将各个方面联系成为有机的整体，以实现对整体的科学认识。其二，在专门研究某一社会心理或行为现象与现实条件的依存关系是，我们可以分析性的考察某一条件或行为动力系统中的某一环节所起的作用，然后再将分析性研究结果综合为整体的结论。

5.交往原则

交往在狭义上仅指信息沟通，而广义上是指人际或群际由于社会生活的需要发生直接或间接的相互接触、来往、联系，因而出现信息及情绪沟通以及行为调节等复杂现象的过程。过去我们讲人与环境的相互作用是通过活动来实现的。因此，离开活动就难以了解环境如何对人的心理发生、发展产生决定性的影响，也不能了解人的心理如何影响环境。

三、社会心理学研究的性质

社会心理学研究的对象是人，人的行为和心理活动本身的复杂性是世间其他一切事物所无法比拟的，再加上“社会”两字，也就是还要研究社会的诸多因素对人的行为与心理的影响，其难度便可想而知了。归纳而言，社会心理学的研究有以下几个方面的特点。

1.直接观察很难发现规律

人类的心理活动即使借助仪器也无法直接观察，只能通过行为的观察来推测或判断其心理活动。单纯靠简单的观察或许可以积累许多事实资料，解释一些社会心理现象，但要证明某种假设，发现某些规律，从而形成理论是相当困难的。

2.无关变量不易控制

在社会心理学的研究中，常常面对许多变量，例如，Y 变量是研究者欲观测的变量，而与 Y 变量有关系的变量可能存在若干个，分别以 $X_1, X_2, X_3, \cdots, X_n$ 表示，而且 $X_1, X_2, X_3, \cdots, X_n$ 各变量之间也存在联系，研究者可能关心 X_1 与 Y 的因果关系模式，但这种关系程度或因果模式受 $X_2, X_3, \cdots, X_n$ 等其他若干变量的影响，这时 $X_1, X_2, X_3, \cdots, X_n$ 等变量都被看作无关变量加以控制。虽然无关变量的控制有很多方法，但并不是容易的事情。况且如果真能完全控制了无关变量，其研究结论是否具有普遍意义又会大打折扣，因为现实中很难找到无关变量被控制好的自然情景。所以社会心理学的研究提倡多变量的研究方式。

在进行社会心理学实验时，实验对象的兴趣、动机等中介变量也常常影响实验结果。

3.期待效应

研究者本身对研究结果的期待有时也影响研究结果。为了避免该效应的影响，有时研究者在进行实验时并不告诉主试有关实验的目的。如果既不让被试了解自己所参与的实验，也不让主试知道实验的有关目的和内容，这种实验设计称作“双盲”实验。

4.测量工具的误差不易控制

如前所述，人的心理活动不能直接观察，只能通过行为的观测来进行推测或判断。对心理特征的测量同样也只能是间接的，即借助于对行为的测量达到对心理特征的间接测量。这种测量的间接性制约着测量工具的有效性，增加了心理测量工具控制误差的难度。由于人的行为和心理活动极其复杂，依靠测量工具将他们完全数量化绝非易事，尤其是涉及动机、态度等受情景影响大、不太稳定的个性心理特征时，一些测量工具的可靠性与有效性都不十分理想。另外，心理测量的方式主要是采用自我陈述法，这样回答的结果不仅受量表或问卷本身及被试与主试互动等各种因素的影响，还要受到社会文化因素的影响。

四、社会心理学研究的常用术语

科学研究有自己的语言，即一些专门术语。对于社会心理学而言，正确理解和使用研究术语是顺利进行社会心理学研究的前提。

1.模型

模型简单地说就是对某些现实事物的抽象，是对某种现实事物的简单化表示。模型不同于理论，尽管二者都是对现实事物的抽象，但理论的抽象是各种事物的本质特征并加以概括，因此往往具有普遍的指导意义。模型则并不一定抽象出事物的本质特征，而是根据研究的需要抽象出某些特征，帮助了解事物。社会心理学用模型来说明人们的各种社会心理与行为的关系，社会心理与环境的关系。根据不同的标准可以把模型分为以下几类。

主观模型与客观模型：主观模型也称为观念模型，是观念存在于人们头脑中的对事物的一些直觉。一般认为这些模型比较粗糙，不是依靠科学方法获得的。客观模型是运用系统、科学的分析取代个人的直觉而得出的模型，相对来讲这种模型比较客观。

物理模型与抽象模型：飞机模型、人体模型、建筑模型等都是物理模型，抽象模型是无形的、用符号表示的模型，常见的抽象模型是数学模型。

标准模型与描述模型：标准模型是用来表示事物应当是什么样子的模型，如各种学校的行为规范、工厂的操作规程等都是标准模型，因为它规定了人们的社会行为应当是什么样子。描述模型表示人们正在进行的行为，社会心理学的研究常常使用描述模型。

静态模型与动态模型：静态模型是表示事物静止状态的模型，而动态模型则是表示事物发展动向的模型。一张组织结构图就是一个静态模型，因为它不表示该组织过去和未来的状况。图 2-1 是一个简明的动态模型。

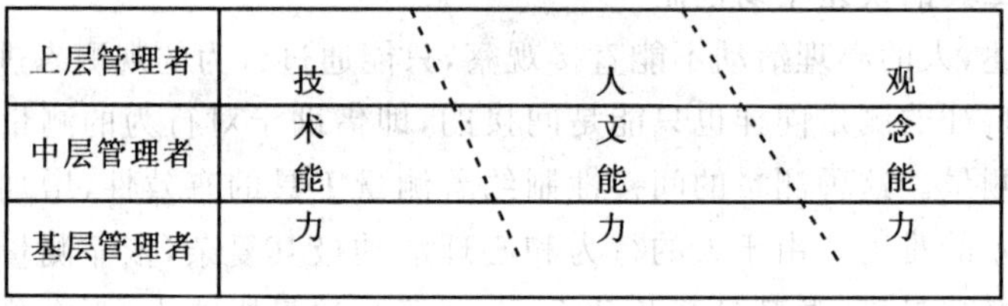

图 2-1　不同层次管理者的能力结构要求

上述模型的分类只是为了理解上的方便，实际上一个模型可能既是抽象的，又是客观的、动态的和描述的。

2. 概念

概念是我们用来反映研究对象的特有属性或本质属性的思维方式。我们常常通过将一组在某种程度上相似的现象，经过抽象和概括找出其共同属性并用词或词组表示出来，这个词或词组就是概念。例如，“社会动机”、“侵犯”等就是概念。

3. 命题

命题是关于一个或数个概念相互关系的陈述。在社会心理学中，任何有关社会行为的描述、解释和预测至少需要一个命题。我们用它来指那些可以观察到并可以检验到的现象。

4. 变量

在科学研究中，概念或属性往往会在质或量上有所变动，研究者将这种具有变动特点并可以进行量度的概念称为变量。变量可以作为检验命题是否正确的因素。如在上述命题中“他人在场”和“个人行为”都是可以观察和测定的，通过精心设计的实验以及结果分析，就能够知道这一命题是否正确。

但在实践中，有些概念测量比较困难，其量度指标不易确定。这就需要通过“操作性定义”使这些概念变成可以进行度量的变量。“操作性定义”是对应于“文义性定义”而言的，我们平常从字典中查到的都是文义性定义，它直接述及了被界定概念所代表的事物的性质或特征。但操作定义不同，它是为了便于确定研究的对象总体，它不是直接述及概念所代表的事物的性质或特征，而是举出测量该变量所作的活动。

5. 信度与效度

社会心理学经常用测验法来反映变量之间的关系，必须保证测量具有较高的信度和效度。信度是指测量本身的稳定性或可靠性，即对人的行为先后数次测量的一致性。如果测得的分数是可重复的、一贯的，则测得的分数就是可信的。也就是说，一项研究结果经重复后得到类似的结果，就意味着这项研究是有信度的。效度是指行为测量的有效性，即研究者所测量的正是他所要测量的东西，所发现的正是他要发现的东西，研究就有了效度。一项测验有信度，并不意味着就有效度。例如，我们进行一个心理学能力的考试，可考卷充满了概念和语法方面的问题。尽管这个考试是有信度的(可以重复测验)，但却是无效度的，因为实际测验的东西不是想要的东西。

6. 假设

假设是一个有待检验或验证的命题。其陈述方式有 3 种：条件式陈述，即“如果 A，则 B”；差异式陈述，即“A 不同，B 亦不同”；函数式陈述，即“Y 是 X 的函数”。一般说假设应有可验证性，应该能对所研究的问题提供答案。社会心理学的研究一般是从假设开始，而后针对假设选择适当的研究方法加以检验，引出结论。形成适当的假设对研究工作十分重要，假设的来源可以是过去的研究，也可以是对人们社会行为的日常观察。一般说来，假设应该有可验证性；应该与同一研究范围内的已有知识相一致；应该尽可能简约；应该能对所研究的问题提供答案；应该具有逻辑的单纯性；应以量化或便于量化的形式加以表达；最后，应该有相当的广度，以便从中得出更多的推论。

7. 理论

理论指的是一组具有逻辑关系的假设或定律。作为科学中的最高概念构架，具有 4 种功能：对现有知识的整合功能，即现有知识简约化、系统化；对已有事物的解释功能；对未来事物的预测；对科学研究方向的指导功能。一般来说，理论有 3 种形态：第一种是全部由定律构成的，其中的命题已被检验过，因此是成熟的理论；第二种是由假设与定律共同组成的理论，由于有未经证实的命题存在，因此是不成熟的理论；第三种是全部由假设构成的理论，由于所有问题均未被证实，只称得上是理论的雏形。在社会心理学中大多数理论属于第二种和第三种形态，这就需要我们重视理论的综合，提高社会心理学理论的成熟度。

五、社会心理学研究的分类

社会心理学的研究同其他社会科学及行为科学一样，各种研究在目的、功能、哲学取向 、方法论、复杂程度等各个方面存在较大差异，对他们很难有一个唯一的分类标准。这里介绍的是两种最基本的分类系统。

1. 基础研究与应用研究

将研究划分为基础研究与应用研究是基于目标的不同，基础研究的目的在于获得普遍原理，发现、验证、发展理论，为本学科的知识体系不断增加和积累新的成果。基础研究并不以解决实际问题为导向，它的成果不一定解决目前的实际问题，但从长远的眼光看，其成果的积累最终将对解决实际问题具有指导作用。应用研究的目的在于解决实际问题，在解决实际问题的研究中将基础研究的理论成果付诸实际并在实际中检验该成果的可行性，同时，发现实际中的理论问题为基础研究提出新的课题。基础研究与应用研究只是目标的取向不同，其研究的价值是不能仅仅从“基础”和“应用”来判断的。

2. 定量研究与定性研究

从一般方法论的角度将研究划分为定量与定性两类，在学术界并无分歧，但近年来有人对“定量”与“定性”这两个词是否能准确地概括两类研究方法有不同的认识，可能考虑到从字面意义上定量容易使人认为仅仅是给事物一个数量，而定性给人一种对事物仅仅做性质判断的印象，因此，提出以量化研究与质化研究取代定量与定性的说法。这种提法是有一定道理的，考虑对初学者来说，把握两类方法实质上的区别与联系是最重要的，至于称之为“定量”还是“量化”，“定性”还是“质化”并不重要，而且定量与定性的提法已经沿用多年，所以这里仍用这种提法。在定量与定性研究方法的争论中，由于定量方法长期居于主要地位，因此，定性方法仍没有争得与定量方法比肩的地位。近年来两类方法的争论趋于平缓，代之而起的是融合的呼声。

第二节　社会心理学的研究方法

在社会心理学的研究中常用的方法主要有观察法、实验法、调查法和测验法，其中观察与实验是最基本的方法。观察法和实验法的广泛应用对于提高社会心理学研究的科学性，具有十分重要的意义。英国社会学家C·A·莫舍曾说，“观察可称为科学研究的第一等方法”，而实验法在心理学和社会心理学成为一门现代科学的过程中更是起到了举足轻重的作用。社会心理学的观察和实验与自然科学的观察和实验有很大不同。因为观察者和被观察者、实验者和被实验者，都是人类共同体的成员，都具有情感、意志。正像K·格根所说“物体的降落不会因牛顿发现自由落体的规律而发生改变，但现代妇女却完全可能因为心理学家认为女人较易说服而变得更加难缠”①。所以我们不能以纯自然科学的方法来进行观察和实验研究。

一、观察法

观察是一种有计划、有目的的知觉过程，观察法是通过直接观察收集有关人类社会行为的各种非语言资料，从而分析判断两个或两个以上的变量之间存在何种关系的方法。观察是科学研究的最基本的方法，是收集第一手资料的最直接的手段。巴甫洛夫把“观察、观察、再观察”作为自己的座右铭，并告诫青年“不学会观察就永远当不了科学家”。观察在社会心理学的研究中同样占据着十分重要的作用。观察可以获得有关社会行为详细的第一手资料，可以对社会情景有直接的感性认识。观察法还可以搜集用其他方法难以获取的信息。观察法也是提出理论假设的基础，在理论研究过程的初期，往往要通过观察法对研究对象的特点进行初步的了解，在此基础上与其他方法一起形成理论假设。许多社会学和社会心理学的研究成果都是在对社会现象进行大量细致观察的基础上取得的。恩格斯的《英国工人阶级状况》就是在对伦敦工人聚集的贫民窟的深入观察的基础上写成的。费孝通的《江村经济》和怀特的《街角社会》资料的收集也主要是采用的观察法。观察法现在有被越来越多地采用的趋势。原因之一是因为实验方法的某些方面受到越来越多的怀疑，而观察法可以弥补或修正实验方法的缺陷；原因之二是现代录音、摄像等技术的进步使观察法更趋向于客观、现实，运用这些技术进行观察不但可以大量

①周晓虹.《现代社会心理学》，上海：上海人民出版社，1997年，第86页。

节省人力，同时，还可以避免因研究者亲自观察带来的倾向性问题。

观察方式是多种多样的，按不同的标准可以分为不同的类型。

第一，按观察的程序化程度可分为结构观察和非结构观察。结构观察是事先对观察的范围、内容以及记录方法等具有详细规定的观察，其观察结果通常可以像问卷调查结果那样进行定量的处理和分析。非结构观察并不要求观察者专注于某些特定的行为和特征，在观察中也不期待着这种行为出现，其观察结果通常只是从定性的角度用来描述所研究对象的行为。

第二，按观察地点和组织条件可分为实地观察和实验室观察。实地观察是在自然的环境中进行的，是深入到现实生活中对实际发生的现象进行观察。实验室观察通常是在装有透镜、摄像机、录音机等设备的实验室进行，有时也可在经过一定控制的自然环境中进行。

第三，按观察的进行是否有规律性可分为系统观察和随即观察。

第四，按观察者的立场可分为参与观察和非参与观察。参与观察是指观察者亲自投身到所观察的社会现象或社会生活中去，如到工厂、农村边参加劳动边进行观察就属于参与观察。非参与观察就是观察者置身于所观察的现象之外，"冷眼旁观"研究对象的活动和表现，实验室观察就是典型的非参与观察，在汽车站附近的楼房内观察车站排队候车人的行为也属于非参与观察。

1. 参与观察

参与观察是观察者进入被观察者的社会环境和社会关系中进行观察、收集资料的一种方法。在这种观察状态下，由于研究者或是作为被观察群体的一员，或是作为被观察群体可以信赖的"外人"出现的，它减少了对所要观察对象的干扰，可以使被观察者做出比较自然的反应。较早使用这种方法的是马林诺夫斯基，1914—1921年他先后3次在西太平洋上的突布兰群岛从事土著文化的研究，在这6年间，他一方面学习土著语言，一方面全面参与土著人的社会生活，他从被研究者的角度出发来分析文化现象。他在《西太平洋的航海者》一书中，描述了他对突布兰群岛土著文化进行实地观察的情况："当我在突布兰群岛的村落中安定下来不久，我就开始用各种方法参与到村落的生活中，等待着村中各项事情的发展……当我每天清晨在村中散步时，我可以很靠近而且详细地看到他们的家庭生活，包括清洁、排泄、烹煮食物以及进餐等；我也可以看到他们安排一天的工作，看到人们开始干自己的事情，男人们或女人们忙于生产某种东西。争吵、开玩笑，家庭琐事等，有时是琐碎的，有时是戏剧化的，但这些都形成了我们及土著人的日常生活中重要的气氛。土著人每天都看到我，所以他们不再对我有兴趣，对于我的出现，他们既不感到惊慌，也不会在意……我经常违反他们的习惯、规范，土著人因为已跟我熟识，也就会很快地指正我的错误。我要不断地学习像他们那样的行动，而且在某种程度上，我已经学到了他们那种辨别是非、好坏的态度。由于这些，以及由于同他们友好相处，分享他们的游戏与欢乐，我开始觉得自己真正地与这些土著人相同了，这种境界才是完成一个成功的实地工作的初步状态。”①在这段话里，马林诺夫斯基描述了观察的过程和观察的一些基本特点。

根据参与程度又可以分为完全参与观察与半参与观察。

(1)完全参与观察实际上就是间谍类型，被观察群体成员相信他(观察者)就是他们群体的一员。如为了研究生产集体中形成和确立的社会价值的性质和内容，找出个体把这种价值内化的机制，前苏联的社会心理学家奥里珊斯基来到工厂，并成为享有充分权利的工人群体的成员。在好几个月中他一直干装配工作。他经常到工人家串门，很快与工人建立了友谊，并在工人中享有较高的威信。没有一个人疑心他是一位研究者。他用这种方法获取了十分珍贵的资料，发现了许多现代社会心理学最迫切的问题。美国社会学家奥瓦波安用完全参与的方法进行监狱管理和囚犯生活的调查。他装成一个犯人与犯人一起生活，获得了许多真实的材料，在1914年他用这些材料发表了一本名为《在监狱内》的著作，对监狱生活进行了详细的描述，对美国改善监狱设施做出了贡献。有关报刊报道过美国一位33岁的妇女为了解老年人的处境，于1979年化装成85岁的老妪，足迹遍布14个州，100多个城市的大街小巷。3年之后她遍体鳞伤，感情受到了严重摧残，她把自己的经历写成了一本《一个真实的，令人厌恶的故事》，描述了美国老人的悲惨情景，并要求改变这个国家对待老人的方式。② 这是各种观察法中最深入、最全面的一种。但是，由于观察者参与程度很深，由于习惯而觉察不出来。并且由于和被观察者接触过于密切，这样就容易使观察结果掺进主观成分。

(2)半参与观察是指观察者在不隐瞒自己的真实身份的情况下参与被观察群体的活动，通过与被观察者的密切接触，取得被观察者的信任。被观察者可能会故意地迎合观察者，故意表现和夸大某种现象而隐瞒对自己不利的方面。或者由于观察者深入生活不够，对于一些现象做出错误的解释，这些都使资料有可能被歪曲而造成偏误。

2.非参与观察(局外观察法)

非参与观察要求观察者完全处于旁观者的立场，不参与被观察者的任何活动。适于研究某些公共场所或公众闲暇活动(如看足球)中人们的行为表现。这种观察

①袁方主编，《社会研究方法教程》，北京：北京大学出版社，1997年，第343页。

②袁方主编，《社会研究方法教程》，北京：北京大学出版社，1997年，第347页。

方法容易做到客观冷静,但是观察者要注意采取最不引人注目的姿态出现。如果允许的话,可与被观察者保持较大的距离,或与被观察者隔开,进行暗中观察。例如,20 世纪 70 年代美国反淫秽书刊委员会需要了解经常光顾这类书店的是哪些人。用问卷和访谈法很难得到调查者的合作,他们就采用了这种观察法。在书店的外边设置了隐蔽观察所,记录进入书店的每一位顾客特征。记录表格是事先设计好的,主要有 4 项指标:性别、年龄、社会阶层、婚姻状况。对这些指标进行了操作化,如以服装来区分各阶层,以是否戴结婚戒指来确定婚姻状况。

有人为了研究人们光顾书店的目的性,就在书店内选择了一个既便于观察又不引人注意的位置,按照事先准备好的观察记录表(表 2-1),对进入书店的人的行为特征进行了观察。得出了女性顾客比男性顾客在书店中的行为更具有目的性的结论。

表 2-1 书店观察表

书店观察表

观察开始时间:__________ 结束时间:__________。

被观察者个人情况:性别 婚姻状况

男 □ 已婚 □

女 □ 未婚 □

不清楚 □

年龄估计:10 岁以下 □ 11~20 岁 □

21~30 岁 □ 31~40 岁 □

41~50 岁 □ 51~60 岁 □

61 岁以上 □

职业身份:__________ 不知道 □

单独一人 □__________个同伴 是谁__________。

买了几本书____本 一本也没买 □ 不知道 □

进书店时的最初行为:__________________。

同服务员的接触情况:__________________一个也没接触 □

同其他顾客的交谈情况:________________一个也没交谈 □

翻阅书籍情况:________________________一本也没翻 □

评价目的性 有目的__________________无目的浏览

3. 间接观察

间接观察是通过某些中介物来观测调查对象。包括物质痕迹观察和行为标志观察两类。

(1)物质痕迹是指人们行为留下的迹象,通过对这些痕迹的分析可以作为行为研究的辅助手段。如观察图书馆的哪些书磨损的严重,可以分析读者的阅读倾向。

(2)行为标志观察是通过一些表面的或无意识的现象来推测人的行为方式和价值观。它假定这些想象是人们行为和态度的反映。间接观察的优点是对被观察者不发生干扰,可以收集到真实的行为资料。但是很难对间接观察的效度进行检验,无法知道所观察的迹象和标志是否真正反映所要调查的行为或现象。所以,间接观察一般作为辅助手段,用以对其他方法进行补充和检验。

以上几种观察法可以根据不同的情况灵活选用。一般来说,研究的问题是公开的、有关日常生活的、不牵涉到隐私的,参与的程度可以低一些。在通常情况下,受时间、环境限制,完全参与和非参与观察使用较少,半参与观察是经常使用的一种方法。

二、实验法

实验法是根据一定的研究假设,系统地操作一个或多个变量,并观察这种操作对其他变量的影响,从而发现因果关系的一种方法。可以说,在控制的情景下研究事物的变化,从而发现并确定其变化的因果关系是实验法的主要特征。在心理学中,通常把实验的研究者称为主试,把被研究者称为被试。一个比较理想的实验,不仅要求实验者控制实验环境,保持它的稳定性并控制任何可能影响实验的外部因素,还要求实验者控制实验组和对照组的被试构成。一个典型的例子就是罗森塔尔在1968年做的一项实验。他的研究基于下列假设“人们对他人行为的期望通常可导致他人向所期望的方向转变”。由此他提出工作假设:那些被教师认为聪明的学生,会因为教师的这种偏见而在实际上变得比别人更聪明。他选择了一所学校为实验室,让几百名学生参加智力测验,然后从中随机抽取20%的学生,并告诉老师这些学生是测验成绩最高的,因此是最有培养前途的。一年后,他们又对这几百人进行了测验,统计分析表明上述20%的学生其平均成绩明显高于其余的学生。实验结果证明了工作假设,即教师的期望与学生学习成绩之间存在着因果关系。

从这个例子我们可以看出实验法的基本原理:即以一个理论假设为起点,这个假设是一个因果关系的陈述,它假定某些自变量会导致某些因变量的变化。实验法是一种较严格的、客观的研究方法,在心理学中占有重要的位置。常用的社会心理学实验主要有实验室实验和现场实验。

1. 实验室实验

实验室实验包括一般实验室实验和模拟实验。

(1)一般实验室实验是指研究者在严格控制外部变量的情况下，研究变量之间的相互关系。这一方法最重要的特征就是研究者能够控制自变量和因变量，最大限度地突出重要因素，防止无关因素的干扰。实验室实验可重复验证，具有较高的效度。它常用于对感知、记忆、思维、动作和生理机制方面的研究。

社会行为是非常复杂的，社会心理学的实验往往包含一个以上的变量，如考试作弊的原因可能是取得成功的压力，压力越大，作弊情况越严重。但其他因素也可能在起作用，如对课程的兴趣等。如何说明取得成功的压力和对课程的兴趣与作弊程度的关系呢？社会心理学家采用因素实验法来回答这个问题(表 2-2)。

表 2-2 成功压力与兴趣对考试作弊影响的因素设计

		因素 2(对课程的兴趣)	
		低兴趣	高兴趣
因素1(成功压力)	低压力	低兴趣 低压力	高兴趣 高压力
	高压力	低兴趣 高压力	高兴趣 低压力

传统实验室实验一般要设对照组，社会心理学的实验，也可以不设对照组。

(2)模拟实验就是让被试扮演某种角色，根据对其行为观察的结果推论在现实环境中的情景。如金巴尔多(J. Zimbardo)在 1973 年曾做了一个非常著名但也引起激烈争论的研究。

研究者把一些志愿应试的大学生随机分成“犯人组”与“看守组”。“犯人”被“逮捕”后，“警察”给“犯人”戴上手铐，并把他们带到“警察局”。签字画押，验明正身后，“犯人”被蒙住眼睛，带到斯坦福大学地下室的一个“监狱”里，这些被试经历了真正犯人所碰到的一切事情(如戴手铐、脚镣、全身消毒、穿上统一制作的衣服，不再有姓名，而只是有一个号码)。监狱内有 3 个“看守”负责监视“犯人”的行动。研究者通过闭路电视与录音装置观察“犯人”与“看守”的反应，并定时与他们个别谈话。这一模拟实验原定做 2 周，但只进行了 6 天便不得不停止。因为“犯人”和

"看守"都出现了异常的行为表现。如扮演犯人的被试普遍变得依赖、软弱、抑郁、易怒。而扮演看守的被试则越来越有虐待"犯人"的倾向。这一模拟实际监狱情况的研究，暗示了现实监狱中可能出现的问题。

2.现场实验

在实际研究过程中，有时研究不能在实验室进行，只能在自然环境下进行，但研究者可以对某些自变量施行某些控制。这种不控制外界变量和实验条件，而是引进新的实验刺激的设计称为现场实验或自然实验。如霍桑实验就是典型的现场实验。现场实验一般都把对情景条件的适当控制与实际社会活动的正常进行有机地结合起来，因而具有较大的现实意义。

实验法在增强社会心理学研究的科学性，具体地把握人们社会行为的活动规律方面起了决定性的作用，它是确定现象之间因果联系的理想方法。但是我们应该看到实验法本身的局限性决定了它很难将一些重大的历史过程作为研究对象。

三、调查法

调查法是社会学家和社会心理学家在社会结构和社会行为研究中常用的收集、分析资料的方法。按不同的标准调查法可以分为：典型调查、个案调查和抽样调查。

1.典型调查

典型调查"是从研究总体中有意识地挑选出少数具有代表性的对象进行调查，以达到了解总体特征和本质的方法"。[①] 其含义：一是研究者有意识地选择代表性的单位进行解剖；二是通过若干事物的解剖达到对一般事物本质特征的了解。典型调查是调查法的一个重要类型。典型调查的关键在于调查对象的选择，在典型的选择中要遵循以下规律：

第一，选择相对纯粹的典型。也就是选择相互关系相对简单、受其他因素影响较少的地方进行调查，这样有利于探求事物的本质和规律性。

第二，选择更能代表一般情况的典型。选择那些在众数和平均数之内的单位，其基本情况具有普遍的代表性，便于揭示同类情况（或条件）下的一般规律。

第三，选择那些有翔实的历史资料的典型。在社会学恢复初期，我国许多研究者选择江村、定县为调查基地，一个重要的原因就是费孝通、李景汉等老一辈社会学家在这里作研究时收集和保存了完整的资料，研究者通过当时的资料与现在的

①《中国大百科全书.社会学卷》，北京：中国大百科全书出版社，1991年，第31-32页。

情况进行对比，研究事物的历史过程和变迁规律。

第四，选择同历史发展趋势相吻合、具有生命力的新生事物作典型。

典型调查可以节省人力、时间和经费，如果应用得当，会收到事半功倍的效果。影响典型调查的关键是典型的选择是否具有代表性。

2.个案调查

个案调查是对少数个人或小型群体的全面情况及背景进行调查的一种方法。通过对背景情况如家庭情况、社会地位、教育影响、文化水平、职业经历、社会交往、人际关系等内容的分析，揭示社会行为的本质和规律。个案调查的对象可以是一个人、几个人或一类人，也可以是一个群体或班组。

个案调查可以使研究者获得丰富的感性认识，因此常用于个人生活史和社会背景的研究，特别是应用于社会反常个体、事件或新生事物的调查研究，如适用于超常儿童、特殊才能儿童、学习落后或适应低常儿童、缺陷儿童等的心理学研究。个案调查适应于定性分析而不利于定量分析。

3.抽样调查

抽样调查是指从调查对象的总体中，按照随机原则抽取一部分对象为样本加以调查分析，并依此推断全体调查对象的一种方法。随机抽样和现代统计技术的发展为社会心理学抽样调查法的完善提供了条件。在社会心理学的研究中经常采用问卷法进行调查。抽样、问卷和统计构成了现代社会调查方法的基本特征。其中，抽样解决的是调查对象的选取问题，问卷是进行变量测量和收集资料的工具，而分析则是对数据资料进行整理、揭示各变量之间关系的不可缺少的途径。

从抽样调查的定义我们不难看出，抽样主要涉及或处理有关总体与部分之间关系的问题。抽样作为人们从部分认识整体这一过程的关键环节，其基本的作用是向人们提供一种实现“由部分认识整体”的途径和手段。由于抽样调查是建立在数学的概率论基础上的，因此，具有较强的科学性。因为其本身具有其他非全面调查所不具备的特点，主要是：

(1)调查样本是按随机的原则抽取的，在总体中每一个单位被抽取的机会是均等的，因此，能够保证被抽中的单位在总体中的均匀分布，不致出现倾向性误差，代表性强。

(2)是以抽取的全部样本单位作为一个“代表团”，用整个“代表团”来代表总体。而不是用随意挑选的个别单位代表总体。

(3)所抽选的调查样本数量，是根据调查误差的要求，经过科学的计算确定的，在调查样本的数量上有可靠的保证。

(4)抽样调查的误差,是在调查前就可以根据调查样本数量和总体中各单位之间的差异程度进行计算,并控制在允许范围以内,调查结果的准确程度较高。

基于抽样调查以上特点,抽样调查被公认为是非全面调查方法中用来推算和代表总体的最完善、最有科学根据的调查方法。现代抽样调查已经达到了很精确的程度,美国的“盖洛普民意测验”对总统选举的预测以非常准确而著称。那么多选民,它只抽取3 000人做调查对象,就可以准确地预测谁可以当选总统,误差只有几个百分点。抽样调查有时甚至比普查更准确。

为了更好地理解抽样调查,我们介绍一些抽样调查的概念。

总体:包括研究总体和调查总体,研究总体是在理论上明确界定个体的集合体。它有多方面的限定,如内容、单位、范围、时间等,例如,一项关于妇女生育行为的研究,如果未加限定,妇女只是一个模糊的整体,还不是研究总体。只有经过限定为“某某年15～45岁的中国妇女”后,才成为可用于调查的研究总体。研究总体是理论上明确定义的整体,但实际上很难使符合这一定义的所有个体均能有机会被选为样本(如游牧区的妇女、患精神病的妇女等)。实际上样本是从调查总体中抽取的。调查总体是研究者实际抽取调查样本个体的集合体,它往往是对研究总体的进一步限定。

样本:样本就是从总体中按一定方式抽取出来的部分单位。如果我们从某市户口中抽取3 000户进行子女教育行为的调查,这3 000户就是样本。样本中的单位成为样本单位,如3 000户中的某一户就是样本单位。样本中含有的单位的数目称为容量。

抽样框:也称抽样范围,是指从中抽取样本的抽样单位名单。如果我们随机调查某市汽车司机的交通意识,那么这个市的汽车牌号簿就是一个抽样框。

参数值:参数值也称总体值,是关于总体中某一变量的综合描述。在统计中最常见的参数值是总体某一变量的平均值,如某市失业人口的平均年龄等。

统计值:统计值也称样本值,是关于调查样本中某一变量的综合描述。统计值是从样本中计算出来的,抽样调查的重要任务之一就是通过样本的统计值推算总体的参数值,从而达到由部分认识总体的目的。

抽样调查也有一定的局限性,主要表现在它适用于定量调查,而不适应于定性调查,对调查总体范围尚不明晰的调查对象难于适用抽样调查。此外,抽样调查存在的误差有两种:一种是工作误差(也称登记误差或调查误差);另一种是代表性误差(也称抽样误差)。但是,抽样调查可以通过抽样设计、计算并采用一系列科学的方法,把代表性误差控制在允许的范围之内;另外,由于调查单位少,代表性强,所需调查人员少，工作误差比全面调查要小，特别是在总体包括的调查单位较多的情况下，抽样调查结果的准确性一般高于全面调查。因此，抽样调查的结果是非常可靠的。

四、测验法

测验法是使用某种量表对个体进行考察研究的一种方法，测验在心理学研究中广泛使用，也是社会心理学研究的重要工具和手段。

由于测验的对象不同、目的不同，测验的类型也多种多样。在西方，心理测验已发展到数百种。从方法上分可分为两大类：一类为投射测验；另一类为问卷法测验。

1. 投射测验

投射测验所用的是刺激意义不明确的各种图形或墨迹，让受试者自由地做出反应，从反应结果分析推断他的个性。投射的意义是指一个人把自己的思想、态度、愿望、情绪等个性特征，投射到外界事物上，通过对外界事物的反应，表达自己的内心感受。影响最大的投射测验是瑞士精神病学家罗夏创立的罗夏墨迹测验。

2. 问卷法测验

问卷法测验使用的工具是各种测量表，测量表有明确的结构，包括很多具体问题。这些问题从不同角度来了解受试者情况，根据受试者对问题的回答对其心理特性给予评定。量表有标准化量表和非标准化量表两种。标准化量表是经过大规模抽样预测试，建立常模，有较大的参照性，科学性比较强。非标准化量表是根据测试目的随时编制的，一般比较灵活，不需建立常模。问卷法用于自己作答称为自陈量表，多采用客观测验的形式，设计出一系列陈述句或问题，要求受试者做出符合自己情况的回答。问卷法用于评定他人的称为评定量表。这种方法不是以受试者本人的反应为依据，而是以观察为基础，给受试者的某种行为或特征确定一个分类或等级，称为评定。

问卷法测验，除了方法上的不同外，从内容上分有人格测验、态度测验、价值观与行为取向测验等。按测验方式可分为个别测验和团体测验。按测验材料可分为文字测验和非文字测验（操作性测验）。

用测量法研究社会心理学中的某些问题，重要的是量表的信度与效度，量表如果缺乏信度和效度就无使用价值。标准化量表一般是具有信度和效度的，但由于量表的种类及地区、文化背景的限制以及使用过程中的问题，常使其信度和效度受到影响，因而不能依据一次测验的结果下结论。

五、访谈法与问卷法

访谈和问卷是调查过程中最常用的收集资料的方法（或工具），无论是典型调查、个案调查还是抽样调查，目的都是确定被研究的对象，当研究对象被确定以后，搜集被研究者的有关资料就成为首要的问题。前面提到的观察法和实验法实际上也是收集资料的方法，在这里再介绍两种常用的收集资料的方法，即访谈法和问卷法。

1.访谈法

访谈法是指研究者通过面对面的谈话，以口头信息沟通的途径了解被研究者的心理状态和行为特征的方法。

（1）根据访谈过程中结构模式的不同，可以把访谈分为标准化访谈和非标准化访谈两大类。

①标准化访谈结构严密，层次分明，有固定的访谈模式和一定的结构。标准化访谈的好处，是便于统计访谈结果和对不同访谈对象进行比较分析。但这种方法缺乏弹性，难以灵活地反映复杂多变的现象和行为，同时也不利于充分发挥访谈对象的积极性和主动性。

②非标准化访谈是按照一个粗线条的访谈提纲所进行的谈话。被研究者也可以根据自己的想法无拘无束的回答。

（2）根据访谈对象的多寡可把访谈分为单个访谈和集体访谈。

①单个访谈是研究者与研究对象一对一地单独交谈。这种访谈形式针对性强，采用单个访谈法有助于提高研究的准确性。

②集体访谈是指研究者同时面对多个访谈对象进行的访谈。其优点：一是提高访谈效率；二是可以对不同访谈对象各方面的情况做出比较。

无论采用哪种访谈方式，既要注意根据访谈目的，注意保持访谈的基本内容和方向，又要注意根据访谈对象的反应，对问题进行适当的调整，更要注意发现被研究者的顾虑和心理动向，进行有效地引导。访谈法的优点和不足：

优点：a. 较灵活，谈话双方都可以随时改变方式，有利于寻找和了解新的信息或更多、更有价值、更深层的思想；b. 使用面广，适用于很多问题，对成人、儿童都有效，特别是对文盲更有效；c. 能够比较有效地搜集人的态度、知觉、意见等方面的资料，还可以随时观察谈话过程中的行为表现；了解被访谈人的动机、个性和情绪等。

缺点：a. 对访谈结果的处理和分析比较复杂，要求由专门的人员进行；b. 访谈人的价值观、信念等会影响被访者的反应，必须事先进行适当的访谈技术训练；c.访谈工作比较花时间和精力；d.对于敏感性问题、隐秘问题，被访谈者一般不愿意当面回答，或不作真实回答。

2.问卷法

问卷法是一种社会心理学研究普遍使用的调查技术或工具，实质上是谈话法的一种特殊形式。所谓问卷，就是一组与研究目标有关的问题，研究人员借助这一工具获取所需的调查资料。问卷法的第一个特点是标准化，统一提问、回答的形式与内容都是对任何被调查者都是一致的，有利于定量分析。第二个特点是匿名性，被调查者敢于回答一些敏感问题。第三个特点是间接性，这一特点不仅节省了调查的用工和经费，同时也避免了调查者与被调查者的接触可能带来的不良影响和偏见。当然问卷法不能控制被调查者在填写问卷时的情景，也无法了解问卷不能容纳但与问卷密切相关的问题。此外，问卷的回收率低，研究范围和研究深度等方面都受问卷自身特点到限制。

问卷的设计一般要经过 4 个步骤：课题分析，提出假设；概念的具体化，寻找变项；确定指标；编制直接或间接的问题（图 2-2）。

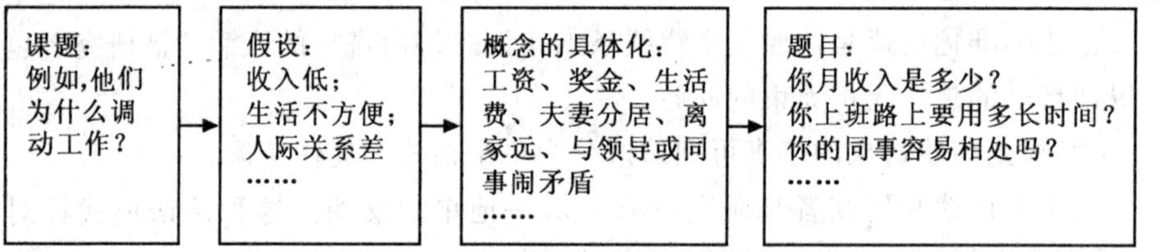

图 2-2　问卷设计的过程

通常一个标准、完整的调查问卷应由 4 部分组成：说明部分、导语部分、资料登录部分和调查项目部分。调查项目部分是问卷的主体。常用的问卷有 4 种格式。

（1）是非法。要求被调查者对问卷的每个题目做出“是”或“否”的回答。例如：

你经常把打牌作为自己消遣的内容吗？是　　否

你家中是否订有报刊？　　　　　　　是　　否

（2）选择法。要求被调查者从并列的两个或若干个假设中做出选择。例如：

① 喜欢听法庭辩论 / 喜欢听音乐会　　② 喜欢研究推销方法 / 喜欢校对稿件

（3）等级法。要求被调查者对各种可供选择的答案按其重要程度排列等级顺序。例如：

你对教师这个职业是否感到满意

①很满意 ②较满意 ③一般 ④不满意 ⑤很不满意

(4)排序法。要求被调查者对所选答案顺序排列的一种回答方式。

例如:请把下列职业按社会地位高低排列起来。

机关干部 技术人员 教师 出租司机 个体户 公司职员

在设计问卷时,应充分考虑问题的统计方法,如考虑统计时计算什么数值、怎样计算法等。如果设计不周,有些问题在统计时便无法进行。同时,还要注意提问的语句要明确,避免使用专业术语或那些容易让人误解的术语;要考虑调查对象的文化程度;问题的排列也要讲究逻辑顺序。

社会心理学的各种研究方法都有其优点和局限性,我们在使用这些方法时,应根据具体的研究目的和任务,选择适合的方法。或以某种方法为主,辅之以其他方法,以便取长补短,达到预期的效果。近几年来,社会心理学研究中出现了一些引人注目的新趋势,表明了社会心理学研究方法的发展。具体表现在以下 3 个方面。

第一,研究方式跨学科、跨文化的特点。社会心理学涉及许多学科,单纯地从任何角度都不能全面准确地解释这些现象,必须运用相关的各个学科的知识和方法才能开展深入的研究,体现出跨学科的特点。

第二,研究方法的综合化趋势。现代科学研究越来越强调研究的可靠性和有效性,研究方法上出现了综合化趋势。

第三,计算机的普遍应用。计算机的应用为社会心理学的研究和发展开辟了广阔的道路。

这些新思路、新方法、新手段对社会心理学的研究和应用无疑具有巨大的推动作用。

第三节 社会心理学的研究程序

任何科学研究都必须遵守一定的程序、原则方法和技术,它是研究得以顺利进行的保证。社会心理学研究的程序与其他科学研究工作没有多大差别,基本上也是依次划分为 4 个阶段:选题阶段、设计阶段、实施阶段和总结阶段。

一、社会心理学研究的选题

选题就是提出问题,它是社会心理学研究中的首要环节,爱因斯坦曾说过,提出一个问题往往比解决一个问题更重要，因为解决问题也许仅是数学或实验上的技能而已，而提出新的问题，新的可能性，从新的角度去看旧的问题，却需要有创造性的想象力，而且标志着科学的真正进步。社会心理学研究中选题是否得当，决定着研究工作的价值和效果。错误的选题不仅会使整个研究工作失去意义，还会使研究工作失去方向。所以，无论是社会心理学的理论研究，还是应用研究，都应遵守以下 4 个选题原则。

1.实践性原则

实践是理论的源泉，也是检验理论的唯一标准。研究者能否提出有价值的问题，不仅依赖于自身的知识水平和理论素养，还与他实践经验的丰富程度有关。问题来源于实践，研究者只有深入社会实践，才能发现有价值的问题。社会心理学要研究的问题很多，研究者要把可能被列入研究课题的问题进行初步的整理、分类和排队，找出那些影响面大、有代表性、社会急需的问题来。

2.新颖性原则

新颖性原则，也称创造性原则。创造的本质在于新颖性、独特性和先进性。研究者必须了解他人已经研究过的问题及所达到的水平和取得的结果。选择那些别人没有做过的开创性的新问题，通过研究有新发现、新认识，探索出新的规律。如果要选择与他人相同的题目作为课题，也必须重新确定自己的研究角度，在已有研究的基础上有所突破和创新。我国的研究者应注意社会心理学研究信息的交流，尽量避免重复研究，使有限的人力、财力解决更多的问题。

3.科学性原则

科学性原则就是要在科学理论指导下，使用科学的方法和技术，保证所选课题的理论或应用价值，特别是一些较大的课题，要充分论证其所具有的理论价值和实践意义之后，才能最后确定下来。因此，在选题过程中要在科学理论的指导下从现实生活中寻找事实根据，从相关学科及在前人研究的基础上寻找理论依据，使选题建立在扎实的理论与实践的基础上。任何违背科学理论的选题，都不可能得出正确的结论。

4.可行性原则

这里的可行性包括两个方面：一是研究力量是否具备；二是客观条件是否允许。因此，课题的选择必须从主、客观实际情况出发。对初步涉及社会心理学研究者来说，可先从那些需要人力、财力不多，又适合自己研究水平的具体问题开始。

二、社会心理学研究的设计

设计阶段是在课题选择的基础上，选择具体的收集资料与处理资料的方法。在实际研究过程中，资料可以是对某种现象产生的数量、产生的原因等方面的情况，也可以是各种文献和实验数据。所以在什么地方、多大范围、收集什么样的资料就成为研究工作首先面临的问题。设计工作包括问题初步分析、形成理论假设、设计研究指标和确定研究方案等内容。这里只对理论假设和研究方案的设计作些阐述。

1. 建立研究假设

科学研究是从假设开始的。假设在研究中具有指导和归纳两种功能。首先，研究的任何步骤都离不开假设包含的基本原则，特别是在研究设计、资料分析方案的拟订和实施中，都必须以假设为基本依据。其次，假设是从理论命题中演绎产生的具体可观察的命题，实际研究过程则要从已验证的假设中归纳出一般的理论结论，从而使结构不仅在理论上具有逻辑性，而且具有实际验证性。

假设不能凭空想象，而是要从实际经验和已有的理论中得来。假设可以分成3种类型：描述性假设、解释性假设和预测性假设。描述性假设是关于社会现象状态的推测与判断，它向我们提供关于事物的大致轮廓和外部表现。解释性假设是关于社会现象变动原因或内部结构的推测性判断。预测性假设则是对社会现象发展趋向的判断。对社会心理学来说解释性假设和预测性假设都是十分重要的，特别是解释性假设应用更为广泛，因为解释性假设是以一种可以检验的形式加以陈述，并对2个(或2个以上)变量之间的特定关系进行预测的命题。

假设的基本形式有3种：第一种是条件假设式。其形式是“如果……，那么……”这是一般科学研究的逻辑推论形式，在“如果”的部分提出自变量，在“那么”的部分提出因变量。两者并不一定有因果关系，但都具有相关关系。

第二种是差异假设式。其形式是“A不同，B也不同”，这种形式主要用于双变量的关系假设。

第三种是函数式。其标准数学式为“$A=f(B)$”，这种假设主要是针对各种现象建立数学模型，对变量测量技术要求较高，计算方法也较复杂。

无论采用什么形式的假设，都必须遵循以下方法论原则：①可验证原则；②理性原则；③逻辑原则；④简单性原则。

2. 确定研究方案

社会心理学研究方案是整个研究工作的纲领，对于保证研究工作顺利进行具有重要指导作用。一般地说，研究方案主要包括6个方面的内容。

第一，研究目标。首先，是研究成果的目标，即通过本研究要解决什么问题，解决到什么程度，是做出理论探讨，还是提出实践建议。其次，是成果的形式目标，即用什么样的形式反映研究成果，是研究报告、论文，还是专著或可操作性的规程等。目标不同研究方案的内容也就不同。

第二，研究内容和工具。研究内容是通过研究指标反映出来的，设计研究内容也就是设计研究指标的过程。所谓研究指标，就是研究过程中用来反映社会心理现象及其影响因素的类别、状态、规模等特性的项目。研究工具是指完成研究的物质手段。它包括拟定的研究提纲，设计的表格、问卷，以及使用的照相机、录音机、计算机等。

第三，确定研究对象。研究对象是实施研究工作的基本单位和数量，可以是人、是组织，也可以是某种社会心理现象。

第四，研究方法。主要是指收集资料和研究资料的方法，应根据研究目的、内容和主客观条件来确定使用哪些研究方法。

第五，经费计划。经费是保证研究顺利完成的重要条件。

第六，研究队伍的组成。研究人员配备要合理，课题负责人应是业务骨干和实际经验较多的人。辅助人员的配备也要注意其知识结构和研究素质。

以上是研究方案包括的几个主要方面。需要指出的是，对于一些重大的、复杂的研究课题来说，往往需要设计几套不同的研究方案，经过可行性分析后，从中选出一个最佳方案。

三、社会心理学研究方案的实施

实施阶段是将设计阶段提出的方案付诸实践活动的阶段。按照理论设计的基本要求完成研究方案是本阶段要遵守的重要原则。其基本任务在于努力收集，记录足够、真实、准确的资料，以保证研究结果的科学性、准确性和可应用性。

方案实施过程关键是要减少主客观因素的干扰，保证数据的客观性和真实性。影响研究资料的因素很多，除了方案设计、调查对象的选取等技术因素外，以下几个因素也对实施过程的客观性发生影响。

(1)研究者的倾向性。研究者的愿望、态度、情感及行为趋向必然会对研究对象造成影响。

(2)被研究者的倾向性。社会心理学是研究人的社会行为，当被研究者意识到自己正在被人“测验”时，也会极力做出“正确”的反应。

(3)环境因素的影响。要克服研究实施过程中各种无关因素的影响,关键在于研究的规范化和研究情境的同一化。除此之外,还应注意以下几个环节:

第一,研究方案的实施要由训练有素、技术熟练,并对研究目标有明确理解的人来担任。对辅助人员也要进行严格、系统的培训。

第二,对于方案中技术性或技巧性强的研究内容或项目,最好由一个人来完成,至少也应按项目进行分工,每人负责一个或几个项目,避免同一具体项目由多人共同完成。

第三,在研究的时间上,同一具体项目或内容要尽量在短时期内完成,避免由于时间的推延而带来的环境变化和被研究者成熟度的变化而造成研究误差。

第四,及时调整研究方案。

四、资料的收集

研究过程中要重视收集资料的方法,在确定了问题与研究方法之后,收集资料的过程便开始了。社会心理学研究中收集材料的方法有下面几种:

第一,直接观察被试行为。

第二,通过调查获取材料:这种方法可以使用有代表性的样本,简单易行,可以收集到大量的资料。社会心理学研究用的方法最多的是当数调查法。

第三,收集资料的方法是通过实验:实验法通过对情境的有效控制,得到的资料很准确,但问题是,如果实验的样本无代表性,那么结果很难概化到其他情境中去。

第四,收集资料的方法叫做档案研究:它是通过对现存的档案资料进行分析而获取资料的一种方法,特别适合于对历史人物的心理分析,对历史事件的分析等。

第五,收集资料的方法是元分析方法:通过这种方法,我们可以对某些研究领域的成果做一个深入的分析,以确定某些因素确实对人们的心理与行为有影响。

五、社会心理学研究方案的总结

总结阶段是对收集的资料进行分析和做出结论的阶段,从资料分析中得出科学结论是研究工作最重要的环节。此阶段的主要任务是整理资料、统计分析和理论研究。

1.资料整理

根据原来先拟定的计划和研究方案,最后将得到大量内容极为丰富生动的第一手资料。首先,要对所获得的资料进行审核;其次,在审核的基础上对资料进行整理,使之条理化和系统化。

2.资料分析

资料分为文字资料和数字资料。对文字资料的分析基本上采取定性分析的方法;对数字资料则采用定量分析的方法。资料分析的方式方法很多,最常用的是比较分析和统计分析。

(1)比较分析是在相似条件的基础上,把不同研究对象的同类因素或同一对象不同时期的同一因素进行对比,以发现它们之间异同及原因的分析方法。

(2)统计分析的特点是通过对现象或实验数据的数量分析去揭示现象的内部联系和质的规定性。

六、研究报告的撰写

研究报告是研究结果的一种公开形式。根据研究方法和研究内容可以把研究报告分成各种类型,如实验报告、调查报告、综合研究报告、专题研究报告、理论研究报告、应用研究报告等。研究报告的撰写没有固定的模式,但有其基本格式和结构。了解研究报告的基本结构和写作要点,无疑是写好研究报告的重要前提。

(一)研究报告的基本结构

当人们完成了一项社会心理学研究之后,还要撰写研究报告或研究论文。论文写得好,就能够使他人更好地了解研究的价值。社会心理学研究报告的写作形式与一般的心理学论文的撰写格式基本一样,研究报告一般包括5部分内容:标题、导言、方法与步骤、结果分析、问题与讨论。此外还包括摘要和参考文献,还有注脚、图表和附录等。

1.标题

研究报告的标题应该简单明了地指出研究的主要问题,尽量让读者能够从中看出要研究什么问题,说明该报告的主要内容。标题通常有3种写法:第一种是直接陈述所研究的问题;第二种是问题式题目,即以提出问题的方式作标题;第三种是主标题加副标题的写法。

2.导言

导言就是报告的引言,引言部分应该阐明研究的理论框架以及同一课题以前的研究文献,但它并非“文献综述”。它需要回答这样一些问题:该课题研究背景和缘由;该课题在理论上和实践上有何意义;对以往同类研究的评价;本研究的理论假设和所要达到的目;本研究探讨了哪些问题等。导言部分写法很灵活,一般要求文字简短。

3.方法与步骤

方法部分应该详细地说明用以检验假设的设计和程序，使读者获得足够的信息，可以重复这个研究。对研究过程的介绍，向读者表明研究结果的可靠性、准确性和科学性。首先，应介绍研究对象的数量、范围、确定方法及研究时间；其次，要说明研究所采用的方式、方法和基本程序，以使读者了解资料的准确性和可靠性；其三，是资料收集的方法和资料处理的说明。

4.结果分析

结果部分是利用有关的统计分析对研究数据所做的总结，它应该简明地说明每一个研究结果与研究假设的关系。此部分是对研究结论的分析过程，是报告的主体。要依据翔实的资料数据，按照一定的思路，运用一系列科学的分析方法对资料进行比较、分析、归纳，并提出看法和判断。对于结果部分应该全面地报告研究的发现，首先要求要有分析和结论，同时要求要有得出结论的数据。需要指出的是，分析过程是获得结论的过程，要有针对性地列出与结论有关的部分。

5.问题与讨论

问题与讨论的内容是对研究结果的含义和意义的评价，应该说明结果是否支持研究的假设，并讨论研究的效度和理论及实际意义。此部分是报告的结尾部分，一般包括两部分内容：一是概括本研究的结论，深化主题；二是提出问题和建议。提出的问题和建议主要是指根据研究的结果指出当前存在的问题和改进工作的具体意见。在这部分内容里还要对研究过程中的一些问题开展必要的讨论。对一些认为有价值但还不能作结论的问题也可以在报告中作为讨论性意见提出来。

研究报告一般要附有参考文献和附录。参考文献一般在研究报告的末尾，应该列出报告中所引用的资料来源，包括资料作者、时间、文题、发表的刊物及页码等。附录部分包括研究所用的主要问卷或量表，以及研究所涉及的重要推导或公式，有时也包括一些无法在结果部分列出的数据资料。

（二）研究报告的写作要点

在动手写研究报告之前，一定要考虑以下问题：报告的主题是什么，有何学术价值和实践意义，与以往的研究相比，有哪些新的发现，怎样使用这些资料，报告的篇幅和结构如何等。简单地说应注意以下3个方面的问题。

1.主题鲜明，重点突出

主题是研究报告的灵魂，是研究者在说明事物，阐述道理时所表现出来的基本思想。主题要反映客观事物的本质规律，有积极的社会意义；要有新意，能在报告中发掘出别人尚未深入研究的东西；主题所反映研究者的立场、观点、态度一目了然。

2.尊重事实,精选材料

实事求是地选用准确的数据、翔实的资料。选材过程是一个用材料说明观点的过程,因此,还要注意详略得当、主次分明。

3.结构严谨,概念准确

结构是指报告的层次。撰写过程中要注意事情的时间顺序和内在联系。结构妥当,论述推理就显得脉络清晰,井然有序,也有利于内容的表达。

本章小结

本章介绍了社会心理学研究方法的含义、重要性和具体的研究方法。社会心理学研究的目的有3个,即解释、预测和控制。解释是社会心理学研究的基本目的,解释某种社会行为或社会心理现象需要真实的材料,而科学的方法可以使我们获得这些资料。预测是指在掌握人们社会行为规律的基础上,预见在某种社会环境下可能出现的社会行为。控制则是在预测的基础上采取一定措施减少或避免人们不符合社会要求和社会规范的行为,引导人们的行为向着合乎社会要求的方向发展。没有科学的方法,社会心理学的研究就会局限于对经验和现象的一般描述,不能成为解释社会行为的科学原理,也就失去了对社会的指导意义。社会心理学研究要遵守理论与实践统一的原则、动态研究和静态研究相统一的原则、宏观研究与微观研究相统一的原则、分析与综合原则和交往与活动统一原则。

在社会心理学的研究中常用的方法主要有观察法、实验法、调查法和测验法,其中观察与实验是最基本的方法。观察法和实验法的广泛应用对于提高社会心理学研究的科学性,具有十分重要的意义。每一种研究方法都有其特点,有其适应的研究范围,有效的研究要把各类研究法结合使用。研究方案的设计在研究中具有重要地位,一个完整的研究设计应包括:问题初步分析及问题的提出、形成理论假设、设计研究指标和确定研究方案等内容。社会心理学研究方案主要包括6方面的内容:研究目标、研究内容和工具、确定研究对象、确定研究方法、经费计划和研究队伍的组成等。每个步骤都包含了复杂的技术,掌握这些技术是学好社会心理学的重要基础。

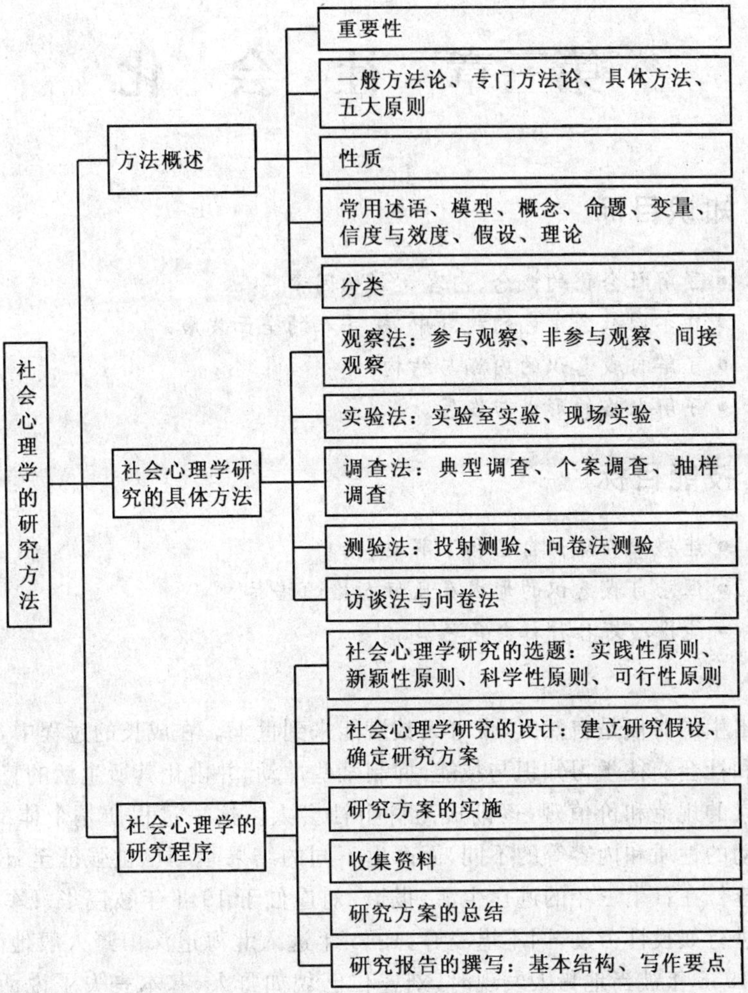

思考题

1. 社会心理学的研究包括哪些范围？

2. 什么是概念、命题、变量、信度与效度？

3. 问卷调查中题目设计的原则是什么？

4. 社会心理学研究的基本程序是什么？

5. 用社会心理学的方法组织一次小调查。

第三章　社　会　化

知识目标

- 了解社会化的概念、内容及影响因素。
- 在不同社会角色的视野中，探寻人的全面发展。
- 了解自我意识的内涵与结构。
- 了解人格的形成与发展。

技能目标

- 能够正确认识自己和了解他人。
- 注意自我意识的形成及良好人格的培养。
- 能扮演好各种社会角色。

人出生的时候是自然人，带着无数潜能来到世上。在成长的过程中，个体通过与他人和社会交往学习知识与技能，抑制某些冲动，并内化其所生活的特定社会环境所推崇的规范和价值观，逐渐成为一个社会人。这一过程便是个体的社会化。由于活动的性质和内容等的不同，而产生不同的结果①。具《被强征至日本的中国劳工刘连仁在日十三年的逃亡生活》报道：刘连仁于1944年被侵华日军掳到日本北海道进行奴役性劳动，因不堪凌辱，1945年逃入北海道深山野人般地生活了13年。在1958年被当地猎人发现时，刘连仁已貌如野人，基本丧失了说话能力。刘连仁进入深山后为什么逐渐丧失了语言能力呢？这个问题在本章中便可找到答案。本章讲述了社会化的概念、社会化的内容及影响个体社会化的因素。在个体社会化的过程中，涉及自我意识的形成与人格的培养；社会角色的塑造等多方面的问题。

---

①新华网（2005年9月14日）。

第一节 社会化概述

每一个人都是在从自然人向社会人的转变过程中成长的。人从出生起就被置于一定的社会环境之中，为周围环境所影响。社会、文化、群体、家庭和同辈等对个体的发展和社会心理的形成起着种种不同的作用。个体通过一系列的实践活动，认知自我，适应人类社会生活。逐渐完成从生物性个体到社会性个体的转化。

一、社会化的概念

"社会化"作为一个学术概念最早起源于人类学。后来，社会学、心理学等各学科都在使用。虽然各学科研究使用的视角不同，但有一点是共同的，即社会化是一个反映个体与社会之间关系的概念。通常是指个体在与他人及社会的接触和交往中，学习社会知识，掌握社会技能，建立社会经验，构建一定社会认可的心理-行为模式，成为社会成员的过程。换句话说，就是把自然人培养成合格的社会成员的过程。这一过程包括两方面的内容：一方面，是个体掌握社会经验与技能的过程；另一方面，是个体对社会关系系统的积极再现的过程。这个过程可以是自觉和主动的，也可能是不自觉和被动的；可以是有意识和有目的地实现，也可以是在无意识和潜移默化中完成。社会化的实质是个体在与社会相互作用的过程中成长变化。

个体的社会化是一个极为复杂的过程。社会化按最终作用的不同，可分为主流社会化与支流社会化。主流社会化体现了社会的方向、特点和时代风貌，代表大多数人的利益，支流社会化则是少数人和团伙的行为意志。犯罪就是支流社会化的产物。这一过程与个体自身和社会环境密不可分，而个体与社会环境的复杂性，决定了这一过程的复杂性。

个体的社会化是一个连续性的过程。人生每一阶段的社会化，都是后一阶段社会化的基础，并对后一阶段的社会化产生深远影响。

社会化是一个终身的课题。个体社会化是一个贯穿个体一生自始至终的过程，所谓"活到老，学到老"就是这个过程的写照[①]。20 世纪中叶，在社会心理学的研究过程中，学者们普遍认为社会化实质上是以儿童和青少年为研究对象。后来随着科学技术的快速发展，社会多元文化的冲击与碰撞，全球化浪潮的推进及社会变迁不断诱发社会生活方式发生变化，从而迫使人们不断学习，不断适应。因此，在生命的不同阶段，个体都面临着社会化的课题。实质上，这也是个体社会化改造

①朱启臻、张春明，《社会心理学原理及其应用》，北京：中国社会出版社，2000 年，第 262 页。

和重建问题。即个体从一种思想方式、行为方式、生活方式或工作方式向另一种方式迅速转变与适应的过程中遇到的社会化问题，也可称为再社会化问题，社会化是一个课题。

任何一个人类个体，若只有人类的身体结构，那还不是真正意义上的人。只有通过一定的社会学习和社会生活实践，获得适应一定社会的社会特征，形成人类的心理结构和行为动力系统，获得明确的自我概念，行为与社会要求相适应的明确的自我和自我控制，才能成为真正意义上的人。

二、社会化的内容

社会化过程的内容非常广泛，通常在分析社会化目标时，一般强调价值观念、行为规范与社会技能的社会化；从社会领域来划分，它强调政治社会化、法律社会化和道德社会化。下面仅就后三项做些介绍。

（一）政治社会化

政治社会化是个体在与社会政治互动中逐步接受社会政治文化教化，学习政治知识、掌握政治技能、内化政治规范、形成政治态度、完善政治人格的辩证过程。政治社会化过程包括政治信息传播、政治观念内化、政治态度演进和贯穿个体一生的阶段性发展4个层面，并按照其内在的逻辑顺序渐次递进，构成一个连续统一的动态发展过程。如果个体不能够顺利地完成这个过程，他就会对政治产生不适应现象，出现不良心理或不良行为。因此，政治社会化是提高个体社会适应能力，培养健康的政治人格，及参与社会政治生活的重要途径。对于社会本身来说，它关系到社会的稳定与巩固，甚至关系到它能否存在。由此，社会成员的政治社会化不仅是一个理论课题，而且有着非常重要的现实意义。

政治社会化的目的是将个体培养和训练成为遵守政府规定，服从国家法律，行使正当权力，承担应尽义务，促进政治稳定的合格公民。

政治社会化的功能就在于，使社会民众能普遍接受共同的政治知识、政治感情、政治态度、政治价值观。而这一过程有的是自觉、积极主动的，有的是不自觉和消极被动的；有的是有意识、有目的地进行，有的是在无意识、潜移默化中完成的。由于人在不同年龄阶段的认识能力和知识积累程度不同，因此在不同年龄段，政治社会化具有不同的特征。

1. 儿童时期的政治社会化

一个人从出生到取得公民资格所经历的时期被称为儿童期。儿童时期的政治社会化一般以政治认同、政治归附、政治忠诚、政治服从等带有情感性色彩的政治认知和感情培养为主要内容，以直观的、感性的、形象的政治活动和政治行为作为学习对象,通过直接模仿的方式进行政治学习。儿童政治社会化的主要途径是家庭和学校,家庭成员和教师是儿童政治社会化的启蒙老师。

2.青年时期的政治社会化

青年时期是取得公民资格到成年阶段的经历。青年时期的政治社会化是个人一生中政治观念和政治人格形成的关键阶段。青年时期的政治学习以理性的方式进行。学习政治行为规范、准则,形成政治思想、政治理念,养成良好的行为。青年时期政治社会化的任务主要由学校和社会来承担。由于青年时期开始更多地参与社会生活,所以,参与社会政治实践也成为获得政治知识和经验的重要途径。

3.成年时期的政治社会化

成年时期是一个人的成熟阶段。在成年阶段,政治社会化过程与他们实际参与的社会政治活动的深度、广度等密切联系在一起。一般来说,在成年阶段,一个人的价值观念和政治态度基本成型,政治社会化主要通过日常社会生活、大众传媒、政治活动和政治实践来实现,政治社会化的内容主要是为个人进一步提供政治知识和技能,完善其政治人格。此时,个人已经不再是单纯消极被动的社会化对象,而是具有了一定政治责任感与使命感,能以自身的政治观念、行为和相关的政治经验等影响他人的政治社会化的主体。

政治社会化是一般社会化的核心。任何一个社会或政府,其成员政治社会化程度的高低关系着社会或政府稳定、巩固与发展的好坏。个体在政治社会化的过程中会通过自己的主观能动作用,整合社会的各种政治观点,接受社会政治改造,反作用于社会政治。因此,培养公民正确的政治态度与政治意识尤为重要。

(二)法律社会化

"法律社会化"这一术语是由美国心理学家塔普(J. Tapp)最先提出的。它用于描写关于法律信仰的形成、法律准则规范的内部化及法律遵从行为等方面问题的社会化过程。这一过程是个体与法律的交互作用,使个体的法律意识与社会的法律环境相统一。

一方面,通过法律教化,使个体在社会法律环境的作用下,掌握法律文化,造就良好的个体法律意识。另一方面,通过个体内化,使个体的法律意识积极作用于社会法律环境,营造良好的法律环境。

具体来说,就社会宏观意义而言,法律社会化就是使自然人成为法律人的过程,也是个体逐渐学会法律规范和法律行为并为现存法律体制所接受的过程。同时,也是主体的法律态度、法律信仰、法律意识的形成过程,是个体认知自身所处的法律环境,并利用和改造这一法律环境的过程。

法律社会化的目的,就是将个体培养成为在法律生活中享有法定权利承担法定义务的法律人，使个体内化法律规范，形成法律意识。

法律社会化的结果，在于使个体按法律规范为法律行为，按法律规范来调整法律行为。所谓法制社会化，是个人社会化的重要组成部分，在个人由自然人成长为适应社会、为社会做贡献的合格社会成员的过程中，强调个人在法律观念和法律规范体系上的社会化，它激发个体自身对于法律意识建构的渴望，启迪个人为了适应社会发展而对法律产生需求的过程。

从一定意义上讲，法律社会化也是一种启蒙，人们开始凭其理性思维，对其身处的社会状况进行批判性的反思，从而谋求一个更为公平合理、更为幸福地生活环境。通过个人法律社会化，培养具有现代法治文明的健康社会人格的公民。

“法律社会化”的最重要的功能是实现社会控制，即用法律规范来抑制个人的反社会本能，满足人类的需要，协调社会上各种相互冲突的利益。社会控制的实现包括法律、道德和宗教，而法律是社会控制的首要工具。这个工具就像一个社会工程，它“被认为是一个过程，一种活动，而不只被认为是一种知识体系，或是一种固定的建筑秩序。它是一种行为活动，而不是一种数学公式与机械规律按照亘古不变的指定方法而自我形成的被动的工具”。[①]

除此之外，还有评价功能，法律为社会评价提供标准。教育功能，告诫人们哪些欲望应该克制，并服从社会利益，培养人们的法治观念普及法律文化知识，实现对法律文化的传承与创新，特别在于培养人们对现行法律制度的认同。

（三）道德社会化

所谓道德社会化是指主体经过与他人和社会互动，接受社会伦理文化的基本规范，遵循特定文化背景下的道德规范，并逐渐内化为自身的道德准则，并以此来支配自己的行为，以获得社会认可和参与社会生活的过程。人的一生要经历不同的发展阶段，因此，在人生不同的发展阶段个体所需要学习和掌握的基本行为准则、道德规范都是不相同的，所要完成道德社会化的任务也是不同的。这不仅是人的身心发展规律决定的，同时，也是道德社会化本身要求所规定的。

在未成年阶段，个体实现道德内化的心理机制是观察模仿学习、认知加工、角色扮演、主观认同和自我强化。因此，家庭、学校和社会要真正做到“一切为了孩子”，就必须采取果断措施，净化环境，清理不良文化影响，消除不良文化诱导。抓好文化阵地的建设和文化精品的生产，为未成年人提供为他们所认同的、健康向上的多方面的道德人格榜样，鼓励他们从规范行为习惯做起，从身边小事做起，最大限度地发挥榜样的道德感召力和影响力，发挥公共文化活动和设施对未成年人思

①庞德，《法律史解释》，北京：华夏出版社，1989年，第149页。

想道德的教化熏陶作用。

成年后，在已形成的道德认知、道德感情的基础上，通过道德意志加强个体的道德实践。中国传统的道德情感既与“修齐治平”这类社会政治理想紧密联系，也跟“三十而立”和“天将降大任于斯人”这些个人志向高度相关，体现在“富贵不能淫，贫贱不能移，威武不能屈”这样的道德意志中。当人接触到社会生活中的种种现象时，会根据自己的道德认知和道德情感，做出是非、善恶、美丑等价值判断，产生相应的情感体验，这就是道德实践。任何道德选择、道德情感、道德行为模式都是在道德实践中产生和巩固下来的。

道德社会化的主要目标，是将社会主流价值观、社会规范和行为方式等内化为稳定的道德人格特质和行为反应模式。这一过程不只是个体的单方面适应过程，它是个体与社会两个层面双向互动、双向建构的过程。也就是说，不仅要求个体不断地适应社会，也要求社会不断地适应个体。道德社会化既是对要的某些生物性冲动和个体欲求的限制，同时，也是对人的正当的生物冲动和个体欲求的满足。社会是在满足这些需求的过程中对人的需求进行调节，提供文化选择的压力来刺激、引发人的更高需求乃至道德需求的。社会伦理关系、价值体系中不能适应人的生存、发展方面的最终 也是在道德社会化的过程中被个体所修正、所改造、所补充的。所以，双向的适应关系必然承认德育过程又是指导、帮助人对道德文化创造性接受的过程。这一过程珍视个人的道德经验及体验，允许对道德生活的处理有个人的具体样式和风格，认可并鼓励人对现在既定的道德规范体系有超越意识和合理的、不伤害他人的超越行为。

需要特别指出的是，人的道德社会化本质上不是动物的适应性行为。人虽然也在一定的道德文化氛围中无意识地学习、模仿、认同，但必须经过个体认知与自我认知的发展，以及情感系统参与信息加工过程，由情感与认知两个系统的共同活动影响行为控制系统，其间必定伴随情感与认知的相互矛盾冲突、伴随情绪外化和情感内在体验的定向累积过程，最终使人不是在被动“适应”意义上，而是在人主动调适、整合自身的价值系统，从而在“均衡”的意义上达到内化。

三、影响社会化的主要因素

（一）社会文化

社会文化是一个广义的概念，它不仅包括文学、艺术、教育、科学等精神财富，还包括社会的政治、宗教、哲学、风俗习惯、传统心理及生产力水平等。社会文化是社会整体性的产物，是社会历史长期发展与积淀的结果。它带有普遍性和共享性，一方面它脱离个人的存在和发展而渊源流长，另一方面它又反过来深刻地影响着每个人的生活方式。社会文化使生活于其中的社会成员必受影响与熏陶，使他们的思想观念、心理行为与生活实践自然地符合它的要求与准则，并以价值观念形态积淀于民族心理意识之中而得以世代相传，并在实际生活中发挥程度不同、功能不一的社会作用。

（二）家庭父母

家庭是个体社会化的第一场所，父母是个体社会化的第一交往对象。家庭父母是对个体社会化影响的因素。在个体早期发展过程中，家庭父母成为核心影响源，父母的教育方式对孩子的影响是深刻而长远的。儿童从父母那里获得了最初的生活经验，他们向父母学习语言，模仿父母的动作和行为。大量的研究表明父母的教养方式在儿童的认知发展、性格形成、道德发展以及自我概念方面都具有不可忽视的影响。

宠爱型家庭：由于父母对子女过分溺爱，结果孩子长大后在人格上多表现为依赖性强，遇事退缩，缺乏同情心，情结不稳定，自制能力和自信心差，易受别人意见的左右。

放任型家庭：由于父母对子女的行为完全放任，很少管教约束，致使子女不能养成正确的是非观，行为表现缺乏教养，很难适应集体生活。

专制型家庭：由于父母对子女管教非常严格，常用命令、指责等手段强迫孩子服从，致使这类家庭出身的儿童，一方面在性格上表现为诚实、细心和责任心等，另一方面又表现为自卑、敏感和对人屈从的性格。

民主型家庭由于父母能理解孩子的要求和兴趣，适度满足其需要，并引导孩子独立做出自己的选择和决定，因此，这类家庭的孩子，大都表现为自立和自信，能主动解决自己的困难，情结稳定，易与他人沟通与合作。

除了父母的教养方式外，家庭的完整性及家庭中子女的出生顺序等对儿童的社会化影响也很大。

（三）同辈群体

儿童从进入幼儿园开始，同辈群体影响越来越大。由于同辈群体交往的平等性和开放性更能满足儿童，特别是青少年的心理和社会需求，因而也更容易引起他们的认同。

同辈群体是一个由地位、年龄、兴趣、爱好和价值观等大体相同或相近的人组成关系亲密的非正式群体。由于这些共同的特点，它为青少年提供了一个新的活动天地和适合他们心理及发展的小环境。同辈群体的特征与青春期的身心发展特点的契合，决定了它在社会化中的特殊作用。

由于青少年可以在同辈群体中从事脱离成人控制的独立性活动，因而一旦群体内的价值取向与社会基本的价值取向相反时，那么，它将成为一股反主流价值观的历史力量，其消极影响不可低估。

(四)学校

对个体社会化影响最大的应是学校。学校是有组织、系统地对个体施以社会化教育，其影响包括科学知识的传授、政治素养的确立、道德行为的培养、法律观念的形成和民族意识的产生等。并且学校教育的时间长，至少9年。在这个时期正是一个人的思想观念和个性品质形成的关键阶段，学校提供的信息、宣传的主流思想和各种活动对一个人的品德修养起着相当重要的作用。可以说，这一阶段社会化的成效直接关系到个体未来的发展状况及所培养的社会成员的素质。

学校是社会的雏形，各种社会思潮和社会关系都会折射到学校，学校就像一个小社会，有其独特的地位、文化氛围、价值标准和学校规范等。学生在其中学习各种规范，进行学习上的竞争等，这些都为他们将来走上社会奠定了基础。学校中尤其值得一提的是教师期望，会影响学生的学习动机、对成功的期待以及自我评价等，产生皮格马利翁效应，从而引导个体更好地社会化。

(五)大众传播媒体

大众传播媒体是指以报刊、图书、电影、广播、电视和网络等为工具，面向大众的信息沟通方式。它向人们提供有关社会事件和社会变革的信息，还向人们提供各种不同的角色模式、角色评价、价值标准和行为规范等，对个体社会化起着潜移默化的影响。

在传统社会中，书刊曾是主要的大众传播媒体，但在今天的社会中，电视与网络在许多方面占据了主导媒体的地位。并成为社会化的一种新环境和条件，对个体社会化产生的影响尤为重要。

电视与网络对个体社会化的作用具有两面性：一方面使个体有效地了解社会，增长知识，掌握生活技能，开阔视野，接受社会公认的价值观和行为方式，尤其是网络为青少年扮演社会角色提供了虚拟的实践空间，提高了青少年社会化的自主性。电视与网络成为全体社会成员社会化的“第二课堂”。另一方面，电视与网络中低级、庸俗的作品，腐蚀着人的心灵，而电视暴力会直接导致社会成员，尤其是青少年的侵犯行为和侵犯倾向明显增加，对个体的实际生活产生不利影响。网络就像一把双刃剑，在为青少年社会化带来好处的同时，网络世界的非实现性又造成青少年对现实社会的认同危机。另外，由于青少年对网络世界的过分迷恋，对他们完美人格的培养产生不利影响。

总之，社会化是个体在一定社会环境中通过与他人的互动与沟通完成的。文化、家庭、学校、同辈和大众传播媒体在个体的社会化过程中起着非常重要的作用。

第二节 自我意识概述

人在其一生中，一方面，要取得社会的认同，实现社会化；另一方面，要逐渐地认识自我，不断地发展自我。了解自己的生理、心理及与他人的差异，认识自己的形象，发展具有个人独特性的自己的观念——自我意识。

一、自我意识的含义

关于"自我意识"的术语，社会心理学界有多种不同的理解与提法，如"自我观念"、"自我概念"等，通常被简称为"自我"。

"自我意识"一词是由美国著名心理学家W·詹姆士(W. James)于1890年在《心理学原理》一书中首次提出。他将自我分为"主体我"和"客体我"。前者表示"自己认识的自我"，主动地体验世界的自我；后者表示人们对自己的各种各样的看法。自我意识就是主体我对客体我的意识。包括认识自己的生理状况(如身高、体重、形态等)、心理特征(如兴趣爱好、能力、性格、气质等)以及自己与他人的关系(如自己与周围人们相处的关系、自己在集体中位置与作用等)。简言之，自我意识就是个人对于自身的认识和观念。

自我意识是人所特有的心理活动的高级阶段。在最一般意义上，自我意识指个人对自己存在的意识、对自己以及自己与周围事物关系的意识。社会意义上的自我意识通常指个人对自己各种心身状况、人一我关系的认知，是对自己各种思想观念和行为倾向的认知。它表现为高度的自我觉察，个体关注于自己的思想、情感，别人对自己的反应，处于这种状态时，个体得以更多更好地处理有关自己的信息，使自己能更妥善地协调个体与他人、个体与社会、个体与整个周围情境的关系，由于加强了自我监控，工作更有效，与他人相处更融洽，也更能学习他人所长，改进自己的不足。

二、自我意识的结构

自我意识是一个具有多维度和多层次的复杂心理系统，可以从内容、形式和观念对其进行分析。

(一)生理自我、社会自我和心理自我

从内容上看，自我意识分为生理自我、社会自我和心理自我。

1. 生理自我

生理自我是自我意识最原始的形态，生理自我是个人对自己身躯、性别、容貌、

年龄和健康状况等生理物质的认识。包括占有感、支配感和爱护感。这种生理自我并非是与生俱来的,它是个体通过活动、接触,通过大脑神经活动的分化抑制过程才逐步形成发展起来的,是在与外界事物或他人交往中,通过与他人打交道,个体通过建立联系,建立分化,才逐渐形成了自我身体的意识。这一过程,从婴儿出生以后第 8 个月开始,到 3 岁左右基本成熟。

2. 社会自我

社会自我是指个人对自己的社会属性的认识。包括个体对其所在群体中的地位与名望、受人尊敬与接纳的程度及政治与经济地位的认识;还包括个体对其所在时代、国家、民族阶级阶层的认识。幼儿园的游戏在个体实现社会自我中起着重大作用,学校中的社会化是建立自我意识的重要一环。社会自我的一个突出表现是自我控制。自我控制包含坚持性和自制力。

3. 心理自我

心理自我阶段是自我意识发展的最高阶段,是个体对自己心理属性的认识,包括个体对自己的智能、兴趣、爱好、气质和性格等方面心理特点的认识。心理自我的发展是同个体的生理、情绪、思维(包括性成熟、想象力丰富、逻辑思维能力)的发展相联系的,主要表现在自我体验、成人感、性意识、自我反省和自我意识的矛盾性等方面。

(二)自我认识、自我体验和自我调控

从形式上看自我意识表现为认知的、情感的和意志的 3 种形式,分别称为自我认知、自我体验和自我调控。

1. 自我认识

自我认识是指个体对生理自我、社会自我和心理自我的认识。它属于自我意识中的认知成分,包括自我感觉、自我观察、自我观念、自我分析和自我评价等层次。其中,自我评价是自我认识中最主要的方面,是个体自我意识的重要组成部分,也是自我体验和自我控制的前提。它是在社会生活中逐渐形成的,自我评价的形成过程是建立在别人对自己的态度和评价基础上的,别人就像一面镜子一样成为自我评价形成的重要参照点。

2. 自我体验

自我体验是指个体对自己所持的度。它是在自我认识的基础上产生的,属于自我意识中的情感成分。它包括自我感受、自爱、自尊、自信、自卑、内疚、自豪感和自我效能感等层次。其中,自尊是自我体验中最主要的方面。自尊是指个体对自己整体状况的满意水平,它作为一种力求完善的动力是一切伟大事业的渊源,对于自我提高有重要意义。

3. 自我调控

自我控制是指个体对自己行为与心理调控的自我作用过程。它属于自我意识中的意志成分，包括自立、自主、自律、自我监督、自我控制和自我教育等层次。其中，自我控制和自我教育是自我调控中最主要的方面，它是完善自我，提高自我修养不可缺少的内在动因。

（三）现实自我、投射自我和理想自我

从自我观念来看，自我意识又可以分为现实自我、投射自我和理想自我。

1. 现实自我

现实自我是指个体从自己的立场出发，对自己受环境熏陶及在与环境相互作用中所表现的综合现实状况和实际行为的认识。即对实在的我的认识。

2. 投射自我

投射自我是个体想象他人对自己的看法，以及由此而产生的对自己的认识。如想象自己在他人心中的形象，想象他人对自己的评价等。

3. 理想自我

理想自我是个体想要达到的自我，即对想象中的我的认识。理想自我是个体想达到的完善的形象，是个人追求的最高境界。如我想成为百万富翁，我想成为著名影星等，只是一种想拥有某种特性的真诚愿望。

三、自我意识的构建

心理学研究表明，个体自我意识从发生、发展到相对稳定和成熟，大约需要 20 多年的时间。在这个过程中如何构建正确的自我意识对个体自身个性的完善，自我价值的实现具有重要作用。

（一）全面认识自我是形成正确自我意识的基础

俗话说“人贵有自知之明”。怎样才能做到这一点呢？

一是以他人为镜剖析自己：个体与他人和社会有着密切的联系，个体要走出自身来认识自我，必须通过认识他人，认识外界来进行。在与他人的交往过程中，他人对自己的态度与评价就像一面镜子，以人为镜，可以明得失。

二是通过自我比较来认识自我：人们不仅可以通过与他人的比较来认识自我，也可能通过把目前的“自我”与过去或未来的“自我”相比较来进一步认识自己。

三是通过自我反思与自我批评来认识自我：通过不断反思自己的心理活动，对自己进行一分为二的分析，严于解剖自己，敢于批评自己，对自己的错误应像扫地和洗脸一样，天天扫，天天洗。

（二）积极悦纳自我是正确自我意识形成的关键

悦纳自我就是正视自我。即要无条件地接受自己的一切，无论是好的或坏的，成功的或失败的，有价值的或无价值的，凡自身现实的一切都应该积极悦纳，要平静而理智地对待自己的长短优劣、得失成败，要乐观开朗，以发展的眼光看自己；既不以虚幻的自我来补偿内心的空虚，自欺欺人，也不消极回避自身的现状，更不能以哀怨、自责甚至厌恶来否定自己。一个人只有自我接纳，然后才能为他人所接纳。

（三）努力完善自我是正确自我意识形成的重要环节

自我完善是个体在认识自我、悦纳自我的基础上，自觉规划行为目标，主动调节自身行为，积极改造自己的个性，使个性全面发展以适应社会要求的过程。它是合理确立理想自我，提高现实自我形成正确的自我意识的重要条件。

在生活和学习过程中，免不了遇到困难和挫折。在困难和挫折面前，不灰心、不丧气，保持自信和乐观态度是积极自我意识的集中体现。这就要求个体要有强烈的实践和锻炼意识，积极参加各种社会实践活动，努力提高自己的挫折耐受力和各方面素质。“自我”的完善和发展必然会促进积极的自我概念的形成，积极的自我概念反过来又会促进自我的完善和发展。

四、人格概述

“人格”实际上就是人的个性。它原本指的是古希腊戏剧中使用的一种面具，相当于京剧中的脸谱。只要一戴上这种面具，那么它的正、邪、善、恶等角色特征一目了然。以后随着时代的发展和变迁，面具的词义逐渐演化为人的地位、身份、社会义务，以至个性。它是伴随人的一生而不断成长的心理品质，具有丰富而复杂的心理成分。人格的成熟意味着一个人心理品质的成熟，标志着一个人心灵的完善。

（一）人格的含义

所谓人格是指在特定的社会环境中形成的具有稳定性、系统性的心理特征的综合，是一个人在与其环境相互作用的过程中表现的独特行为模式、思维方式和情绪反应的特征。

在心理学意义上，人格的含义是指一个人所具有的稳定的心理特征的独特综合，包括需要、气质、性格、兴趣和能力等各个方面。表层结构表现为品德、爱好、信念、理想、意志、情趣等；深层结构表现为性格、气质、风格等。

在科学心理学的范畴中，人格被界定为是在自然与社会因素的交互作用下所形成的个体特有模式，这一模式是一个人思想、情感及行为的统一体，它包含了一个人区别于他人稳定的心理品质。

(二)人格的特征

人格是一个内涵十分广泛的概念,一般包括以下几方面的特征。

1.人格的一般特征

人格的一般特征,如原则性、一贯性、勇敢、忠诚、纪律性和积极性等。与这些特征相反的是:无原则性、动摇性、怯懦、奸诈、散漫性和消极性等。

2.对人方面的人格特征

对人方面的人格特征,如集体性、亲切性、同情性、急公好义和礼貌等。与这些特征相反的是孤僻性、隐蔽性、冷酷性、残暴性和粗野等。

3.对己方面的人格特征

对己方面的人格特征,如自尊心、自律性、谦虚、克己等。与这些特征相反的是无耻、放肆、自高自大和自私自利等。

4.对事方面的人格特征

对事方面的人格特征,如独创性、坚持性、精确性、勤劳和公正等。与这些特征相反的是保守性、妥协性、粗率性、懒惰和偏袒等。

5.对物方面的人格特征

对物方面的人格特征,如节俭、廉洁、正直、爱整洁和公私分明。与这些特征相反的是奢侈、贪污、贪婪和公私不分等。

由此可见,人格的复杂多样性,它并不完全是与生俱来的,而是遗传、环境和文化等多因素相互作用的结果。

五、影响人格形成与发展的因素

(一)遗传因素

遗传是影响人格的一个重要因素,遗传学的研究表明,几乎所有的人格特征都受遗传因素的影响。遗传主要决定了人格形成和发展的基础,如气质的形成,包括兴奋性强弱、主动或被动、反应速度快慢、活动水平高低、反应强度等。

20世纪80年代,美国明尼苏达大学对成年双生子的人格进行了比较研究,把他们分为两组,一组是双生子在一起长大,另一组是双生子分开抚养,平均分开的时间是30年。结果是同卵双生子的相关比异卵双生子高很多。分开抚养的与未分开抚养的同卵双生子具有同样高的相关性。

上述研究表明,人格的许多特征与遗传有关。我们应该如何看待和评价遗传对人格的作用呢?遗传是人格形成与发展不可缺少的因素,但遗传因素对人格的作用程度因人格特征的不同而不同。通常在能力和气质这些与生物因素相关较大的特征上，遗传因素较为重要；而在价值观、理想、信念和性格等与社会因素紧密的特征上，后天环境因素更重要。

（二）环境因素

1.家庭环境

家庭是人类性格的制造工厂，对人格的培养有着不可忽视的作用，它塑造了人们不同的人格特征。俗话说“有其父必有其子”不无道理。父母是婴幼儿接触和认识社会的桥梁，父母在抚养子女成长的过程中，不仅提供了生理和物质的需要，还提供了心理的需要。同时，父母在养育子女过程中表现出自己的人格，父母的人格潜移默化地影响着子女的人格，父母对子女的教养产生极大的影响。

心理学家通过实证性研究发现，父母比较民主且宽容的孩子与父母比较专制且严厉的孩子相比，更富有自信心与同情心，更会协调人际关系，且安全感较强，情绪较稳定，人格更为健康。

父母抚养方式对子女性格影响的范围是多方面的，除上述方面之外，还有成就感和道德观念等方面。但是，也要看到父母对子女的影响不是单方面的多种因素，而是相互作用的。例如，在同样的抚养方式下培养出来的儿童也有较大差异，这是为什么？除了家庭因素之外，还有其他环境因素。更重要的是儿童并不是消极被动地接受父母的影响，他有自己的思想，可以进行选择，并且反过来对父母造成影响，这种相互作用与双向影响是需要深入研究的问题。

2.学校教育

学校教育是矫正和完形人格的加工厂。学校是有目的和有计划地对学生施加影响的教育场所。它是一个小环境，有特定的气氛，学生在学校里学习知识、学习遵守纪律、学习与人相处、学习社会规范、学习所处社会文化传统，逐渐形成基本价值观和人生观，自我概念进一步发展，有自我理想形成。常常在学校期间确立奋斗目标，要做什么样的人，并且根据自己设立的目标要求自己。这些无疑都会影响将来人格的形成与发展。

教师与同学是学校教育的重要元素，对人格的形成与发展起着重要的作用。教师对学生人格的发展具有指导定向作用。老师往往是学生崇敬的对象，学习模仿的榜样，学生不仅从老师那里学习知识，而且学习怎样为人。他们观察和模仿老师的举止、言行、态度，老师的思想、信念，对事对人的态度潜移默化地影响着学生的人生观形成。老师对学生行为的赞赏或批评，塑造着儿童的行为特征。

学校中的同学关系是影响一个人人格发展的一个重要部分。例如“近朱者赤，近墨者黑”,一个人经常与慷慨大方的同伴交往,经常看到他们这种大方行为和别人对这种行为的赞赏,则也会学习这种大方行为,相处久了,不知不觉之中发展了大方的特征。同学的行为和榜样影响他的行为。再如,同伴对生活的乐观态度,刻苦奋斗精神,会影响他对人生的态度。某人在人生转折关头,与朋友一番交谈,可以使他茅塞顿开,所谓“听君一席话,胜读十年书”,使他明确了人生的意义,改变了他的生活观念,从而整个人的行为也随之改变。

总之,学校是人格社会化的主要场所。教师对学生人格的发展具有导向作用,同伴群体对人格的发展具有“弃恶扬善”的作用。

3.社会文化

每个人都处在特定的社会文化之中,文化对人格的影响是极为重要的。正如美国著名心理学家L·A·普汶所言“文化对每个人塑造的力量很大。平时我们不太可能看出塑造过程的全部力量,因为它在每个人身上逐渐缓慢地发生,它带给人满足,同样也带给人,人除了顺着它走以外,别无选择。因此,这个塑造过程便很自然,毫无理由地被人接受,就像文化本身一样——也许不全然是不知不觉地,但却是无可责。”[①]文化塑造了社会成员的人格特征,使其成员的人格结构朝着相似性的方向发展。如爱尔兰社会文化强调人性本恶,因此爱尔兰人有较强的罪恶感;与之相反,中国传统文化认为人性本善,以和为贵,忍让为美德。

美国著名人类学家玛格利特·米德为了弄清“使我们的青少年骚动不安的青春期,危机究竟归咎青春期本身的特性,还是归咎于我们西方的文明?在不同的条件下,青春期的到来是否会呈现完全不同的景象?”[②]这些问题,米德从文化人类学的视野对南太平洋波利尼亚群岛萨摩亚人青春期问题进行了现场研究。米德在萨摩亚生活了9个月,最后发现,和遗传的因素相比,文化因素对发育有着更为重要的意义,她向人们证实了诸如青春期危机等我们原先归于人类本性的东西,绝大多数不过是我们生活于其中的社会文化的结果。不同的社会文化形成了不同的人格特点。[③]

综上所述,遗传和环境因素对人格的形成与发展分别起不同作用。遗传决定了人格发展的可能性,环境决定了人格发展的现实性。人格是遗传和环境的许多因素相互作用的结果。

---

①[美]L·A·普汶,《人格心理学》,中国台北:桂冠图书股份有限公司,1995年,第17页。

②[美]米德.《萨摩亚人的成年》.杭州:浙江人民出版社,1988年,第9页。

③http://www.gamasa.com.cn

六、人格的结构

人格是一个复杂的结构系统，它包括许多成分，其中主要包括气质、性格、认知风格等方面。

（一）气质

气质是个体身上典型而稳定的心理活动的动力特征。日常生活中主要是指一个人脾气、秉性等。人的气质差异是先天形成的，受个体的“神经系统活动过程”的“特性”所制约，如有的人喜欢安静而有的人喜欢热闹。气质是人的天性，它的改变是困难的，我们常说“江山易改，本性难移”，正是这个道理。气质在人格中是无道德色彩的，没有好坏之分。

（二）性格

性格是个体对周围世界稳定性的态度和习惯性的行为方式。俗话说：“近朱者赤，近墨者黑”。人的性格的形成，除了先天因素的作用外，更多的是在后天的生活环境中逐渐形成的。在人格结构中性格处于核心地位，它属于非智力因素，是情商中最重要的内容。受人的价值观、人生观、世界观的影响，包含许多社会道德含义。如有的人风趣高雅，有的人粗俗下流；有的人大公无私，有的人自私自利。性格有好坏之分，能最直接地反映一个人的道德风貌。例如，“孔融让梨”反映了谦让、利他的性格特点；“守株待兔”反映了一个人懒惰、愚顽的性格特点。总之，具有良好性格品质的人能最大限度地发挥自己的聪明才智，适应现实生活。

（三）认知风格

认知风格是指个体相对稳定地组织和加工信息的方式。迄今为止，关于认知风格的分类大致有：扫描型与聚焦型、序列型与整体型、冲动型与思考型、发散型与聚合型等，这其中研究最多、最具代表性的是独立型与依存型这一组认知风格，它构成了认知风格的理论框架，可以说是认知风格的核心。

第三节 社会角色与角色认知

“角色”原意指戏剧舞台上的人物，20 世纪 20 年代，由米德首先引入其理论结构中，称为社会角色。后逐渐成为社会学和社会心理学的重要学术用语。

一、社会角色

(一)社会角色的含义

社会心理学对“角色”的概念界定不完全一致,但多数学者认为,所谓社会角色,是指社会对个人职能的划分,规定了一个人在社会中的地位、责任、义务、权利、作用以及相应的行为模式。它是人们对具有特定身份的人的行为预期,它是构成社会群体或组织的基础。每一社会角色都有相应的行为规范与行为模式。

从定义中可以看出,社会角色包含两层意思:首先,一定的角色必有相应的权利和义务及相对应的行为模式。如病人既有配合医疗护理的义务,同时又有获取健康教育、治疗护理的权利。其次,角色是人们对处于一定社会位置的人的行为预期,即角色预期。所谓角色预期,是指每个人在社会系统中均处于一定的角色地位,周围的人也总是要按照社会角色的一般模式对他的态度、行为提出合乎身份的要求并寄予期望 。如一提到教师,人们就会想到教书育人、言传身教、诲人不倦等行为特征。“当官不为民做主,不如回家卖红薯”,便是社会大众对官员身份的期望,官员的角色也就被进行了如此的设置。因此,社会要求每一个人按自己的角色行事,护士必须符合护士的角色要求,母亲也必须符合母亲的角色标准。

(二)社会角色的分类

人的社会角色是多重的,也是变动的。从不同的角度出发,可以将社会角色区分为多种类型。

1.先赋角色与自获角色

先赋角色与自获角色,是从人们获得角色的方式上来区分。先赋角色,亦称归属角色,指建立在血缘、遗传等先天或生理基础上的社会角色,如一个人一出生就被赋予种族、民族、家庭出身、性别的角色。这些角色是人一来到世界上就具备的,人对这些角色一般没有选择余地。自获角色,亦称成就角色,指主要是通过个人的活动与努力而获得的社会角色,如教师、医生、律师等。

2.自觉角色与不自觉角色

自觉角色与不自觉角色,是依据人们承担社会角色时的不同心理状态来区分的。自觉角色指人们在承担某种角色时,能明确意识到自己应有的权利、义务,及相应的行为模式,并能付诸实践。不自觉角色指人们在承担某一角色时,并没有意识到自己正在充当这一角色,而只是按习惯性行为去做。

3.规定性角色与开放性角色

规定性角色与开放性角色,是从社会角色规范化的程度上来区分的。规定性角色指有比较严格和明确规定的角色，即对此种角色的权利与义务、应当做什么、不应当做什么都有明确的法律、法则和政策等规定的。开放性角色指那些没有严格、明确规定的社会角色。这类角色的承担者可以根据自己对角色的理解和社会对角色的期望而从事活动。

4.功利性角色与表现性角色

功利性角色与表现性角色，是从社会角色追求的目标上来区分的。功利性角色指那些以追求效益和实际利益为目标的社会角色。这种角色行为的价值就在于实际利益的获得。表现性角色指不是以获得经济上的效益或报酬为目的，而是以表现社会制度与秩序、表现社会行为规范、价值观念、思想道德等为目的的社会角色。

总之，社会角色种类繁多，不同职业、不同地位、不同行为特征都有与之相对应的角色，人的一生也常常需先后或同时承担多种角色，角色可以是暂时的，也可以是长期的。

（三）社会角色扮演失常

社会角色扮演是指行为者根据自我对各社会角色观念的理解，并根据这些角色对个体的要求而调节自己行为的过程。戏剧大师莎士比亚说："世界是一座舞台，男人和女人只是舞台上的演员。他们在注定的时间里进进出出，每个人在舞台上都扮演着各种各样的角色。"莎翁从角度扮演的角度思考人生，告诉人们生活的舞台上都是演员，是演员就要扮演好自己的角色。然而，人们对社会角色的扮演从来都不是一帆风顺的，正像社会的运行常会产生不协调因素一样，在社会角色的扮演中也常会产生矛盾，遇到障碍，甚至遭到失败，这就是角色的失调。常见的角色失调有以下几种情况。

1.角色冲突

所谓角色冲突，指在社会角色的扮演中，在角色之间或角色内部发生了矛盾、对立和抵触，妨碍了角色扮演的顺利进行。

角色冲突分为角色间的冲突和角色内的冲突。角色间的冲突是不同角色承担者之间的冲突。它常常是由于角色利益上的对立、角色期望的差别以及人们没有按角色规范行事等原因引起的。例如，领导与群众、服务员与顾客、邻居之间、婆媳之间、父母与子女之间等，如果关系处理不当，也都容易发生角色间冲突。

角色内的冲突是由于多种社会地位和多种社会角色集于一人身上，而在他自身内部产生的冲突。比如，一位妇女，作为单位的领导者，人们希望她以工作为重，投身于事业；而作为家里的妻子与母亲，丈夫和孩子又希望她能更多地关心家庭，所以这位妇女就往往体验到角色冲突。

2.角色不清

所谓角色不清，指社会角色的扮演者对于某一角色的行为标准不清楚，对自己所扮演的角色缺乏思想准备，对角色的内涵理解不深，不知道这一角色应该做什么、不应该做什么和怎样去做。社会的急剧变迁，常常是造成社会角色不清的最主要原因。不知道这一角色应该做什么、不应该做什么和怎样去做。

在社会与文化的迅速变迁时期，很多社会角色都在发生变化。人们会感到，很多角色的行为规范都超出了他们过去习以为常的范围。由此，很多人对这些角色的行为规范究竟应是什么样子，感到迷茫。例如，《包法利夫人》一书中的包法利夫人，正是由于她把她贵妇式的生活追求与她的农家女的身份混淆不清，使她的行为陷入凌乱不堪的深渊，充满矛盾、摩擦。

3.角色中断

所谓角色中断，指一个人在不同场合、不同时期，相继承担两种不同的角色时，不能及时地进行角色转换以达新角色所要求的行为规范，从而产生新旧角色的冲突和障碍。例如，一位一心渴望能上大学的青年学生，因高考分数不够，突然成为待业青年。由于待业青年的角色与他原来的"高中学生"的角色在社会声望、行为规范等方面的差异，便会给这位青年的心理上造成障碍，这便是角色中断。因此，应加强对各种不同角色的培养、培训和咨询工作，对于那些因社会原因而造成的角色中断，应给予社会的帮助。

4.明确社会角色的意义

人在世界上生活必定要承当一定的社会角色，而一定的社会角色隐含着深刻的价值意蕴，一般地说，承担的社会角色越多越有利于人的生存、发展和享受，越有助于人的幸福的实现。不同的社会角色有不同的权利和义务，因此，一个人承担的社会角色越多，他或她的权利或义务也相应地就越多，人的权利越多，人的自由度就越大，人实现自己的利益和价值的机会就越多。另外，人的社会角色是有层次的，一个人所承当的社会角色的层次越高，他或她具有的义务和权利就越大。例如，一个研究生的社会角色与一个中学生的社会角色显然对于人生的意义是很不相同的。

二、角色认知

（一）角色认知的含义

角色认知是个体认识自己和他人的身份、地位以及各种社会角色的区别与联系的过程。它包括自我角色认知、他人角色认知和角色关系认知3个方面的内容。是个体在角色占有后到角色实践之前，个体按照其独特的社会文化类型对与自己所处地位有关的社会角色规范和角色评价信息进行不断加工和处理，在心理上确定相应的社会反应模式的过程。角色认知的前提是角色占有，即个体在社会网络结构中占据一定的社会地位，拥有相应的社会角色过程。先对角色产生总体印象，然后深入角色的各个部分认识角色的权利和义务。角色认知的过程是角色实践，即个体把角色认知内容表现为外在行为的过程。

角色认知是对角色规范和角色评价的辨识。角色规范是指在一定的社会中，人们以社会行为准则对一定的角色的要求、希望和规定。即规定该角色能做什么，不能做什么。角色规范通过个体直接的人际互动或大众传播渠道传递给个体，制约个体的行为，迫使个体对其进行认知。个体也只有了解了角色规范的基本要求后，才能很好地扮演社会角色，被有效地整合到社会结构中，为社会所容纳。角色评价是指社会、组织和他人对个体的角色扮演效果赋予某种意义的活动。个体在扮演某一角色后，影响角色效果的所有因素都可成为被评价的对象，从个体的具体行为方式、生活作风、思想水平、道德水准，到仪表衣着打扮都是评价的对象和内容。角色评价对个体的制约性在于，如果社会、组织和他人对个体的角色效果赋予积极的意义，说明个体角色扮演效果好，发挥了角色的社会功能，个体所承担的角色与所处的社会地位相一致，得到社会、组织和他人的承认；反之，如果社会、组织和他人对个体的角色效果持有或多或少的非议，这就会迫使个体调整自己的行为。通过社会、组织和他人的角色评价这面镜子，个体认识自己扮演某一角色的能力和技巧，知道哪些行为是令人满意的，社会所允许的，哪些行为还存在不足，为社会所禁止，或需要改变的，为自己的角色行为提供制约的框架。

角色认知是个体按照一定的社会文化模式进行的。角色认知是个体在特定的社会文化背景下进行的。各种社会文化对个体的影响是不相同的，个体对社会文化要素的取舍也是有差别的。在社会化的过程，每一个体就具有一种独特的文化模式。个体进行角色认知时就按照个体的这种文化类型进行的。

角色认知的结果是个体把角色认知内容表现为外在行为的过程。个体在心理上建立一套社会反应模式。个体在按照自己的文化模式对角色规范和角色评价的加工和处理过程中，不仅明确了自己所处地位的权利、义务和行为规范，而且还根据社会文化的内在逻辑性进行演绎和推理，推断自己未来或现在应有的状态，也就是说通过角色认知，主体明确了自己所处的地位是什么，知道了什么是自己该做的，什么是自己不该做的，也认识到自己未来的预期状态，以及如何获得这一状态的行为方式，即个体建立了一套相应的社会反应模式，准备角色实践。

角色认知是一个连续不断的过程。一旦个体进行角色实践，社会、组织和他人就会对角色行为进行评价，角色评价通过直接的人际互动或信息传播渠道反馈给个体，成为一种新的激活量，促使个体对角色评价（包括新旧角色评价）和角色规范信息进行再加工和再处理，形成新的社会反应模式，指导新的角色实践，新的角色实践又有新的角色评价反馈回来，进行再认知，如此循环，构成一个连续不断的认知过程。

（二）角色认知的意义

角色认知可以帮助个体树立角色形象。一方面，个体根据其文化模式的内在逻辑性，对角色规范进行理解，明确角色在预期状态中要拥有的权利和义务；另一方面，个体根据角色评价的内容，将纠正自己那些不符合外界期望的角色行为，以承担满意的社会角色。这样，个体对自己理想的权利、义务和行为具有了印象，树立了理想的角色形象。角色形象保证了个体角色行为的整体性和连续性。现实的角色形象整体地制约着角色行为的各个方面，使它们有机和谐地统一起来，形成整体统一的角色行为，与角色形象相吻合；理想的角色形象树立了角色行为目标，使之符合理想角色的要求，保持角色行为的连续性。角色形象随个体认知结构对角色规范和角色评价的理解不同而有差异。若注重关系密切者和肯定性的角色评价，只看到自己的长处和优点，所形成的角色形象离实际角色就较远，理想的角色形象也自视甚高，难以实现，形成过分自信型的角色形象；相反，若个体注重关系疏者和否定性的角色评价，则只看到自己的缺点和不足，所形成的角色形象离实际角色也较远，形成自卑型的角色形象。只有当个体既注重肯定性的角色评价又注重否定性的角色评价，既注重社会、组织的角色评价又注重关系亲密者个人的评价时，所树立的角色形象才可能符合客观实际和角色发展变化的正确方向，形成自尊和自信型的角色形象。

角色认知的引导作用。个体良好的角色认知使明确角色行为规范和要求，明确自身如何承担相应的社会角色，这便能引导个体尽快在组织中找到合适的位置，充分发挥自己在知识、经验方面的优势。如果个体角色认知和组织的整体角色定位有较大的偏差，则容易出现个体扮演的角色失当，找不到位置的情况。通过角色认知引导个体掌握角色规范的具体要求，使自己的行为与角色规范相吻合。角色引导是社会角色塑造的楷模和基础，能促进社会角色的发展和角色水平的提高。个体都是在角色认知引导的基础上，按照社会对一定角色所持的期望，表现出一系列的角色行为，使角色扮演合乎一定的角色规范与要求。

本 章 小 结

社会化是个体形成社会属性，适应社会生活的过程；是自我意识的发展与人格形成的过程；是社会按照一定的标准培养、塑造社会角色的过程；也是一个社会文化不断延续和发展形成人的现代性的过程。自我意识、人格、社会角色都是人社会化的结果。从一定意义上说，人社会化的结果反映了社会发展的程度，是社会文明与进步的标志。

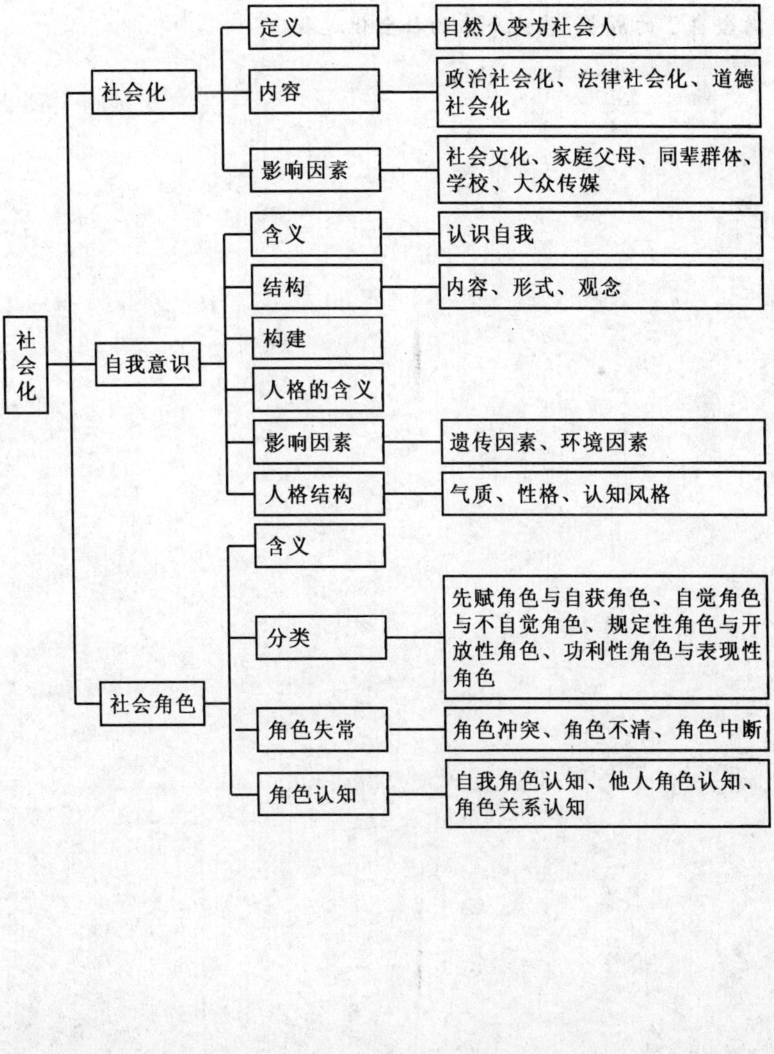

思 考 题

1. 什么叫社会化？
2. 社会化的内容、影响因素是什么？
3. 社会角色如何分类？
4. 如何理解角色冲突？
5. 如何培养自我健全的人格？
6. 自我意识的内容是什么？
7. 影响自我意识发生和发展的因素有哪些？
8. 结合自己的成长，谈谈个体的社会化过程。

第四章　社会动机与社会行为

知识目标

- 理解社会动机的含义。
- 掌握社会动机的特性。
- 了解社会动机的理论。
- 掌握利他行为及其影响因素。
- 掌握利他行为的培养。
- 掌握侵犯行为的理论解释。
- 掌握侵犯行为的控制与消除。

技能目标

- 能够了解人类行为产生的原因。
- 会运用所学知识增加社会助人行为。
- 能应用所学知识控制侵犯行为的发生。

在人类社会生活中，人们的行为方式以及行为效果各不相同。导致这种差异的原因是多种多样的，其中一个最直接、最根本的因素就是行为背后的动机。是什么导致人们的这种或那种行为？是什么推动人们做或不做某件事？这些原因就是动机，动机是引起、维持和促进个体行动的内在力量。由于动机是一种内部心理过程，要了解人们的动机，只能靠行为者自己进行内省，或者从其外部行为来推断，事实上动机是复杂的，我们要考虑更多的社会因素和人格因素。我们刚刚结束了对社会知觉的学习，对于理解社会动机与社会行为打下了坚实的基础。而本章就是通过对社会动机和社会行为的研究、对社会动机的理论分析以及对利他行为和侵犯行为的理论分析，从而对怎样增加助人行为和控制侵犯行为有着极为重要的意义。通过对社会动机的研究了解行为的产生、发展和变化，从而达到调整人们行为的目的是至关重要的；同时，了解人类动机也是我们理解人类行为的一个重要途径。

第一节　社会动机概述

在人们的社会活动中，个人所表现出来的行为以及行为的效果各不相同，而产生这种差异的最直接、最基本的一个因素就是动机。因此，分析人们的行为时，必须揭示其行为的动机，只有这样，才能判断其行为的出发点，才能预见其行为重复出现的可能性，才能做出鼓励或禁止的信号，从而实现对个体行为的控制，使其向着有利于社会需要的方向发展。可以说，了解动机是了解人们社会行为产生、变化和发展的关键性问题。

一、社会动机的定义

"社会动机"这一概念有多种含义。有些学者认为把动机分为自然和社会两个方面，自然动机是由人的自然属性引起的，如饱暖、安全等需要的满足；社会动机是由人的社会属性引起的以满足人的社会精神需要为基础的动机，如求知、审美、娱乐等需要的满足。也有一些学者，认为动机就它的本性而言是社会性的，故无论是自然属性引起的还是社会属性引起的动机本质上都属于社会动机，因此，社会动机也可称为动机。我们认为后一种解释比较妥当。

所谓社会动机，是指引起、维持和推动个体活动以达到一定目标的内部动力。由于动机是一种内部心理过程，所以它无法观察，也不能直接测量。每个人的一切社会行为及行为的指向都是由动机所驱使的，社会动机是社会影响和个体行为之间的心理媒介。也就是说，社会动机是个人行为的动力，是引起人们行为活动的直接原因，理解动机的含义需要注意以下 3 方面的问题：

第一，动机是一种内部刺激，它为个人行为提供动力，以使其维持自己的行为达到一定的目标。作为一种力，它在主体内部驱使着主体向着某一目标而行动，因此，动机是隐藏在行为背后支配人行为的直接原因。在社会生活中，不存在没有动机的行为，动机和行为这两个概念始终是相互联系的。当对个体的社会动机有了一定的了解之后，就可以了解和预测个体的行为。

第二，动机为人的行为提出目标，使个体行为具有方向性，即动机是有意识的。动机作为一种内驱力总是要驱使着主体进行某一活动，为个人行为提出目标，使个人明确其行为的意义。动机是由需要引起的，所以动机所引起的行为总是指向满足需要这一方向，从而使个体明白其行为的意义。需要指出的是动机是一种有意识的活动，当一个人产生某种需要，并不一定就形成动机，如婴儿对饮食的需要，由于尚未形成真正心理，更没有目标意识，因此不能形成动机。相反，尽管有机体有饥渴的需要，但当一个人集中注意做某事时，也会废寝忘食。因此，动机的有意识性是人的动机的主要特点。

第三，人的动机也有无意识的成分。当人们遇到危险时会下意识地躲开，这种行为的动机是在无意识的状态下起作用的，属于人的本能。

由动机的概念我们可以看到动机对行为具有3个方面的功能。第一，始动功能。它激活个体的行为，具有引起和推动个体活动的始动功能。日常生活经验和实验研究都表明，有了动机之后才产生行动，因为任何一个人的需要都先经过头脑，转化为愿望和动机，然后才能使满足需要而行动起来。第二，指向功能。动机具有指引活动向着一定目标的行为定向功能。在动机的支配下，人的行为才能指向一定的目标或对象。动机不同，个体行为的指向和目标就会不同。第三，强化功能。动机的强化功能是指个体的行为在指向目标的过程中，动机可以强化这种有目标的活动，使其行为不偏离方向。

二、社会动机的特性

人的社会动机表现在类型上分为内在动机和外在动机。但是，不管分为什么动机，即使同一种动机也存在着程度上的差别。一般认为，可以从以下几个方面来认识社会动机的特性。

1.动机的强度

动机的强度是指动机对行为的驱动力的大小。在同一个时期，个体内可能存在多种动机，但它们的强度是不同的，所以它对于行为的推动力的大小是不同的，因此，对个体的意义也是不同的。在这些不同的动机当中，强度最大的称为主导动机或优势动机，它在决定人行为的过程中发挥着决定性的作用。在研究人的生育动机时发现，一个人的生育动机可能同时存在多种，比如养儿防老、增加家庭劳力、增添生活乐趣、传宗接代等，但是，如果一个人的生育中“增加家庭劳力”的动机占了优势，那么必然会导致多生多育；如果一个人的优势生育动机是“增添生活乐趣”，那么很可能只养育一个孩子就行了。

2.动机的清晰度

动机的清晰度是指个体对可见到的或可预见到的某一特殊目标的意识程度。不管一个人有没有意识到，它的动机总是在行为时起者指向一定目标的作用。即使在活动中有人能够意识到这一目标的存在，他们对于目标认识的程度还是不一样的，有的人可能对具体的目标有清晰的认识，有的人可能对此一无所知，或模糊不清。人们行为动机的清晰度越高，对个体行为的推动效果就越明显；反之，就越不明显，甚至使个体实现目标受到障碍。

3.动机的效能

动机的效能是指个体形成某种动机后，对其行为推动作用的，表现为对其行为的发动、加强、清晰、维持，直至终止。一般认为动机的强度越大，目标越清晰，越具有较高的效能。

4.动机的复杂性

一个人的动机是非常复杂的，这种复杂性主要表现在以下几个方面：

第一，动机和行为之间不是简单的一一对应的关系，一方面，同一动机可能有不同的几种行为表现，或者说同一种动机可以产生不同的行为；另一方面，同一行为也可能有不同的动机。

第二，个体的一种行为同时受到多种动机的支配。一般地说，一个人的某种行为都是由几个不同的动机共同作用而引发的，其中有一种动机起主导作用。另外，在行为发展的不同阶段，起主导作用的动机也可能是不同的。

第三，个体的语言、动机和行为往往是不一致的。就是指个体用语言表达出来的动机和内心的真实动机往往存在矛盾，即所谓“口是心非”的现象。因此，由于动机是一种内部刺激，他人无法直接观察到，而有时单纯从人的语言表述中判断其行为方向又是不准确的，这就需要综合各方面影响因素考虑行为的真正动机。

第二节　社会动机理论

关于社会动机的产生历来有不同的观点，学者从不同的角度提出了不同的理论，其中影响比较大的理论有本能论、学习论、需要理论等，了解这些理论可以帮助我们深刻地认识动机的本质。

一、本能论

本能一般是指个体生而具有的或不学而会的行为或能力，还有人将它定义为：一种自发组织化了的反应方式和行为方式，这种方式是由生理遗传和社会遗传决定的，由于这种本能是“自发的”，无须思考或考虑就会起作用，所以是一种在无意识领域起作用的心理力量。如当人碰到滚烫的物体时，就会立刻把手缩回来，这个行为的发生是没有经过任何考虑的，我们常常将其形容为本能的反应。

1.达尔文观点

最早利用本能来解释行为的是达尔文，他在《人类的由来》一书中强调本能是人的感情、欲望和意愿的基本来源，他指出“人的一些社会性本能，来源虽必然是很早，早到原始时代，甚至可以更早地追溯到和猿猴难于分辨的远祖时代，却直到今天还在对他的一些最好的行为提供动力。”这样，本能就被解释成了行为的冲动，本能也就表现为有既定目标的行为。这种观点坚信，人类所有的行为，无论是动物性的还是人性的，无论是个人的还是和社会紧密关联的，都是由有利于种族生存的一系列本能演变而来。

2.麦独孤观点

达尔文关于本能论的观点引起了心理学界的普遍重视。1908 年，麦独孤在他的《社会心理学》一书中，建立了社会心理学关于本能假设的完整体系。他将本能定义为一种遗传的或先天的心理倾向，不仅具有先天的推动力，而且还具有先天的目的性，能够控制和支配人的一切内隐和外显的行为。按照这种定义，他得出了主要和次要的本能共有 18 种之多(最初是 12 种)，来解释人类的一切社会行为。例如，他认为养育活动是由人的生殖本能和求偶本能引起的，交往行为与结群本能相联系等。麦独孤之后，本能一时成为社会心理学家解释社会行为的基本出发点。

3.弗洛伊德观点

几乎与此同时，本能的概念也在临床心理学中得到了发展。精神分析学的创始人弗洛伊德将人的性本能看作是人的一切行为活动的根本源泉，他所说的“性”的含义，泛指一切感官的快乐。这种性本能包容了人的生来就有的所有本能的欲望和原始冲动，具有驱使人去满足本我的欲望和冲动、寻求感官快乐的潜力，这种潜在的驱力被弗洛伊德称为“利比多”。他把人的本能分为“生的本能”和“死的本能”，前者指向生命的增进和增长，驱使个体做出有利于生存的各种行为；后者则充满了仇恨和破坏性的能量，是引导有生命的物体走向死亡的本能。

在社会心理学中对本能论的系统批判开始于 K·邓拉普，1919 年他发表《到底存在不存在本能》的论文，从那以后本能论不断地遭到强烈的攻击。尽管如此，人们并没有彻底消除对本能概念的兴趣，因为一些基本的动机反射在动物和人的肌体中确实存在着。20 世纪 30 年代，以欧洲大陆的习性学家洛仑兹等为代表另一种形式的本能论逐渐完善，他们通过对鸭科动物习性的研究，发现初生小鸭对出生后第一眼所见到的物体有追逐的现象，并且这种追随行为可一直保持，证明了小鸭的追随行为是本能的。这个发现使他意识到，动物行为的某些特点和其解剖学结构密切相关，即和其生理结构有关。某些定型化了的行为方式和周围刺激无关，而是受其本身内在力量的支配。分子生物学和遗传学的最新成果也支持了本能论，本能论新的领袖是哈佛大学教授爱德华·威尔逊，他在习性学研究的基础上发展了社会生物学。认定包括利他主义、宗教、伦理道德、战争以及同性恋等在内的各种社会行为都有其生物学基础，是或部分是由自已的基因所决定的。

二、学习论

学习论关于人的动机的性质和动机的改变过程的解释，有联结论和认知论两大学派。

联结论认为人的动机及其行为的产生是刺激与反应间建立前所未有的联系的过程，经过学习，使一种刺激能引起某种反应，这种新联结的形成过程就是学习。这一学派把动机解释为习惯的形成。巴甫洛夫的古典条件反射学说，华生的习惯形成论，桑代克的尝试错误论，斯金纳的操作性条件反射等都属于该学派。

1. 强化理论

强化理论是一个十分流行的动机理论，强化理论认为人的动机来源于外界施加在个体身上的强化，一个人行为所带来的不同后果决定个体的特定行为是否再次出现。强化理论不强调人的头脑中所经历的过程和发生的变化，不考虑个体自身的内部过程对其外在行为的制约作用，而只是注重外在行为表现与周围环境因素之间的相互作用关系，特别是两者的和谐。因此，强化理论实际上否定个体自身内部动机的存在，否定了个体自身的愿望和需要的独立性与能动性，是一种行为动机的外因论。

2. 班杜拉的自我强化论

与强调外因影响作用的强化论观点不同的是班杜拉的自我强化论。他认为，强化理论过于强调了外界强化在社会动机形成过程中的作用。班杜拉把人类的模仿行为和人类的认知过程相结合来研究社会动机的形成过程。他的研究表明，通常情况下，个体的某种行为产生或消失，并不是由于外界环境因素的强化作用，而是个体自己对自己强化（奖励或惩罚）控制的结果。在学习社会动机的过程中，为自己的行为确立了某些规范，当做出某种行为时，自己思想中的规范会自动对这个行为进行检测，如果行为符合规范，就会对自己进行奖励，如会产生心理上的满足感、快乐感等，这种奖励会激励人继续维持自己的行为，或者进一步深化自己的行为；如果这一行为不符合规范，就会对自己进行惩罚，如负罪感或者其他的自我惩罚，从而使得这种行为渐渐消失。

自我强化有两个基本要点：一是强化物完全由个体自己所掌握和控制，当个体想要对自己进行强化时，随时随地都可以利用强化物来奖励或惩罚自己。二是个体是否对自己进行强化的标准和依据也是由个体自己所确定的，这就是说的个体内心已经确立的规范。按照这种规范，个体先对自己的行为表现进行评价，然后才决定是否对自己进行强化，以及是进行积极的强化还是进行消极的强化。同样，由于对行为评价取决于个体的自我判断，因此，是否继续某一种行为也是完全由个体自己所决定的。这个理论强调了个体的自我控制和选择能力,强调了个体的认知在学习社会动机过程中的作用,充分肯定了个体自我的能动性作用,在一定程度上是对强化理论的修正、补充和完善。

三、马斯洛的需要层次理论

从生理学的角度讲,需要是人的某种缺乏状态,即某种“东西”的存在量已经不足以维持体内平衡时,这时需要就产生了。如当人体内水分的供应不足时,就有了“喝水”的需要;体内的能量供应不足,就出现了食物的需要。在心理学研究中,需要指的不仅仅是生理需要,还有心理需要,如友谊、自尊、被尊重的需要等。需要的产生必须具备两个条件:一是个体感到缺乏什么东西,有不足之感;二是个体期望得到一些什么来填补这种“缺乏”,有求足之感。需要就是在这两种状态作用下形成的一种心理现象。需要与本能是有区别的。本能可以说是动物性的,是不受社会条件的限制而推动行为的心理力量;而需要是社会性的,受社会主客观方面条件的约束。

马斯洛是美国人本主义心理学的创始人,他先醉心于行为主义心理学,相信行为主义能够改变世界。事实告诉他行为主义无济于事,于是转而探究人的内在力量,他认为人的内在力量不同于动物的本能,要求内在价值和内在潜能的实现是人的本性。马斯洛认为,每个人自身内部都具有一定的内在价值,人要求潜能的满足或得到实现是马斯洛需要理论的根本特征。在他看来,内在价值是一种类似本能的潜能或基本需要,它的存在是通过潜能的要求实现而体现出来,而潜能的发挥和实现则依赖于需要的满足。因此,人的行为都是基于要满足一定需要的动机,或者说动机都是由个体满足内心需要的欲望而引起的。人的需要分为 5 个层次:

(1)最低层次的需要是生理需要,如对食物、水、空气和住房等需求,人们在转向较高层次的需求之前,总是尽力满足这类需求。

(2)安全需要,包括对人身安全、生活稳定以及免遭痛苦、威胁或疾病等的需求,表现了对体制、秩序、法律、规范的依赖,以及对保护者实力的要求等。

(3)归属与爱的需要,即人们渴望与他人维持有感情的关系,渴望在家庭和团体中有一定的位置,当生理需求和安全需求得到满足后,归属与爱的需求就会突出,进而产生激励作用。

(4)尊重和自尊的需要,包括对成就或自我价值的个人感觉,也包括他人对自己的认可与尊重。

(5)最高层次的需要是自我实现的需要,即个体要求成为他想要成为的那种人,或者说成为他能够成为的那种人的需要。

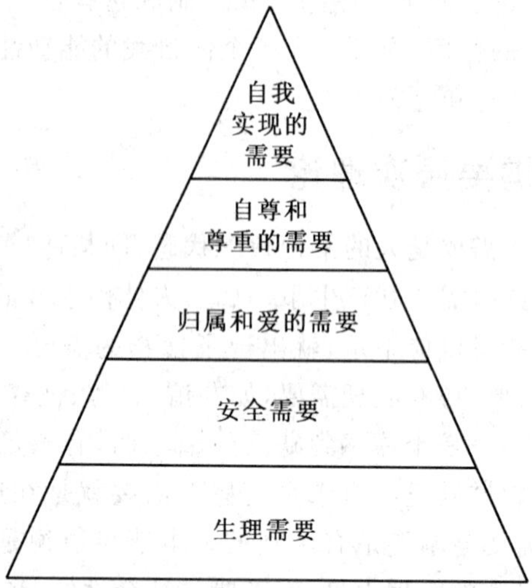

图 4-1 马斯洛的 5 种需要理论

马斯洛认为需要的满足顺序是呈等级排列的，只有在低一级的需要得到基本满足之后，高一级的需要才会产生，才开始具有驱动个体行为的意义。这 5 种需要不可能完全满足，越到上层，满足的百分比越少。任何一种需要并不因为下个高层次需要的发展而告消失，层次的需要相互依赖与重叠，高层次的需要发展后，低层次的需要依然存在，只是对行为影响的比重轻而已。高层次的需要比低层次的需要具有更大的价值。其中自我实现这一最高层次需要的满足，有赖于前面 4 个需要的满足。一种需要在一定程度上得到满足之后，就不再具有激励个体行为的意义。

马斯洛的需要层次论第一次从理论上系统地阐述人的需要与行为之间的关系，把人的需要看作多层次的动态系统，反映了人的动机由低级向高级发展的趋向，在一定程度上反映了人类行为和心理活动的共同规律。这些观点在理论和实践上都产生了重大的影响。由于需要层次理论本身具有简单明了和易于理解等特点，它在国内外各个实践领域中都得到了广泛的应用。比如，马斯洛从人的需要出发探索人的激励和研究人的行为，抓住了问题的关键；马斯洛指出了人的需要是由低级向高级不断发展的，这一趋势基本上符合需要发展规律的。因此，需要层次理论对企业管理者如何有效的调动人的积极性有启发作用。但是，马斯洛是离开社会条件、离开人的历史发展以及人的社会实践来考察人的需要及其结构的。所以对马斯洛的理论也有许多不同的评价，即使在西方的学者中也有不少人指出了该理论的不足之处。例如，关于高层次需求与低层次需求不能同时激发行为的观点，马斯洛本人既未提供足够的科学证据，也不能解释现实生活中的许多现象，如绝食、舍己救人等行为。又如，关于需要的分类问题，需要究竟是先天产生还是后天形成的问题，个人的一切需要是否都是合理的，是否都是应该满足的并且能够完全满足的等问题，在理论界至今仍在争论之中。

马斯洛的"需要层次理论"是一种非常流行的对社会动机的非本能解释的理论。其影响之深远，至今不衰。这一理论在教育、工业、宗教、组织管理等许多领域得到了应用，是社会心理学界最有影响的理论之一。

第三节 利他动机与利他行为

在我们的社会生活中存在着许多人们彼此间相互关心、相互帮助、为了他人利益牺牲自己等令人高兴，使人为之骄傲的现象，这些行为被称为利他行为。由于利他行为本身所具有的利他性质，使得它对社会具有十分重要的积极意义。利他行为的存在有利于社会风气以及社会道德的优化。利他行为榜样的存在会使社会上其他人也通过社会学习学到利他行为，从而使社会上表现出更多的利他行为，改善整个社会的道德风气。社会心理学研究这些行为的原因，揭示其机制，为培养人们的利他行为提供依据。

一、利他动机与利他行为的概述

1. 利他动机和利他行为的含义

人类的亲社会行为是指任何自发性地帮助他人或者有意图地帮助他人的行为，人类的亲社会行为可以分为利他行为和助人行为。在我们的日常生活中，人们之间相互帮助的事情是经常发生的，这种帮助他人的行为是助人行为，而利他行为就是助人行为的一种。利他行为是指不期望任何回报的、无偿的关心、帮助他人的行为，其中包括援助、救济、营救落水者、捐赠等。这些行为的表现方式有一个共同之处：在毫无回报的期待下，表现出志愿帮助他人的行为。这是区别于一般助人行为的一个重要标志。助人行为包括要求回报的行为，如送回丢失的钱包却收取了被助者的报答费；帮助照顾老人，希望过后得到回报等，都是在做出行为之前就对回报有一定的期望，所以助人行为不能等同于利他行为。

2. 利他行为的类型

按照利他行为的实现方式不同，可以将利他行为分为以下几种：①在看到陌生人遇到困难时的利他行为，如主动帮助他人寻找某个地点，提带行李等；②人们对犯罪行为的制止和干预，一方面这种行为有利于犯罪行为的受害者，另一方面也使犯罪者不能得逞而得到惩罚；③个人节制自己，以克己的方式取得利他效果的行为，如戒烟可使他人免受烟雾中有害物质的侵害，司机驾车前不喝酒可以避免车祸等；④偿还行为，这种行为的目的是回报他人的恩惠，如回报帮助过自己的人；⑤补偿行为，这种行为的目的是补偿自己曾经使他人蒙受过的损失，利他行为所指向的对象可能是受损害者本人，也可能是其他具有相似特征的人群或个体。

按照利他行为发生的情境不同，又可以将其分为非紧急情境下的利他行为和紧急情境下的利他行为。

(1)非紧急情境下的利他行为一般没有生命或财产的威胁，它往往是日常生活中经常遇到的普通事情，比如，公共汽车上把座位让给他人、捐助失学儿童、主动打扫街道、清理公共场所垃圾等都属于非紧急情境下的利他行为。这种利他行为不存在生命财产的威胁，情境中有明确的线索与信息，帮助他人不需要采取紧急措施。

(2)紧急情境下的利他行为则有危害生命或财产的威胁，紧急情境下的利他行为具有3个特点：一是具有危险性，面对紧急的情景，人们缺乏经验，此时的利他行为需要付出代价，甚至自己的生命；二是情况比较特殊，如失足落水、触电、失火等，需要用特殊手段去帮助他人；三是不能预见后果，并且无法预先制定计划，往往是措手不及，需要当机立断。比如，抢救失足落水者、扑灭突然烧起的大火、救助路遇歹徒的姑娘等，都属于紧急情境下的利他行为。紧急情况下会引起救助者生理上的应激状态，使体内血糖升高，肌肉变得紧张有力。

当他人处于困境的时候，助人者会产生一种专注自我内心焦虑或专注于同情他人的情绪，据此又可以把利他行为分为两种：一种是自我报偿性的利他行为。是为了减轻自己内心的紧张和不安而采取的利他行为，以此来减少自己的苦恼，使自己体验到一种自我价值，感到满足、骄傲和愉快。另一种利他行为是受外部动机所驱使，因他人的处境而产生同情心，为了减轻他人的痛苦而采取的利他行为。有的心理学家认为，任何一种利他行为追根究底都含有自我报偿的结果。

3.利他行为的理论解释

在有关利他行为的研究中，备受关注的议题是对利他动机起源的探讨，即利他动机是先天的还是后天的，对利他行为的解释有生物本能论、学习论、动机论、社会规范论等。

(1)生物本能论。这是由威尔逊(Edmund Wilson)提出的一种理论观点。威尔逊是从生物学角度来解释利他行为的著名学者。他认为人的利他行为是由先天遗传决定的，是一种本能行为。他举了许多动物的利他行为来说明这一点，例如，在蜜蜂群中，工蜂会用螯针叮人的办法来攻击入侵者，当螯针扎入入侵者身体后，螯针就留在入侵者的体内，工蜂则会慢慢死掉。但它的行为增加蜂群的生存机会。这个例子说明，动物有牺牲个体去保护同类的本能，因此，认为人类也理所当然地具有这种天生的利他本能。然而人与动物的本质区别在于，动物的利他行为是先天的本能，动物并没有意识。而人在做出利他行为之前就清楚地意识到自己生命的危险。

现代生物学对利他行为的解释着重在基因保存方面，其代表人物是拉什顿(J. P. Rushton ,1989)。他认为，人类和动物之所以表现出利他行为，目的就是要保存自己的基因。保存基因的最安全办法就是帮助本种族的成员，使他们能存活下去并能使基因实现再复制，尽管这样做可能会牺牲某个个体。

然而，无论是本能说，还是保存基因说，从生物学角度解释利他行为，由于其缺乏有说服力的科学证据，并且否认了社会环境对人们利他行为的影响，必然遭到许多严厉的批评和指责。

(2)学习论。学习理论认为，利他行为之所以发生是因为这种行为在过去得到了强化。当利他行为受到奖励后，这种行为就更有可能再次发生。除了直接经验外，人们是否做出利他行为，还受到个体对将来的奖励或惩罚期望的影响，例如，能否得到社会或周围人的赞赏，自己内心是否感受到安慰等。因此，利他行为都是通过奖励或惩罚的强化作用而学习来的。当一个人做出某种利他行为后，如果内心感到非常愉悦，在后来的相似情境中，自然会再一次做出利他行为；反之，当个体做出某种行为受到他人的非议或其他惩罚，他很可能就不会再做出类似的行为。

学习理论认为，强化从两个方面对利他行为产生影响：一方面，强化可以改变利他行为的概率。根据强化理论，利他行为的增加或减少，可以通过控制利他行为的后果来实现。另一方面，利他行为本身也可以作为强化来源。通过帮助他人，我们体验到愉快和满足，体验到一种积极的情感。而当我们看到其他人遭受痛苦时，就会感到不安，这时，如果我们知道采取什么行动能减少他人的痛苦，就会实施这种行动。作为一种奖励，这种行动减轻了我们内心因他人痛苦而引起的不安，所以帮助他人减少痛苦也是一种强化。

学习理论认为儿童在成长的过程中对助人行为的强化和模仿很重要，儿童会模仿父母或他人的助人行为，并把它融入自己的生活中，而在这个过程中，父母的教养方式对孩子助人行为有着较大的影响。

(3)社会规范论。社会规范理论认为，利他行为产生的原因是社会规范的作用，是人们按照社会规范行动的结果。与利他行为有关的社会规范主要有社会责任规范、回报规范和社会公平规范。社会责任规范是指对于需要帮助的人负有社会责任，应该帮助需要帮助的人。在社会规范的潜移默化的影响下，人们内化了这种规范，即使没有外来的奖赏，看见别人有困难也会主动地进行帮助。回报规范也称互惠规范，它是指人们应该帮助那些曾经帮助过他们的人，并且不应该伤害那些帮助过他的人。只有少数人才不受回报规范的约束，他们是具有高度依赖性的人——年幼的儿童、老人、残疾人或病人等，对于这些人，社会责任规范教育我们应该去帮助他们。俗话说的"知恩图报"、"好人有好报"就是回报规范的具体表现。社会公平规范是指帮助那些值得帮助的人。在日常生活中，我们有时候没有助人并非没有责任感或者是不遵循互惠规范，而是认为对方不值得帮助。

二、利他行为过程分析

研究者通过对许多利他行为的研究发现，在助人情境当中，尤其是在紧急情境当中，旁观者是否会介入提供帮助，有一个认知上的决策过程，即产生利他行为的人在注意到需要帮助者和做出利他行为之间不是一种本能反应，这当中经历了一系列的心理反应。这个过程包括了 5 个相继的阶段：即对当时情境的注意、正确的解释情境、对个人责任的确定、对恰当介入方式的决定和执行利他行为。在每一阶段上，都可能由于种种原因而使旁观者停止利他动机的形成，从而阻碍利他行为，但也有可能继续进行到下一个阶段。每一阶段上的决定，都受到情境以及旁观者的多方面影响，如图 4-2 所示。

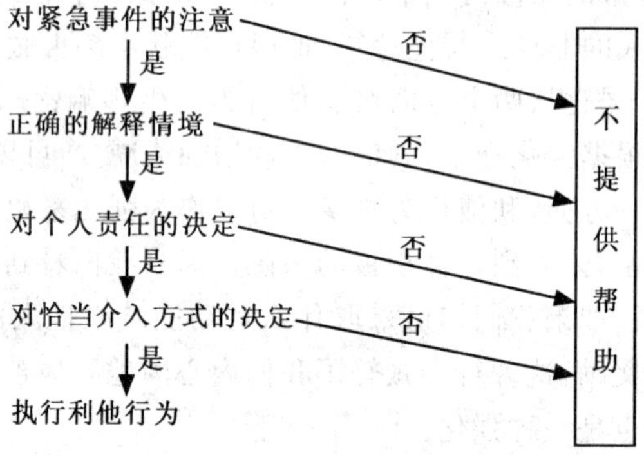

图 4-2 利他行为的决策过程模型

1. 对当时情境的注意

在旁观者做出任何反应之前，首先，必须感觉到问题的存在或者注意到紧急事件的发生；然后，他才能有接下来的一系列心理活动。这个阶段重要是识别他人是否处于困难的情境之中。最有可能注意到紧急事件是在以下几种情况下:①背景是熟悉的、不拥挤的和平静的;②我们所有的感官都在活动着,即头脑处于清醒灵活的状态;③我们看到了事件并预见到了事件的结果,如看到有人心脏病发作靠在墙上,预见到如果没有人帮他,他可能会有危险;④我们听到了来自于该事件的声音,如呼救声、打斗声等。

2.正确的解释情境

当人们注意到有事情发生,接下去的决策就是要判断它是否是紧急事件,也就是旁观者能否正确的解释情境。从远处看到有人在河里挣扎,匆匆赶路的人也许会误以为有人在河里游泳,这时,利他行为不会发生。为了更清楚的了解人们会把什么样的情境定义为"紧急情境"而提供帮助,美国心理学家兰斯肖特兰德和泰德哈斯顿曾做了一项实验研究。他们列出一系列紧急事件如表 4-1 所示,让 69 名女大学生和 21 名男大学生对它们的紧急程度加以判断。对事件的紧急程度定义为:第一级是非常紧急的状态,往下紧急程度渐小,直到第五级为最不紧急状态。研究结果表明:一则紧急事件有 5 种性质:①它是突然的出乎意料的发生的;②对方存在受伤害的威胁;③伤害或威胁随着时间而加剧;④如果没有他人的帮助,受伤害者将无法自己摆脱困境;⑤有效的干预或帮助行为是可以实施的。其中,在决定是否是紧急事件的决策中,第二和第三条最为重要。

表 4-1　有可能被定义为需要帮助的紧急情况的事件

事　　件	平均紧急程度
割断动脉,大量出血	1.00
房子起火,屋里有人呼救	1.00
小孩中毒	1.00
心脏病发作	1.02
某个女性正在被强奸	1.09
吃多了药	1.00
晚期癌症,只能活 3 个月	2.00
轻度醉酒的朋友驾车回家	2.84
电视节目中要求为营养不良的儿童募捐	3.75
有人手里拿着香烟,急着找火柴	4.87

注:表中所列事件是被评断为 1～5 级的紧急事件,从第 1 级的非常紧急到第 5 级的非常不紧急。

3.对个人责任的确定

在这个阶段,人们根据社会的标准而产生道德责任感和义务感。在采取利他行为之前，旁观者必须对自己是否有行动的责任做出决定。如果一位受伤者倒在路旁，恰好有一位穿白大褂的医生经过，那么其他经过的人就会认为救助受伤的人应该是这位医生，救死扶伤是医生的责任，则会弱化对个人助人责任的产生。此阶段会发生一系列的评价活动，即估计自己若做出或不做出利他行为会带来什么样的后果。

4.对恰当介入方式的决定

如果紧急事件被知觉和正确的解释，并且观察者觉得自己有责任去帮助。那么随后就是对恰当介入方式的决定。遇见盗贼，是自己亲自去抓呢，还是大声呼喊向他发出警告，还是去叫警察；发现着火，是自己灭火呢，还是打电话叫消防队。在这个阶段，包含了对自己能力的衡量：我是否有能力帮助受害者摆脱困境？此时，心理防卫机制也相当活跃，防卫机制否认他人的求助需要，否认利他行为的有效性，否认自己的能力和责任。防卫机制一旦发挥作用会降低人们做出利他行为的可能性。

5.执行利他行为

在上述几个阶段顺利完成之后，特别是个体的防卫机制失去作用后，才到达执行利他行为这一最后阶段。整个利他动机和利他行为的产生是在瞬间完成的。但在这个过程中充满了一系列的动机斗争。

三、影响利他行为的因素

人们为什么会帮助处于困境的人，是什么因素制约和影响了利他行为。引起了许多生物学家和社会心理学家的好奇，大量的研究证明利他行为受以下因素的影响。

1.利他行为者个人主观因素

影响利他行为的个人因素包括认知因素、情绪因素以及利他者的年龄、性别、个人品德等方面的因素。

(1)认知因素是重要的影响因素，维纳指出，面对失去能力而需要帮助的人，人们是否给予帮助要通过认知来决定。显然，人们更乐意帮助一位病人，而不是醉汉。因此，一般助人行为的中介因素是认识到他人的困难是由不可控制的原因造成的，而不是由于自身原因造成的。此外，个人的互惠认知也是影响助人行为的一个因素，因为人们有这样一种心态，认为一切都是互惠的，现在自己帮助别人，日后别人也会帮助自己。

(2)人在特定情境中的情绪也是影响利他行为的因素。社会心理学研究表明，在利他情境中，愉快的情绪容易产生利他行为，积极的、愉快的情绪能增加利他行为的可能性。但是研究人员发现,有内疚感的人也容易产生助人行为。

(3)一般地说,年龄越低,利他动机越弱,做出的利他行为就越少;年龄越大,利他行为发生的频率就越高,即利他动机就会越强烈。

(4)性别对利他动机也有一定的影响。有些国外研究表明,女性的利他动机比男性更强,但是女性不如男性容易帮助他人。也就是说,在同样的情境下,女性可能觉得更应该帮助某人,但她又可能无力去帮助别人。在同一情境中,虽然男性比女性的利他动机弱一些,但实施利他行为的却是男性多于女性。

(5)一个人的品德也是影响利他行为的关键因素之一。具备毫不利己、专门利人品质的人在任何情况下都会做出利他行为。一些英雄人物在危险时刻挺身而出,救助受难的人,是与他们具有舍己为人的高尚品质分不开的。

2.影响利他行为的家庭因素

上面提到个人的品质对利他动机的形成非常重要,而一个人的品质主要是由其早期社会化的经历所决定。在早期社会化中,家庭起着关键性的作用。父母的言传身教,以及儿童时期形成的观念,都是后来是否表现出利他行为的重要原因。如果父母具有良好的品质,在日常生活中经常帮助他人,那么儿童所具有的强烈的模仿欲望会使他也做出相应的行为。时间久了,模仿行为就会成为自然而然的行为,成为一个人社会行为模式的一部分。他就获得了较为强烈的利他动机;相反,如果父母在社会生活就极少帮助他人,甚至表现出不良行为,那么儿童就会学习和模仿到不良行为,在他长大成人后,利他动机就很难形成。

另外,有人认为,当父母以热情、支持和爱护的方式对待儿童的时候,就使儿童建立起一种利他的和助人的心理倾向。也就是说,如果父母以较好的态度对待儿童,抚养方式恰当,较少地压抑儿童,就会使儿童倾向于以同样的态度对待他人,容易产生利他动机,并表现出相应的行为。如果父母经常以恶劣的态度对待儿童,儿童也会以相似的态度对待他人,产生攻击或排斥的倾向,对他人采取攻击行为或回避行为。所以说,父母的榜样作用和激励作用对利他动机的培养具有关键性作用。

3.影响利他行为的环境教育和环境条件因素

家庭、学校和大众传播媒介是影响利他行为不可忽视的因素,特别是电视既能助长侵犯行为,也能助长利他行为。实验表明,榜样的存在会引发其他人的利他行为。

物理环境也会影响人们的助人意愿,像天气条件、社区大小以及环境中的噪声等都对人们的助人行为产生着影响,噪声也影响人们的助人行为。在一般情况下,人们总是认为噪声降低了人们对环境中全部事件的反应性。研究者发现,巨大的噪声使人们忽略了环境中的其他事物,并驱使人们尽快逃离该情境。

时间压力也影响人们的助人行为。假如你正在校园里散步,这时候有人忽然拦住你,让你提供一些帮助,你会不会帮他呢?同样的事情如果发生在你急着去上课,你又会如何对待呢?在前一种情境下可能去帮助他人。人们经常是因为太忙而无法帮助他人。

4.影响利他行为的社会文化因素

人的利他行为受社会文化的价值观与行为规范的影响。属于同一社会文化的成员一般具有相同的价值观,并遵循同样的行为规范。斯蒂文森研究指出,东方文化强调团体和谐,因而赞扬利他行为,人们不遗余力地向后代传递利他行为的信念,在儿童时期就努力使他们表现出利他行为。这与西方的个人主义形成鲜明的对比。

在不同社会文化环境中成长起来的人,其利他行为也会有所不同。

(1)在西方文化背景中,基督教教义使得西方人把所有的人都视为上帝的子民,所以他们帮助的对象更具有普遍性。

(2)在中国文化中,人们是以人与人的关系来看待人和标定人的,习惯于将不同的人类型化,最常见的就是“好人”和“坏人”的区分,只有“好人”才值得同情和帮助,对于“坏人”则认为他们是罪有应得。“知恩图报”也体现了中国文化对中国人施行利他行为的影响。在接受过某人的帮助之后,被助者一定要牢记在心,“受人滴水之恩,当以涌泉相报”,是最为中国人接受和赞赏的行为。如果“受恩者”不思回报,会引起社会对他的不满,而“施恩者”如果为图回报才施恩,也会引起他人的厌恶和贬斥。可见,不同的文化背景制约着人们的利他动机和利他行为的表现特点。

此外,影响利他行为的因素还有被帮助者的特点,研究发现,女性被帮助的机会多于男性,老人和儿童得到的帮助也比较多。人的穿着、仪表也是影响是否得到帮助的因素。

5.被帮助者的特点

人们的助人行为也受求助者特点的影响。影响助人行为的求助者特点包括以下几个方面:

(1)是否受他人喜爱?人们经常会帮助自己喜欢的人,而人们对他人的喜欢与否一开始便会受到像外貌与相似性等因素的影响。

(2)是否值得他人帮助?一个人是否会得到帮助也部分取决于他是否值得帮助。人们普遍愿意帮助那些他们认为值得帮助的人。

(3)性别的影响。研究发现,女性被帮助的机会多于男性,老人和儿童得到的帮助也比较多。

四、紧急情况下的冷漠行为

1.什么是冷漠行为

冷漠行为是指在紧急、危险的情况下，个人明知他人受到生命和财产的威胁而需要帮助时，却坐视不救，袖手旁观的态度。例如，有人失足落水，在河里挣扎，是否去救他？看到有人抢劫，是否去帮助被抢者？看到老人犯了急病，倒在路边，是否前去帮助？如果对这些问题的答案都是“否”，即对紧急事件抱着事不关己的态度，就是我们所说的冷漠行为。

1964年3月14日，美国《纽约时报》报道了一则杀人消息，被害者是一个妇女，出事地点在她家的附近。由于被害者极力反抗，和2个凶手进行斗争，该妇女被谋杀过程持续了半个多小时。在这期间，由于受害者的反抗、挣扎、呼喊，附近的居民有38人听到了该妇女的呼救声，有的人甚至听到呼救声后打开窗子看了看，当明白正在发生什么事时，又关上了窗子。竟没有一个人出来干涉，也没有人去报警。事发之后，美国社会心理学家达利等人立即就此事进行了调查，想要弄清楚冷漠的旁观者心理是怎样想的。调查结果归纳起来主要有以下几个原因：害怕暴徒用刀子捅自己；如果参与干涉，怕法院来查询时要自己去作证，就会花费许多时间，或者产生其他的牵连；由于情况是突然发生的，思想上准备不足；可能是一场虚惊，并无其事，若没有发生谋杀事件，自己贸然去救人，太冒失，会被人笑话。研究者分析认为，上述第一个原因是主要的，第二个原因是次要的，第三和第四个原因只是一种借口，掩饰自己的冷漠行为。

素以良知良能著称的中华民族，冷漠现象也屡见不鲜，曾出现过一连串触目惊心的记录：1993年5月30日，在杭州至温州的旅游车上，一歹徒公然强暴2名妇女，12条年轻力壮的男子汉居然像沉默的羔羊；6月29日，西北某县的一个风景区，7个坏人劫持并轮奸了一名21岁的女青年，时间长达3小时，女青年大声呼救，在游人众多的风景区内，竟无一人搭救……

2.产生冷漠行为的主要原因

在暴徒行凶杀人、病人生命垂危、有人失足落水的情况下，人们为什么会袖手旁观，冷漠无情呢？除了人们的社会责任感、利益观念和道德水准的原因以及上面谈到的影响因素外，心理学家认为以下原因也是不可忽视的。

第一，个人的人格特点。这是产生冷漠行为的主要原因。有些人比较自私，在公共场合看到危害社会公共安全的行为，想到该行为不关自身利益，就不愿意挺身而出，有时候他们甚至对他人助人的高尚品质和行为泼冷水，说别人是“傻子”。冷漠行为的核心原因就是保护自己的利益。具有冷漠行为的人并非总是表现为冷漠行为，如果紧急事件涉及他自身的利益，如他邻居家发生火灾，他的家人、亲戚朋友遇到危险等情况下，有可能表现出助人行为。

第二，旁观者效应。个体对于紧急事件的反应，在单个人时与同他人在一起时会有不同的表现。由于他人在场，会抑制个体的利他行为，这种现象称为旁观者效应。20 世纪 60 年代拉塔内和达利进行了一系列的典型实验研究，题目是“毫无反应的旁观者：他们为什么不帮助”。根据研究结果，他们发表了“紧急情况下的旁观者干涉：责任分散”等论文。

他们分析了影响助人行为的决策过程的各种因素，认为最重要的是“他人在场”的影响。认为由于他人在场而产生的旁观者效应对助人行为具有以下作用。

一是他人的观众作用。当有其他人作为观众在场时，个人的行为会产生更多的顾虑，特别是在不清楚他人将如何评价自己的行为时，为了避免在众人面前处在尴尬地位，因而犹豫不决，这很大程度上抑制了救助行为。

二是他人的榜样作用。社会心理学家通过观察发现，个人的冷漠行为受他人冷漠行为的影响。当情境模糊不清难以做出判断时，就会通过观察他人的行为以便了解情境。并以他人为榜样，采取和他人一致的行动。如果他人都无动于衷，即使是发生了紧急的事态，自己也意识到有责任上前帮助，但在他人一致不动的情况下，个人会出现从众行为，于是出现了“坐视不救”的局面。心理学家指出，在紧急情境中，如果最先注意到这一情景的人没有去提供帮助，后来的人也会视若不见；而一旦有人前去帮助，后来的人大多也会跟随他做出相似的行为。

三是责任分散作用。即周围他人越多，每个人分担的责任越少，这种责任分散会增加冷漠行为的产生。在紧急事态中，如果只有一个人在场，那么责无旁贷，会使他采取助人行为。而有他人在场，使帮助他人的责任分散地落到每个人的身上，减轻了因见危不救所产生的罪恶感、羞耻感、内疚感和责任感。

除此之外，受害者的求助线索、伤害的严重性以及对救助行为代价和安全的考虑，都会影响救助行为。

五、利他行为的培养

人类并非强大到足以以单个人的力量去应对各种各样的情境，我们每个人都会有需要帮助的时刻。因此，如何提高每个人的助人意识而增加助人行为就变得十分重要。那么，有哪些具体方法可以提高助人行为呢？

1. 示范作用

家庭、学校、社会舆论、大众传播媒介等在儿童早期社会化的过程中发挥着很重要的作用，应该充分发挥这些媒介的示范作用。因此，在儿童人格形成的过程中，对其人格中有利于利他动机形成的部分加以塑造，即会实现使他长大成人后表现出利他行为的目的。首先，是家长、教师和对儿童有较大影响的人的口头引导，例如，告诉儿童要在生活中多帮助别人，尊重老人等。其次，家庭、学校和社会要为他们树立榜样，如家长、教师要以身作则，时常注意做出助人行为，大众传播媒介传播助人行为的信息等，给儿童提供一种最真实的榜样。经过这个过程之后，儿童利他动机的早期社会化才能完成。

2.强化作用

根据社会学习理论，当个体的利他行为得到积极强化时，他就会做出更多地利他行为，当个体的利他行为受到消极强化时，利他行为就会减少。例如，一个人在做出利他行为后受到了他人的奖励和称赞，那么，以后在类似的情境中下就会做出相应的利他行为；相反，如果一个人的利他行为受到了批评和嘲笑，那么，他在以后相似的情境中就不会再做出利他行为。有人曾经做过一个实验：把幼儿园的儿童分成 3 个组，并使他们都做出一定的利他行为，如把自己的玩具让给比自己小的儿童。第一组儿童被称赞为慷慨的人，第二组儿童只是受到单纯的普通的表扬，第三组儿童未受到任何表扬和鼓励。一段时间之后，经过观察发现，第一组儿童做出利他行为的最多，第三组儿童最少。原因在于第一组儿童的利他行为得到了积极的强化。如果整个社会形成对利他行为进行积极强化的环境和局面，那么，利他行为就会蔚然成风。

3.利他情感倾向的培养

移情是人际交往中情感的相互作用，是对他人情绪的觉察而导致自己情绪唤起的一种情感体验。移情可以使一个人把自身投射到他人的心理活动中去分享其情感，也可以受他人情感活动的引导而产生相应的体验。大量的研究表明，移情增加了助人和其他的亲社会行为，是亲社会行为的重要促进因素。侯积良(1990)认为，儿童要实施亲社会行为，要能够轻而易举地察觉别人求助的需要或认为当事人需要帮助，即必须具有当事人是否需要帮助的知觉和认识的敏感性，也就是说，儿童要具备一定的移情能力。

第四节　侵犯动机与侵犯行为

人们所处的社会环境十分复杂，有许多事情是令人们愉快的，还有许多现象是令人们不愉快的。侵犯行为就是令人们普遍感到担忧的问题。社会心理学对侵犯行为的研究，对探讨侵犯行为性质和原因，提出防范的对策，实现社会控制具有重要的意义。

一、侵犯动机概述

1. 侵犯行为

什么是侵犯行为，例如，讽刺他人是不是侵犯行为，不同群体间的斗殴是不是侵犯行为，警察抓强盗、惩治腐败分子是不是侵犯行为……

早期的社会心理学者从行为所导致的后果出发来界定侵犯的概念，认为只要一种行为导致了对他人的伤害就是侵犯，而不管这种行为是如何发生的。这种界定显然会引起不同性质行为的混淆，一是将本来并非侵犯的行为判定为侵犯，如体育比赛中的意外伤害，日常生活中的失手误伤、正当防卫等。二是将原本就是侵犯行为的判定为非侵犯行为。如本欲伤害他人而未遂，或由于对方的反抗反而使侵犯者受到伤害的行为，设计谋害他人反自遭伤害的行为等。

因此，对侵犯行为的界定必须考虑动机与行为后果的统一，班杜拉在对侵犯行为进行了 10 多年研究之后，给侵犯下了一个定义："在社会学者理论看来，侵犯是一个十分复杂的事物，它包括了造成伤害的行为，破坏性的影响以及社会标定的过程。根据这一观点，有关侵犯的完整理解就必须考虑到伤害行为，也考虑到决定哪些伤害行为被标定为侵犯的社会判断。"①因此，我们认为凡是以伤害他人身心健康为目的的任何行为都是侵犯行为。一种行为能否背叛定位侵犯行为，必须要研究 2 个方面的情况：一是个体的外在行为表现；二是个体内在的意图和动机。如果一个人本意并不是要伤害他人，可是他的行为给他人造成了伤害，那么，不能说这是一种侵犯行为，而如果当时他的动机就是要伤害某个人，那他的行为无疑就是侵犯行为。

由此可见，侵犯行为具有以下几个特点：

(1)侵犯行为是有意图的行为。侵犯行为是以伤害他人身心健康为目的的行为，因此，侵犯行为是一种事先有预谋的行为。这是判定一个人的行为是否属于侵犯行为的关键。

(2)侵犯行为是外显的行为。单纯的感情、动机和态度、价值观等内在的心理状态不是侵犯行为，只有个体外部表现出来的行为才是侵犯行为。单纯的发怒是一种内在的心理动机，它是侵犯行为发生的前奏，对侵犯行为的发生起着动机作用，但尚未构成侵犯的事实，即侵犯行为未外显，不能算作侵犯行为。一个人在自己的房间里自言自语地咒骂他人，只要未被别人听见，就不会对他人的身心构成伤害，不能称为侵犯行为。

---

①周晓虹，《现代社会心理学》，上海：上海人民出版社，1997 年，第 217 页。

(3)侵犯行为是伤害他人身心健康的行为。侵犯行为不仅指伤害他人的身体健康的行为,如直接对他人施以暴力。侵犯行为也指伤害他人的心理,造成心理上痛苦的行为,如造谣、诽谤、谩骂和侮辱他人都是侵犯行为。当然,一种行为是否属于侵犯,还以被施者和社会判定为前提,由于文化背景的不同,同样的行为在一种文化背景下被认为是侵犯行为,在另一种文化背景下可能被认为不是侵犯行为,在判定是否属于侵犯行为时应该考虑社会文化背景。

(4)侵犯行为的反社会性质。侵犯行为是违背社会准则的行为,诸如人身攻击、凶杀、打群架等故意伤害他人的犯罪活动都是违背准则的,所以是反社会的。至于警察为维护社会治安对犯罪分子的实施的惩罚,家长对犯了错误的子女的必要处罚等行为,因为不是以伤害对方的身心健康为目的,不是反社会性质的,所以不能称为侵犯行为。

2.侵犯行为的类型

侵犯行为表现为各种各样的类型。根据侵犯行为的方式和途径,我们可以把侵犯分为语言侵犯和动作侵犯。语言侵犯是通过语言对他人进行侵犯,如讽刺、诽谤、谩骂等,包括口头的侵犯,也包括书面的侵犯。动作侵犯是使用身体的一些部位如手、脚以及利用武器对他人进行的侵犯。根据侵犯行为的动机,我们还可以把侵犯行为分为报复性侵犯和工具性侵犯。报复性侵犯的目的在于因复仇而故意伤害他人,给他人造成痛苦和不愉快,给对方造成不幸或挫折。工具性侵犯行为,其直接目的不是为了使对方身心健康受到损害,而是把侵犯行为当作达到其他目的的手段,如拦路抢劫、入室盗窃,直接目的是为了钱财,但这种行为最终仍然给对方造成了身体或心理上的伤害,属于侵犯行为。

二、对侵犯行为的理论解释

同利他行为一样,探讨侵犯行为的原因是社会心理学研究的一个重要领域,而对侵犯行为的理论解释也是各种各样的。主要有本能论、挫折—侵犯假说和社会学习理论等解释。

1.本能论

(1)弗洛伊德是本能论的代表人物之一,他认为人有两种本能:一种是生的本能,它代表着对生命的追求和爱与创造的力量;另一种是死的本能,代表着恨和破坏的力量,体现了人对杀戮和死亡的原始欲望。当死的本能向外表现时,就成为破坏、征服、伤害和侵犯的动力,引发对他人的侵犯行为。死的本能有内向和外向之分。当死的本能指向外部时,就表现为故意伤害他人。弗洛伊德把人类的暴力、凶残等各种侵犯行为归结为个体内部天生的侵犯能量向外宣泄的结果。当侵犯行为向外表现受到阻碍时，就会转而指向个体内部，人们就会限制自己的力量，开始惩罚、谴责和伤害自己，变成受虐狂，在这种死的本能达到极端时，产生毁灭自己——自杀的行为。另外，既然侵犯是人的本能所为，这种侵犯性能量就是非宣泄不可的；否则，就会产生焦虑甚至疾病。

(2)洛伦兹的习性学说也是以本能来解释侵犯行为的一种代表性理论。他通过对动物侵犯行为的观察得出，动物的侵犯行为有两种：一种是掠食行为，目的是填饱肚子，它是一种不带任何情绪的、近乎自动性的反应；另一种就是争斗行为，成群而居的动物会就如何分配食物、配偶与空间领域等进行争夺，它具有求得生存，并使物种不断进化和发展的功能。他认为，对动物的争斗行为的研究，可以帮助我们了解人类的侵犯行为。因此，他得出，侵犯是人生而具有的本能，这种本能的能量是可以不断在体内积蓄的，达到一定水平后就会转变为侵犯的冲动而表现出来。因此，人类必须定期加以发泄，这种定期的发泄，也就是在每一代几乎都要发生大规模战争的原因。他还建议人们通过举行体育竞赛以及其他消耗体力的活动，如登山、航海、打球等不具有破坏性的方式，来取代战争的发泄方式。

认为侵犯行为完全是由人的本能所支配观点没有得到人类实验的任何证据，只是把对动物的研究结论推及到人类，这是不科学的。生活于社会中的人，其任何行为都不可能完全由本能决定。人们无论做出何种行为，总是会受到各种社会因素的影响和制约，这就是人和动物的根本区别之所在。

2.挫折-侵犯假说

1939年，美国耶鲁大学的心理学家J·多拉德、N·E·米勒5人共同提出了一种旨在说明侵犯行为是后天形成的理论——“挫折-侵犯理论”。所谓挫折，是指一个人在为达到某种目标而进行努力时受到干预和障碍，致使需求不能满足，目标不能实现时的情绪状态。无论在什么样的社会里生活，挫折总是难免的。因为在社会生活中充满着矛盾，人们随时随地都有可能遇到挫折。挫折会产生多种行为表现：在心理表现上是抑郁、消极、愤懑；在生理表现上血压升高、心跳加快、胃液分泌减少、失眠等特征，从而产生身心紧张、焦虑、行为反常等现象。

挫折-侵犯理论认为，人的侵犯行为是由于个体遭受某种挫折而引起的，侵犯是挫折的一种后果，侵犯行为的发生总是以挫折的存在为前提，而挫折的存在也必然会导致某种形式的侵犯行为。心理学家巴克尔在一项实验中给一组孩子们看一个摆满玩具的房间，但不允许他们进去玩，以引起他们的挫折感。然后才让他们进去玩。但对另外一组的孩子，则在一开始就让他们玩这些玩具。前一组的孩子在进去后便把玩具往墙上扔或者甩在地上，表现出很强烈的破坏性，而后一组孩子却玩得很好，并没有这些破坏行为。证明了受挫折会引起侵犯行为。

一方面，这一理论强调了挫折和侵犯之间的因果关系，认为只要一个人受了挫折，就必然会做出某种侵犯行为。然而，挫折并不必然引起侵犯。另一方面，一个人的侵犯行为也未必都是由于挫折而引起的。个体在遭受到挫折之后将做出什么反应，取决于其周围环境是否为他提供了可以引发这种"侵犯准备状态"暴发的线索。

3.社会学习理论

社会学习理论的代表人物班杜拉分析批判了挫折—侵犯理论，认为从本质上讲，这个理论与本能论没有什么区别。他指出，遭受挫折的个体可以表现出攻击行为，也可以不表现出攻击行为，究竟采取哪一种行为，取决于个体以往生活经历中所习得的对付生活压力的行为模式。社会学习理论关于侵犯行为的观点有 2 个方面：一是侵犯行为的起因；二是侵犯行为的习得。

(1)关于侵犯行为的起因。班杜拉认为并非挫折导致了侵犯，而是挫折引起的情绪唤醒诱发了侵犯行为。他指出，并不是只有愤怒、恐惧等情绪的唤醒才能触发侵犯行为，情绪的亢奋、异常愉快等情绪的唤醒也有可能触发侵犯行为。班杜拉通过实验证明，在上述各类情绪的唤醒状态中，被试都提高了对他人的惩罚性行为。班杜拉认为，挫折或愤怒情绪的唤醒只是侵犯倾向增长的条件，但并不是侵犯行为发生的必要条件。对于那些已经学会在不愉快的时候用侵犯行为来获得解脱的人来讲，挫折会引发侵犯行为。而对其他人来说未必如此。

(2)关于侵犯行为的习得。班杜拉认为，大多数的侵犯行为都是通过有意无意地观察获得的。观察和模仿是侵犯行为中一个重要的学习历程。在现实生活中，人们往往是通过对他人的侵犯行为进行观察和模仿来学习和形成自己的侵犯行为的。班杜拉及其同事做过一些实验，证明儿童观看成人侵犯榜样后，会表现出更多的侵犯行为。

为了研究模仿和强化对侵犯的影响，一些研究者让儿童观看一个人攻打玩偶的电影。第一组的儿童看到，攻打玩偶可以使它在地板上走动较远；第二组的儿童看到，攻打玩偶只使它在地板上移动很小的距离。我们可以把玩偶的移动作为对儿童行为的强化，如果攻击并没有给玩偶造成什么影响，那么就没有得到强化。看完电影后，让儿童玩能移动的玩偶和不能移动的玩偶。当攻打行为造成玩偶移动时，即攻打行为得到了强化，儿童就表现出更多地攻击性。当攻打行为未使玩偶移动时，即攻击行为没有得到强化，儿童就表现出较少的攻击行为，如图 4-3 所示。

班杜拉还做了一系列的实验来观察儿童的侵犯行为，最后得出结论说，儿童在观察成人的示范行为时，不仅极易模仿成人的行为，而且他们的模仿还会受到对这

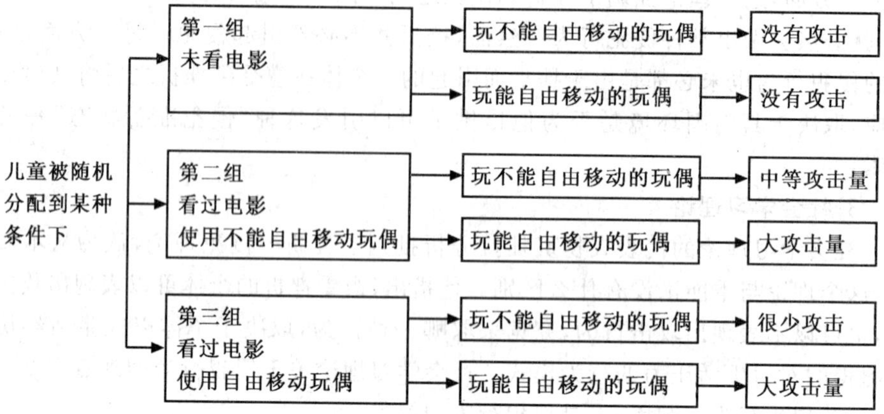

图 4-3　模仿和强化影响儿童攻击行为的实验

种行为的后果的预测的影响。通常情况下,那些侵犯行为多的儿童大多有着侵犯性较强的父母,他们为儿童的侵犯行为提供了最有力的榜样。

三、侵犯的控制

我们研究侵犯的目的是利用研究结果来控制侵犯行为的产生,但是对于侵犯的控制或者消除,来自不同侵犯理论的社会心理学者却提出了不同的看法。

1. 本能论观点

本能论展示给人们的是一幅悲观主义景象,认为侵犯行为产生于人自身的本能冲动,而这种本能冲动总在寻找得到满足的途径,因此,消除侵犯行为是十分艰难甚至是不可能的。人们所能做的只有两个方面的工作:第一,寻找宣泄途径。弗洛伊德认为,侵犯性能量总要过各种方式发泄出来。否则,就会表现为暴力行为。而社会的作用就是控制这种侵犯性冲动,使他们转化为社会接受的行为。第二,通过培养和强化个体的“超我”来控制和减少侵犯行为。“超我”是道德化了的自我,能够通过良知或良心指导自我去限制本能欲望和冲动,从而减少侵犯行为。

2.“挫折-侵犯理论”的观点

相比之下,“挫折-侵犯理论”提出的方案就更为现实,因为“挫折-侵犯理论”认为侵犯行为是后天形成的,因此,认为侵犯行为是能够被控制和改造的。根据“挫折—侵犯理论”,控制和消除侵犯行为的关键在于提供一个途径,使挫折引起的侵犯性能量能够被及时疏泄出来,或者减少外界环境的侵犯线索。

3.班杜拉的社会学习理论观点

对侵犯行为进行控制提出更有效和现实可行措施的是班杜拉的社会学习理论。按照这一理论，侵犯行为被认为是个体通过观察模范而习得的，因此，只要减少侵犯行为的榜样，限制大众传播媒介中暴力形象的出现，父母注意避免出现侵犯行为，就可以减少对侵犯行为的模仿。与此同时，社会应为人们树立起非侵犯行为的楷模，向人们展示非侵犯行为的榜样，并结合运用一定的奖励和惩罚措施。这样，我们就能够在社会生活中实现对侵犯行为的控制和消除。

4.综合的观点

我们认为在现实社会中要实现对侵犯行为的控制，以下几个因素是十分重要的。

(1)建立公平的分配制度以减少挫折感。常言道“不平则鸣”，由于利益分配的不公平引起个体的挫折体验，进而导致侵犯行为的现象在现实生活中屡见不鲜。因此，建立公平的利益分配机制，帮助人们树立科学的公平观，可以有效地减少由于挫折而引起的侵犯行为。

(2)运用奖惩制度控制侵犯行为。对侵犯行为的惩罚是必要的，社会心理学研究证明了畏惧惩罚往往可以控制一个人的侵犯行为。研究者让被试电击他人，之后再置换位置接受他人的电击。结果发现，被试比在没有位置调换的情况下普遍减少了电击量。当然，在现实生活中情况要比实验室复杂得多，因此，既要讲究惩罚的有效性，又不能过分地依赖惩罚。这里特别需要说明的是父母对子女的惩罚，因为惩罚从某种意义上来说也是一种侵犯行为。父母的暴力行为，既是一种抑制侵犯的手段，也为儿童的侵犯性提供了榜样。研究发现，经常受到父母惩罚的儿童比正常的儿童具有更多的侵犯行为。由此可见，父母通过惩罚来控制或纠正子女的侵犯行为是有前提的。首先，父母与子女间要有良好的感情，只有在子女对父母尊重、依赖的情况下惩罚才是有效的；其次，父母对子女的惩罚必须是理智的，不是随心所欲的；再次，父母为子女树立了良好的榜样。

心理学研究表明，惩罚只能抑制人们明显的侵犯行为，但同时可能导致更多隐蔽性的侵犯行为，而后者的危害性更大。

(3)通过说服教育和降低挫折控制侵犯行为。说服教育的作用在于提高人们对侵犯行为后果危害性的认识，说服教育是转变人的态度的重要手段，要通过说服教育防止侵犯行为必须注意以下几点：第一，说服要及早进行。让儿童从小明辨是非，懂得侵犯行为对他人和自己的危害。使“侵犯他人是不道德的”，“侵犯他人会受到制裁”等观念深深扎根于儿童的幼小心灵。第二，说服时要提供受害者痛苦的线索。实验表明，受害者的痛苦迹象能引起人们的同情心，把自己置身于受害者的地位设身处地的体会受害者的痛苦，从而抑制侵犯行为。如果被说服的对象是已经做出侵犯行为的人，则必须激发其内疚感，对侵犯行为的内疚感是一种抑制侵犯行为的内在力量。

由于侵犯行为与挫折有着紧密的联系，所以通过降低挫折来减少侵犯行为也是一个较好的方式。在生活中我们应该常常注意自己的言行，不要成为他人的挫折制造者。

(4)恰当的宣泄与替代性攻击。阿伦森在其《社会心理学入门》一书中提出了释放侵犯性冲动的3种途径：一是通过体育活动来消耗侵犯能量，如球类比赛、跑步、拳击等；二是进行一些没有破坏性的、幻想的侵犯行为，如做梦、心理咒骂或写暴力故事等；三是做出直接的侵犯行为。人们普遍认为上述第一种方法是有效的，而且受到了一些心理治疗专家的支持，他们认为竞争性游戏为本能的侵犯内驱力提供了一条满意的出路。虽然世界上的战争没有因运动场的比赛而消除，也没有能提供足够的关于竞争性游戏可以减少侵犯行为的证据，但我们认为宣泄可以减少侵犯的事实是存在的。宣泄的途径并不仅仅局限于竞争性游戏，实际上对人倾诉、大哭一场、拼命地工作等都是宣泄的途径。

人们经常受到挫折或烦扰，但由于对方的权力太大等许多原因而不能加以报复，在这种情况下，个体可能以其他方式对另一目标表现出侵犯行为，这种现象被称为侵犯转移或替代性侵犯。

(5)控制暴力电视。大众传播媒介特别是电视是现代儿童获得侵犯行为的重要来源。许多学者呼吁，为了教育下一代，应净化社会环境，消除电视暴力节目。也有学者提出了避免暴力电视对儿童产生不良影响的方法，如限制儿童看一些暴力节目，减少接触电视暴力榜样的机会；成年人与儿童一起看节目，可以就节目的内容进行解释性评价等。事实上，现代传播媒介的发展，使得人们对传播内容的控制越来越困难，所以根本的方法是要提高儿童对暴力节目的正确认识能力和自觉抵制能力。研究者发现，通过简单地教育过程提高儿童的认识以减少电视暴力对他们的消极影响是可能的。①

本章小结

动机是驱动人行为的动力，关于动机的解释历来有不同的观点，不同的学者从不同的角度提出了不同的理论，其中影响比较大的理论有本能论、学习论、需要理

①时蓉华，《新编社会心理学概论》，上海：东方出版中心，1998年版，第322-328页。

论等,了解这些理论可以帮助我们深刻地认识动机的本质。本章具体分析了利他动机和侵犯动机,对其产生的原因进行了理论解释,对如何培养利他行为和预防侵犯行为的措施也进行了探讨。学习本章内容要注意明确概念的含义,了解动机的特性。掌握动机理论的基本内容和解释问题的方法。

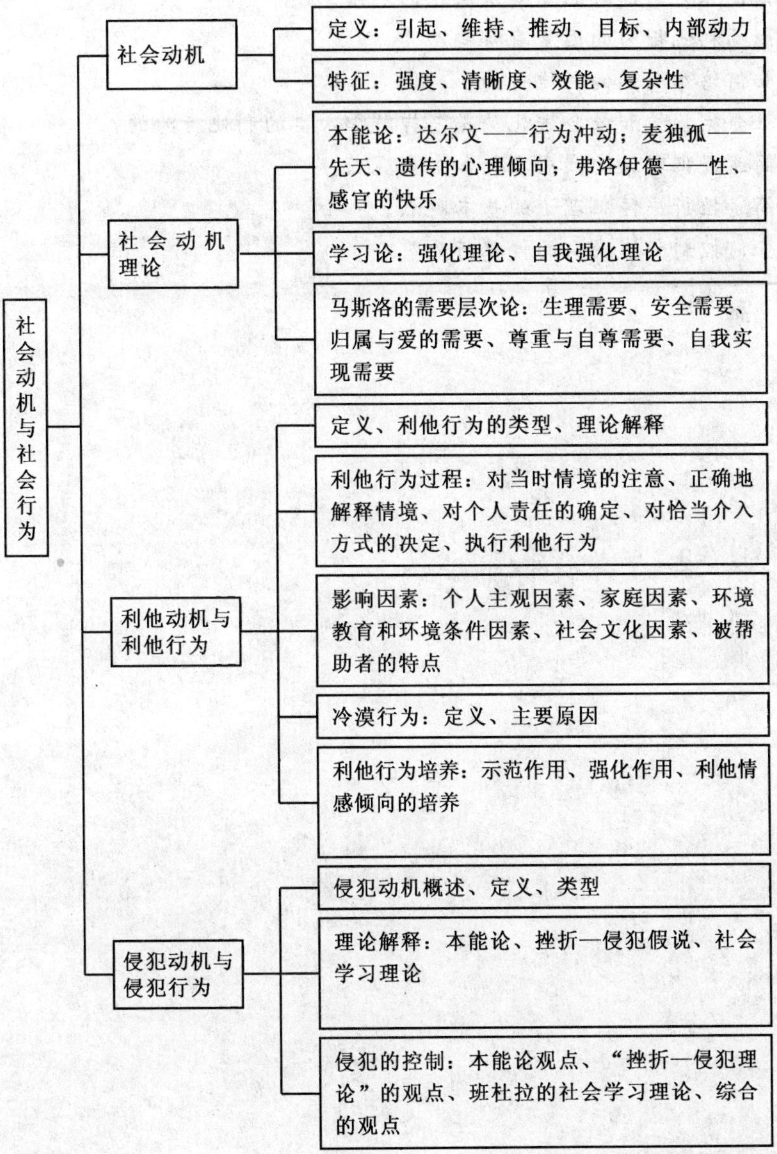

思考题

1. 社会动机有哪些特性？
2. 谈谈你对马斯洛的需要层次论的看法。
3. 影响利他行为的因素有哪些？
4. 如何培养人们的利他行为？
5. 社会生物学和社会进化论是怎样解释人类的利他行为的？
6. 简述侵犯理论的代表人物和主要观点。
7. 简述挫折—侵犯理论的基本观点。
8. 如何控制和消除人的侵犯行为？

第五章　社会态度

知识目标

- 了解态度概念、特征、功能及其构成要素。
- 理解社会态度的形成及其影响因素。
- 社会态度的改变及其主要理论。
- 掌握态度的常用测量方法。

技能目标

- 能够解释有关社会心理现象的形成原因。
- 会在实践中运用有关态度改变的方法。
- 熟练运用量表法进行社会态度的测量。

社会态度问题是社会心理学的重要研究课题之一。20 世纪以后，随着社会化的进程，人们开始注意人的社会化和社会态度的问题。20 世纪初，伴随着美国早期的社会学家托马斯(R. U. Thomas)等人的移民研究和实验社会心理学的兴起，社会态度的研究迅速发展起来，并逐渐成为社会心理学中一个重要的研究领域。在我们的日常生活中经常使用态度一词。例如，我们外出购物时常说，服务人员的服务态度好或不好；评价一个人时常会去了解他对待他人的态度；评价一个人的学习时常会说，他的学习态度端正不端正等。其实，人们通常所表达出来的意见、看法、观点和主张等，虽然反映和体现了个体所持有的对某事物的内在态度，但这只是态度的表达或态度外化的产物，而不是态度本身。通过对社会态度问题的学习，人们可以全面了解社会态度，掌握态度形成的影响因素和改变的方法，并能在实践中运用，了解态度测量的方法。本章通过介绍态度的概念、构成要素、特征和功能、态度形成和根本理论及态度的测量方法等知识，使学生形成对态度问题的全面认识，在学习、生活及以后的工作中能够解释有关社会心理现象的形成原因，在实践中科学地改变自己的态度，熟练地测量他人的态度以形成对自己的发展有利的社会和人际环境。

第一节 社会态度概述

社会态度问题是社会心理学的基本问题，许多社会心理学家都从不同的侧面探讨了这个问题。通常人们谈到态度一词时指的就是社会态度，因为态度的对象都具有社会性。在英文中，态度（Attitude）一词源于拉丁语 Aptus，它具有两种基本含义：其一指雕塑或绘画作品中人物外在的和可见的姿态；其二是适应或适合的意思，指对行为的主观或心理的准备状态。[①] 后一种具有心理学上的含义。在本节中，我们围绕着态度的含义、态度的构成因素和特征、态度的功能等问题展开分析和讨论。

一、社会态度的含义

态度这个概念本来是身体姿态、行为前的精神准备、行动倾向的意思。把这个概念最早引入心理学的是斯宾塞（H. Spencer，1862）和贝因（B. bain），他们都认为态度是一种先有之见，是把判断和思考导致一定方向的先有观念和先有倾向。[②] 这种看法被 19 世纪末的心理学家朗格（J. S. Langer，也译作兰格）的实验所证实。1888 年，朗格在一项研究反应时间的实验中发现，被试心理上的准备状态支配着他个人的记忆、判断、思考和选择。实验证明，如果被试预先对自己需做出的反应有所准备，即特别注意自己即将做出的反应时，他做出的反应速度就会比其他将注意力集中于将要来临刺激的被试而做出的反应速度要快。

20 世纪以后，随着社会化的进程，人们开始注意人的社会化和社会态度的问题。1919 年，托马斯等人在研究波兰移民问题时，为了说明社会环境的变化对个人行为的影响，以及社会与个人行为之间的关系，具体研究了态度的内涵，首次使态度成为社会心理学的重要课题。态度研究使人们找到了研究社会心理现象的一个线索，而不是再用某种神秘的本能去解释人与人之间的心理影响。态度概念的提出得到了许多心理学家的支持。心理学家们对态度进行了各种各样的解释，根据自己的理解给态度下了各种各样的定义。

（一）对态度的经典解释

对态度的经典解释有 3 种。

---

①吴建平主编，《社会心理学》，北京：中国农业大学出版社，2005 年版，第 115 页。

②转引自：《云五社会科学大辞典》第九册《心理学》，中国台北：台湾商务印书馆，1979 年，第 138 页。

1.强调态度的行为意向方面,把态度看作是行为反应的准备状态

1935 年,奥尔波特(G. W. Allport)在《社会心理学手册》中提出的,认为"态度是一种心理的或神经的准备状态,他是由经验构建的,对于个人对有关事件的反应具有指导性或动力性的影响。"他把态度作为一种潜伏的内部准备状态,并与神经过程统一起来。

2.强调态度构成心理活动的意志过程和认知过程,把态度看作持久的结构

1948 年,克雷奇 (Krech)等人在《社会心理学的理论和问题》一书中提出,态度是"一种和个人所处的环境有关的动机、情绪、知觉和认识过程所组成的持久结构"。这个定义既强调了态度构成心理活动的意志过程,又强调了认知过程。强调了人的主动性,而不是对环境的被动反应。

3.从认知、情感和行为三方面分析态度,都平行地纳入态度中

弗里德曼(M. Friedman)在编写的《社会心理学》一书中,以一种概括的方式提出了态度的定义,指出:"态度对任何给定的客观对象、思想或人,都是具有认识成分、表达成分和行为倾向的持久体系"。这一定义为当前社会心理学界主要所采用的定义。

综合这些定义的共同之处,我们认为所谓社会态度,是指一个人对某一特定对象所持有的较为一贯和稳定的评价和行为倾向。

(二)对态度的定义

对态度的定义,可以从以下 4 个方面来理解。

1.态度是态度主体对态度对象的较为固定和一贯的心理反应

态度主体包括个人,也包括群体,如民族、种族或一个国家、一个地区的民众。态度对象指的是与态度主体相联系的、被主体所指向的具有社会性的人、事、物、关系、价值等。只有当态度主体对态度对象经过一个长期的反复的过程所形成较为固定的心理反应才是态度。这一点反映了态度的稳定性。

2.态度是社会主体在社会生活中获得的心理反应倾向

人的反应倾向有先天的本能性,如婴儿饿了会哇哇大哭,给好吃的和好玩的又会很高兴,婴儿这种反应属于本能反应,不是态度。态度是在出现自我意识之后,经过情感的不断丰富,经验的积累后才形成的。所以说,态度是人在社会化过程中,经过丰富的社会实践才形成的,是一种人的后天心理反应倾向。这一点反映了态度的客观性。

3.态度是一种综合性的心理反应倾向

态度是在其他心理过程基础上综合而成,包括认知、情感、意向 3 种心理过程。因此,态度作为"心理反应倾向",包括不同的内容,有以认知和情感为主要内容的价值倾向,如社会理想、对于某人的看法等。也有以意向和情绪为主要内容的动机倾向,如赞成或反对的态度。

4.态度是对一定对象的心理反应倾向

当我们说自己对“这件事的态度”怎么样,我们已经下意识地认可了态度的特定对象,每一种态度都是针对特定的态度对象。

二、态度的构成因素和特征

(一)态度的构成要素

由于心理学家们对态度的概念界定存在分歧,因此,对态度构成要素的认识也出现分歧。主要有以下3种观点:

“一元论”观点。这种观点认为态度是一种“行为反应的准备状态”。例如,奥尔波特(F. H. Allport)认为态度是“神经肌肉系统中布置好的反应的准备”,是“实际反应以前的准备”。强调态度本身所具有的行为意义及以往学习所得的经验对态度形成的作用。

“二元论”观点。这种观点认为态度由认知和情感两个因素构成。例如,卡茨认为“态度是个体以赞成或未赞成的方式对其生活中的某些符号、事物等方面进行评价的预先倾向”①,并指出态度既包含了情感的成分,如喜欢不喜欢,也包含对态度的对象和其特征以及其他事物之间的联系进行描述的认知的充分。

“三元论”观点。大多数社会心理学家持“三元论”的看法,即认为态度是由认知、情感和行为倾向3种要素构成。这种看法较早是由罗森伯格(S. Rosenberg)和霍夫兰德(C. E. Hovland)提出的。他们认为,态度是个体以特定的几种反应方式对某种刺激做出反应的预先倾向。这几种特定的反应方式,即是认知的、情感的和行为倾向的。

综合这些观点,我们认为态度由认知、情感和意向三种因素构成:

1.认知

认知指态度主体对态度对象的认知,包括感知、思维、理解等。认知规定了态度对象,是对某一对象形成一定态度的基础,显然,如果不知道或不了解对象“是什么”,就无法对它形成看法。

2.情感

情感指态度主体对态度对象的情感体验。当一个人认识和了解了态度对象时,就会对该对象进行评价,从而获得一定的情感体验,如喜欢、厌恶、同情、冷漠、

①林德泽,阿伦森,《社会心理学大全》,1996年英文版第三版,第2卷,第510页。

尊敬、瞧不起或者无所谓等。

3.意向

意向指态度主体作用于态度对象的行为准备状态。这里需要强调的一点是，态度并非行为，而是行为的一种心理准备，即行为是以态度为内在的心理动力。一定的情感就会对应一定的行为，一般来说，态度和行为是一致的。例如，对于吸烟持反对态度的人，一般情况下，他是不会主动吸烟的。但二者也并不总是完全一致，因为行为除了受态度的影响外，还受到情境的影响。例如，逢场作戏的吸烟就是如此，虽然一个人反对吸烟，但当大家都吸烟或处于业务的需要必须吸烟时，他也可能吸烟，这就是情境使他的态度和行为方式不一致。

态度的这3个构成因素相互联系、相互制约、相互协调，形成一个相对稳定的统一体。

(二)态度的特征

根据对态度定义和构成因素的分析，我们对其基本特征做如下的归纳。

1.态度具有社会性

一方面，态度不是生来就有的，而是人们在后天的社会生活中通过学习而获得的。人们在长期的社会生活中，通过与他人的交往和相互作用，通过接受周围生活环境和社会文化的影响而逐渐形成对人、事、物的态度。另一方面，态度的产生总是和一定的社会情境联系在一起的，没有一种不带社会性的态度。例如，人们对某一自然现象的态度会因为社会情境的不同，而渗透某种社会意义。在麦收季节，农民肯定会对下雨产生厌恶的态度，因为这时候下雨影响了麦收的进行，进而影响了农民的收入；如果这场雨赶在播种的时候，农民又会对它产生截然相反的态度。这两种对于自然现象的态度都和农民的收入联系在一起，也就是和社会现象紧密联系。

2.态度具有协调性

态度由3个因素构成(认知、情感、意向)。当态度形成时，这3个因素通常是协调一致的。对于某一个态度对象，态度主体在认知的基础上产生相应的情感，然后又在情感的激励下产生相应的意向，它们在彼此相对稳定的情况下不发生矛盾。当我们所从事的工作取得成就时，我们会产生愉快的情感体验，在这种情感支配下，我们又会产生积极向上的态度，更加努力工作，取得更多的成就。情感是态度的核心因素，有什么样的情感，就会有什么样的意向，因为意向是受情感所支配的。

但是，认知和情感有时不完全协调。在这种情况下，情感决定了态度的方向，即认知和情感不一致，但意向受情感的支配，二者通常是一致的。例如，如吸烟的人明明知道吸烟有害健康，但要让自己放弃吸烟却十分困难。这就是我们平常所说的“知道是一回事，做又是一回事”。

3.态度具有间接性

态度虽然包含行为意向，但它并不是行为本身，它是个体的内在心理世界与外部表现之间的中介过程，是行为的准备状态。他人不能直观，自己可以体验到。所以态度不能用仪器测量出来，只能通过人的言行、表情间接地分析与推测。态度是外界刺激作用于个体之后，个体经过心理过程的认知、情感、动机等态度构成因素的综合，是个体与环境相适应，产生相应的态度，态度又进而刺激个体做出一定的行为，即对外界刺激的反应。整个过程如图 5-1 所示：

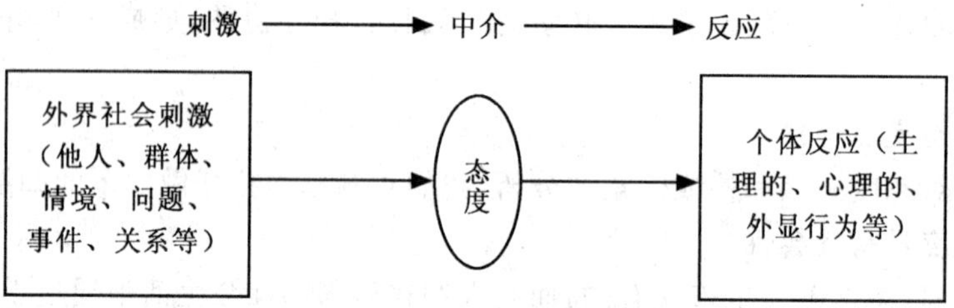

图 5-1 态度的中介性模式

但是，在态度和行为之间还有很多中介因素，如自我意识的调整等，因此同样的态度不一定就会导致同样的行为。如人们都痛恨贪污腐败，但是并不是所有的人都会主动举报腐败行为，原因就是每个人所考虑到的利害关系以及个人的性格等都对行为表现有很大的影响。所以说，态度与行为之间可能存在不完全的一致性，态度的间接性也是很复杂的。

4.态度具有两极性

态度具有两极性是指态度主体对事物往往有两种相互对立的极端的态度。就其表现形式来看，有肯定与否定态度、赞成与反对态度、亲近与疏远态度等。从态度所表现的意义来看，有积极的态度和消极的态度之分。积极的态度对事物发展起着进步、提高、促进等作用；而消极态度则起着落后、倒退、破坏等作用。态度的表现形式和态度的意义之间的关系是非常复杂的，如赞成态度就不一定是积极的态度，因为如果对错误的问题持赞成态度显然就是一种消极的态度，而对正确的问题持赞成态度就是一种积极的态度；反之，也是同样的道理。当判断一种态度是积极态度还是消极态度时，要根据态度对象和当时的社会情境来判断，有利于社会发展与进步的就是积极的态度，不利于社会发展与进步的则是消极态度。

态度的两极性与态度构成因素中的情感两极性是紧密联系的。在态度的形成过程中可能有一种"中性态度",如既不反对也不支持,既不肯定又不否定,但它是短暂的,终究会向态度的两极发展。

三、社会态度的功能

态度由认知、情感和意向三个因素构成,具有明显的内在性和外显性,因此,在研究态度的功能时,也从内在性和外显性两方面,即它对人的心理功能和社会功能两方面研究。

1.社会态度的心理功能

在社会生活中,人们对待他人和事物,总是保持一定的社会态度。在一定的时期和社会环境下,有时候人们为了保持自己的一定态度,甚至需要付出很大的努力,这证明态度是特殊的心理功能不容忽视。

第一,社会态度具有适应的心理功能。每个人都有自己的生活环境,在这个生活环境里,人们都希望满足一定的期望和达到一定的目的。例如,拥有良好的人际关系,获得邻居、亲友的认可、在工作上取得一定的成绩、拥有幸福的家庭等。在向这些目标努力的过程中,个人对于他人、群体以及工作的态度起到极为重要的作用。对那些有利于自己达到目标的人和事,个人会持积极态度,有利于目标的实现;对于那些阻碍自己达到目标的人和事,个人会持消极态度,不利于目标的实现。另外,当我们要了解一个人的想法和意愿时,也是通过那个人的态度来推测,这时候态度就成为推断的依据。如果一个人的态度经常变换使人捉摸不定,通常情况下,他就会失去别人的信任。

第二,社会态度具有自我防卫的心理功能。自我防卫功能的态度通过歪曲或否认现实来否认和回避意识自己的不适当、不道德、失败、弱点等。当一个人在面临外界威胁的时候,由于心理紧张、冲突和不安,就会引起自我防卫心理,这是一种力图抵抗威胁、保护自己的心理状态。例如,受到他人嘲笑时,采取反击的态度;遇到难办的事、不如意的事采取回避、退缩的消极态度;对待自己不喜欢的人避而不见的态度;发生冲突时,看见情况不妙就逃之夭夭的态度等,都是态度的自我防卫功能的体现。可见,当内外界环境的威胁出现时,态度首先自我防卫,保护自己。自我防卫的出现就是新的态度的产生或原有态度的变化的一种形式。

第三,社会态度具有自我表现的心理功能。价值可以影响或决定态度,因此态度可以反映和表现价值。自我表现是人格特质之一,它指的是人们对自身全部特点和能力的表示和展示,是人在社会环境中的一种主动表现。由于态度具有价值表现的作用,个体就可以通过态度表现自己所拥有的价值。一种态度可能是一种中心价值体系的表现或者是一种说话方式的表现。比如,某人会说:"我就是这样的人,我的看法就是这样”。这就表明了他个人的价值判断,是赞成还是反对这件事。态度的这种自我表现功能对于个体的心理奖赏不只是得到社会的认可,更重要的是通过这种表现,可以使个体巩固自我概念中比较积极的方面。当一个人说“生男生女都一样”时,就表达了他内心的性别观念,同时,通过社会对于这种态度的认可,使得他更加坚定自己对于性别角色的价值判断,但如果得不到社会的肯定,他也会慢慢改变自己的态度。但是,一旦某个态度涉及个人的价值观体系,态度的改变可能要经历很长一段时间。

2.社会态度的社会功能

态度的社会功能是指一定的社会态度对社会生活的反馈机能。这种意义上的态度,指的是人们对某种社会事件所共有的态度,共有的心理反应倾向,而不是单指一个人对于某个社会事件的态度。这样来看,人们对社会事件的态度,总的来说有3种表现形式:

(1)积极—接近—赞成;

(2)消极—远离—反对;

(3)中立(在激烈的社会实践中表现为“逍遥派”)。

以上3种社会态度对于社会生活的反馈作用不同。一般地说,第一种社会态度起社会整合的作用,促进社会的发展,又因为态度的积极性,表现出相互接近的倾向,也使得人们之间的友好相处变得更为容易。第二种社会态度起着分离的作用,阻碍社会事件的进行和社会的发展,人际关系倾向于疏远。第三种社会态度起着调和的作用,能够调和两种态度群体之间的矛盾。在正常的社会生活中,3种社会态度是同时并存的,有一些人可能持第一种态度,也有一些人可能持第二种或者第三种态度,但是对事件的发展起决定性作用是多数人的态度。如果多数人对某一政策的实施持第一种态度,那么,显然就会使得这件工作进行起来比较顺利,态度也发挥了积极的整合作用;如果多数人持第二种态度,这件工作显然会有最后瓦解消失的结果;中立态度在一般情况下是少数,因为态度具有两极性,它迟早会发展到积极或消极的一端。

人们在社会生活中的态度也具有两重性:一种是公开的态度;另一种是私下的态度。例如,会上讨论和会下议论;上面大众媒介传播和下面的小道消息流传;当面赞成、支持、说好话,背后反对、造谣、说坏话等,都是态度两重性的反映。公开的态度是公布于众、面向多数人的,一般会在社会的上层或者公共、公开场合表现出来;私下的态度则只限于在个人之间交换看法、沟通信息,通常出现在社会的下层和私人场合。两种态度相互联系、相互补充,对于个体来说,公开态度通常是执行态度的自我表现功能,私下的态度是对公开态度的补充。在社会压力很大的场合下，公开态度通常是执行态度的自我表现功能，而私下的态度则发挥了自我防卫的功能。

第二节 社会态度的形成与改变

一个人的态度并不是生而有之的，是在后天社会化的过程中不断形成的。在一个人态度的形成过程中，影响因素有很多，影响方式也有很多。那么，一个人的态度是如何形成的？有哪些因素和方式会影响人的态度形成呢？另外，人的态度一旦形成，便具有一定的稳定性和持久性，但这种稳定性和持久性并不是一成不变的，而是相对的，通常会随着主客观因素的改变而改变。那么，影响人的态度改变的因素有哪些？如果要改变一个人的态度，需要采用什么样的途径和方法？这就是我们要探讨态度的形成和改变理论。研究态度形成和改变的规律，掌握影响态度形成和改变的各种因素，对调节人际关系和建立正常的秩序有重要的意义。

一、社会态度的形成

1.社会态度形成的含义

态度的形成与改变是态度同一发展过程的两个方面。态度的形成指的是一种新的态度的发生和发展的过程，它强调的是一种态度从无到有的过程。

2.态度的形成实质是经验积累和群体规范制约的结果

第一，经验积累是社会态度形成的内在因素。人们对社会事件或某一事实形成一定的态度，总是要经历一个过程。在这个过程中，人们首先认识社会事件或事实，在此基础上，逐渐形成对社会事件或事实的态度。每个人在社会化的成长过程中，对某一类事物、事件、关系或者某些人的言行举止等，都是经过一次又一次的反复接触，才使经验不断积累起来的。有两种情况：一种是数次的亲身经验或亲眼目睹某一事件或事实而形成经验。例如，学生关于“老师管得严”的经验，就是经过一次次做错事被老师惩罚或者一次次看到其他同学做错事被老师严厉惩罚，形成了经验积累，所以常常一听到某同学说“你再怎么样我就告诉老师”就害怕。另一种是一次剧烈性创伤事件也会成为一种固定的经验储存在心里，如“一朝被蛇咬，十年怕井绳”，就是典型例子。有些人对某些话语或行为的反应特别敏感，原因就是在儿时曾经因为那些话语或行为而受到某种伤害而留下深刻印象。

经验是一个人态度形成的内在因素。当某一社会事物（或社会事件）刺激了人的感官后，一方面个体的知觉通过对事件的感知、判断，以经验的形式积累起来；另一方面，个人内心过去已有的经验事实就会浮现在他的脑海中，使他把这件事和以前的事进行比较。如果发现这件事与过去的经验相同或者大同小异，就会以过去的经验看待当前的事物，并作为态度反映出来；如果当前事物和过去的经验差距较大，那么已有的经验就会从另外一个角度影响个体对该事物的看法和态度。所以说，态度的形成是个体内部经验的积累和反映的过程。

第二，群体规范制约是态度形成的外部条件。经验或经验的积累是形成对某种社会事件或事实态度的个体内部过程，但态度的形成不仅仅需要内部过程，还必须有外部条件，这就是群体规范的制约。

所谓群体规范，就是一个群体为保障其群体目标的实现和群体行动的一致性而制定的行为准则，从而统一成员的信念、价值观和行为，这种约束成员的准则就是群体规范。

某种群体规范的形成是群体成员之间相互作用、相互影响的结果。社会心理学家谢利夫 1936 年做过一个暗室自动光点位置判断实验：在一个黑暗的实验室里，让所有被试者分别单独观看对面不远的一个光点的运动方向（实际上光点并没有动，但是因为人的视错觉时的光点看上去好像在移动），这些被试者对光点的移动方向判断不一，有的说向左、有的说向右、有的说向下、有的也说向上。然后，让所有的被试者一起观察，并允许他们进行讨论，以判断光点的移动方向。最后，再让这些被试者单独观看光点并判断移动方向。结果，被试者都按集体讨论结果来报告自己的判断结果，而不是坚持自己最初的判断。这就是群体规范对成员态度发生了作用。

由此可见，在一个无组织的自发形成的群体中，群体成员的态度变化有一个从无序到有序的过程，直到最后达到基本的统一，这个过程是在成员互动过程中形成的。如果在一个有组织的群体中，如学校、机关单位、企业等正式群体中，领导者的意志作用、理论意识的指导作用、明确的要求等，会加速成员统一态度的形成，同时，还会引导成员建立一定方向的态度。

3.态度形成的 3 个阶段：服从—同化—内化

服从—同化—内化的态度变化过程是凯尔曼于 1958 年提出的。他用了一个真实的材料来分析态度变化的 3 个阶段：1974 年美国一个富豪家庭的 19 岁女大学生，被一个自称为革命组织的 SLA 群体绑架，并让她家拿出巨额的赎金。正当她家准备拿出赎金时，她却宣布放弃自己的豪华生活，决定参加 SLA 组织，并痛骂自己的父母。两周后，她和该组织一起抢劫银行时被政府追捕。在监狱里，她的父母、亲友、律师、精神病专家都去看望她，使她逐渐恢复了原来的态度。她从原来痛恨该组织，到后来参加该组织就是经过了一个服从—同化的过程，但尚未达到内化阶段，所以经过劝说、精神治疗比较容易地恢复原来的态度。

(1)服从。人们为了获得物质与精神的报酬和避免惩罚而采取表面服从行为称为服从。服从是态度形成的开始阶段。产生服从现象,一般有 2 个原因的。一是自愿的服从,不知不觉地模仿。人们模仿别人的动作,也同样可以模仿别人的态度。尤其是青春前期及之前的孩子,在他们不能判断是非的时候,他们通常会模仿父母或老师对于某一事物的态度。随着年龄和社会经验的增长,到青春后期,这种服从会逐渐减退。二是出于压力而服从,即一个人按照社会要求、群体规范或他人意志而做出的反应,这种反应是一种被迫的行为,也是新的态度形成的开始。

服从行为在生活中很普遍,但往往是一时性的。如有的司机,在有交通警察指挥下或有监控系统的情况下,会谨慎地按规定车速驾驶,若一旦离开交通警察或监控系统,就会超速行驶。服从只是态度形成的第一步,所形成的态度尚不稳定。

(2)同化。同化指个体自觉自愿地接受他人的观点、信念、态度和行为,并有意无意地模仿他人,使自己的态度和他人要求相一致①。同化这一阶段已不同于服从阶段,它不是在外界压力下形成与转变态度,而是出于自愿。例如,大学生为争取加入中国共产党,他承认党章、遵守党纪、接受党组织对他的教育和要求,以一个共产党员的姿态对待生活和工作。

(3)内化。内化是人们真正从内心深处相信并接受他人的观点而彻底地改变自己的态度。自我知觉、自我评价、自我认知和自我意识是产生内化的基础。当态度进入到内化阶段,就比较稳定,不容易改变。我国许多革命烈士在敌人的屠刀下威武不屈,最后献出了自己宝贵的生命,就是因为他们对共产主义怀有必胜的信念,并已经到了内化的程度。

态度形成的 3 个阶段是一个复杂的过程,不同的人对于相同的事物、相同的人对于不同的事物的态度形成所经历的过程也是有所不同的,有的可能只限于服从、同化 2 个阶段,有的可能只在同化阶段徘徊,有的还可能反复多次进行。

态度形成和发展的 3 个阶段,如图 5-2 所示。

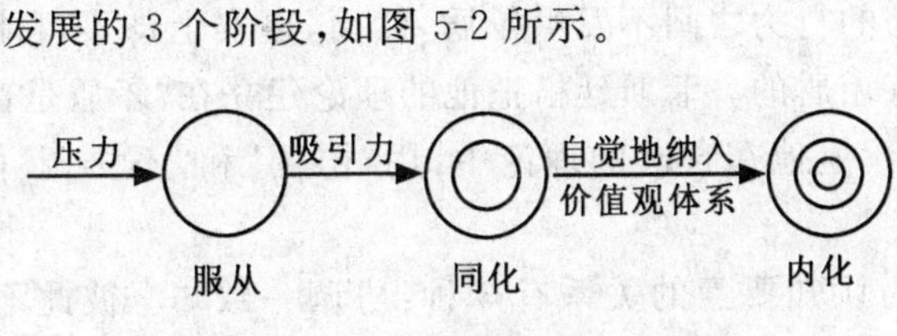

图 5-2　态度形成的 3 个阶段模式

①全国 13 所高等院校编写组编,《社会心理学》,天津:南开大学出版社,第 187 页。

二、社会态度的改变

1. 社会态度改变的含义

态度的改变指的是一种态度由旧向新的发展的过程，即旧的态度改变为新的态度的过程。

2. 社会态度改变的 2 种情况

态度的改变有 2 种情况：一种是态度的一致性改变，指原有态度的强度发生变化的过程，但该态度的方向并没有发生改变。例如，从“反对”到“强烈反对”，从“非常支持”到“勉强支持”等变化都属于态度的强度变化。总之，态度的方向不变，但强度由强变弱或者由弱变强都属于态度的一致性改变。而态度的不一致性改变，指旧的态度转变为新的态度的过程，态度的方向发生了改变。如由反对的态度转变为支持的态度，或者由支持的态度转变为反对的态度；由积极的态度转变为消极的态度，或者由消极的态度转变为积极的态度；由赞成某件事积极的态度转变为无所谓的中立态度，或者由中立的态度转变为消极态度，都是态度的不一致性转变。

3. 关于社会态度改变的理论

人的社会态度是人们在长期的社会生活中不断形成的，具有相对的持久性和稳定性，但也不是一成不变的。研究态度改变的理论很多，下面简要介绍几种态度改变理论。

(1)认知不协调理论。美国社会心理学家菲斯廷格(L. Festinger)于 1957 年提出认知不协调理论。所谓认知不协调是指个体所持有的认知彼此矛盾冲突，处于相互对立状态。他认为，认知是一个广泛的概念，他把有关环境、他人及个人的行为、知识、观点、信念的态度的总和，称为认知结构，将认知结构中的基本单位称为认知元素。每个人都努力使自己的内心世界不发生矛盾，同样，也努力使自己的知识或信念与自己的行为之间不发生矛盾，然而，事实上却不可能没有矛盾，而且大多数情况下是有矛盾的。菲斯廷格把他的理论建立在“矛盾是普遍存在的”这一基本事实的基础上，但他在自己的理论中，用“协调”和“不协调”两个概念代替了“矛盾”和“不矛盾”。

菲斯廷格认为认知要素的关系有 3 种：协调一致——彼此不发生矛盾；不相关——彼此没有关系；不协调——彼此发生矛盾。

认知不协调理论有 2 个基本假设：其一，认知不协调的存在，会使人产生心理上的不快；为了减少这种不愉快，达到认知协调，人就产生了一种求平衡的动机。其二，不协调出现之后，人们不仅试图去减少认知不协调，还总是努力避免不协调继续恶化，减少不协调因素的扩大。

菲斯廷格的理论强调个体通过自我意识的调节达到认知平衡，他认为消除不协调状态主要有3种方法：

第一，改变与认知主体行为有关的某一认知要素，使其与其他认知因素不协调的关系趋于协调。比如，“吸烟有害健康”的认识与“我喜欢吸烟”的行为是不协调的两个因素，一个人可以改变吸烟的行为或改变对吸烟有害的认知，以达到认知的协调。

第二，强调某一认知因素的重要性。比如，知道吸烟有害，但强调吸烟的好处，认为“吸烟可以为自己带来愉快，不能因为吸烟给自己带来一些小的危害，而牺牲吸烟所带来的快乐”。“戒烟对精神和肉体的损害，远远比吸烟带来的危害大”。

第三，引进新的认知要素，改变不协调状态。比如，某人没有完成今年的工作任务，他这一年可能工作很努力，但还是没有完成任务，为了达到认知平衡，他可能会强调工作任务太艰巨、工作环境太艰苦、同事不配合等，尽可能使自己原来的态度与行为一致。

当人们的认知系统发生不协调时，只有找不到适当的理由加以解释时，行为与态度才会发生失调，从而引发行为和态度的改变。

(2)认知平衡理论。美国社会心理学家F・海德(F. Heider)在1958年提出了态度改变的“认知平衡理论”，它是关于认知结构、过程和变化的理论。他的理论主要研究人际关系和人与所从事社会事件关系的一致性原理。他认为，人的认知对象包括世界上各种人、事、物、概念等，这些对象有的各自分离，有的相互连接，组合成一个整体而被认知。海德把构成一体的两个对象的关系，称为单元关系。这种关系是由他们之间的类似、接近、相属所形成的。人们对每种认知对象都有喜或恶、赞成或反对的情感与评价，海德把这些称为感情关系。

海德认为一个人对单元中的两个对象的态度一般是属于同一个方向的，如同我们说的“爱屋及乌”一样。例如，我们对某个人的评价很高，相应的对他的子女产生很大的好感；我们如果很喜欢某个明星，就认为他所参加演出的每一部电影都是好的，等等。产生这种现象的原因，是因为人们的认知系统中存在着使某些情感或评价趋向于一致的心理压力，所以在同一个整体内相互联系的对象之间，可能会发生态度的同化现象，使得人们对处于同一单元内的两个对象的态度趋向于一致或类似。

如果人们对于单元的认知和对于单元内两个对象的感情关系相互调和、一致时，该认知系统就是平衡的，态度就是稳定的；如果人们对于单元的认知和对于单元内的两个对象的感情关系相矛盾时，该认知系统就是不平衡的，这种不平衡状态会引起个体心理紧张，产生不满的情绪。为了消除这种不满情绪，个体必须改变对其中某一个对象的情感评价，以达到平衡，于是态度就发生了改变。正是从这个观点出发，海德提出了“平衡理论”。他使用P—O—X图示说明这个理论的。其中以P为认知主体，O是作为认知对象的另一个人，X则是介于P与O之间的第三者或态度对象。海德认为，根据P、O两者之间的感情关系（喜欢—不喜欢，爱—不爱等）和二者对X的态度关系，推论出8种模式：4种平衡模式、4种不平衡模式，如图5-3所示。

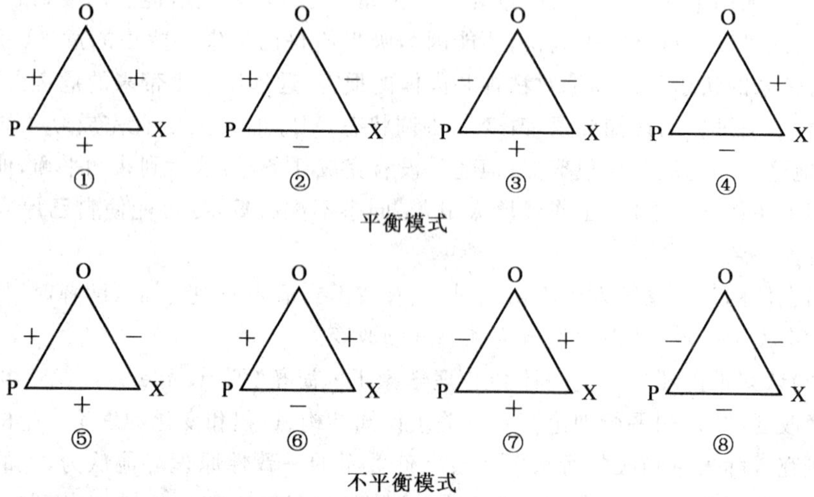

图5-3　平衡理论图解

“+”表示肯定或积极的关系；“−”表示否定或消极的关系

海德认为，人总是要力求达到平衡关系，不平衡会使人产生紧张。例如，P为某委员会的成员，O是P的比较要好的朋友，他也是该委员会的成员，X为一项待决策的方案。如果在表决会议上，P表示支持该方案，而O却表示反对该方案。这样，P—O—X图式呈现不平衡状态。这种不平衡状态给P造成了某种心理压力，为了达到平衡，减少心理压力，P就会改变对X的态度，或改变与O的关系。但是后一种平衡状态是以P对O的否定为前提的，在现实生活中往往是痛苦的。

海德的理论实际上是一种“敌人的敌人是朋友”的简单模式，他把复杂的人际关系简单化了。在现实生活中，我们只关心与我们朋友的态度是否一致，并不关心与我们不喜欢的人的观点是否一致。所以，在海德理论中某些平衡情况也往往是令人不快的。实际上人们总是倾向于积极的关系，而不愿意把积极的关系变成消极的关系。

(3)信息沟通理论。以美国社会心理学家霍夫兰(C. Hovland)为首的“耶鲁学派”,在第二次世界大战期间及以后着重从信息源、信息的内容和形式、沟通的对象和沟通的环境与情境等几个方面对沟通和劝说过程中的态度的转变展开了大量的实验研究,于1959年提出了一种以信息交流过程为基础的态度改变模式,后来又经过弗里德曼等人对这一模式的简化和修改,成为如图5-4所示的模式。

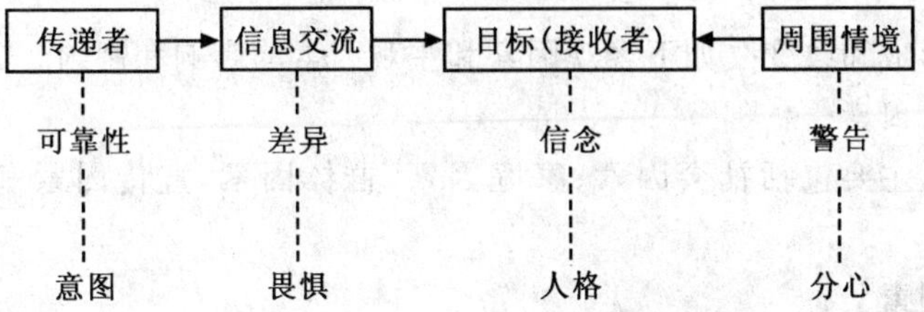

图5-4 弗里德曼修订的说服和态度改变模式

按照这一模式,任何说服过程都是从某一“可见的说服刺激”开始的,也就是说,说服过程的开始必须有一个信息的传递者,并且他对某一问题有一定的看法,还力图说服他人也采用同样的看法。可见,这一说服过程并不是在传递者和接受者相隔绝的情况下进行的,因为当时存在的客观情境也在影响着说服效果。总的来说,围绕着被说服对象——信息接受者,说服过程包括信息源(或传递者)、所传递的信息本身、信息接受者和周围情境4个部分。因此,我们要劝说一个人改变他的态度,就必须考虑做说服工作的合适人选,要看他是否具有影响力;还要考虑当时的情境怎么样(如被劝说者的情绪)以及被劝说者的性格、态度的强度等因素。

影响劝说者影响力的因素有:权威和经验、可信赖性、吸引力、群体关系。信息传递者在有关信息领域中的学识水平和资历条件越高,他的说服力也就越强。例如,农业技术推广人员推广新农药就比商业部门的人更具有权威性和说服力,具有威信的领导比一个普通人劝说就更有说服力。当一个人对某一件事持反对态度时,如果要劝说他改变态度,就要找一个曾经经历过这件事,而且能用自己的经验证明他的态度是错误的,那么劝说成功的概率就要大得多。

态度改变的说服过程,是说服者通过各种方法,将信息作用于被劝说对象而引起态度变化的过程。就它的实质而言,说服过程是一个信息传播过程,它以信息源传播一定的信息为开端,以引起被劝说者相应的心理变化为目的。这样一个过程实际上是被说服者经历了一个复杂的心理过程完成的。从被说服者的角度来说,必须经过接触传播的信息—有效地收到有关信息—理解或弄懂这些信息—接受信息—保存信息—做出决定—采取行动这样的过程,最后改变态度。这几个步骤代表着一个达到预期效果的完整说服过程。所以说，成功的劝说必然受传播源的自身条件、传播的内容和方法以及对传播对象的了解等基本因素的影响。为此，我们在说服之前，应从多种因素进行分析，从宏观上加以把握，然后再选择恰当的说服方法和艺术，这样才能达到良好的效果。

三、影响社会态度的形成与改变的因素

态度的形成和改变受如下客观因素和主观因素的影响和制约。

（一）客观因素

客观因素主要包括社会因素、家庭因素、群体因素、宣传因素和态度特性因素等。

1.社会因素

社会因素是指社会上各种事物，包括社会制度、社会群体、社会交往、道德规范、国家法律、社会舆论、风俗习惯等。它们对社会态度的形成和改变有着很大的作用和影响。

社会上刚出现的一些新事物，往往会受到一些人的抵制和反对，但只要这种事物有利于社会和个人的身心健康，它迟早会被人们所接受。对旧的态度和思想加以改造，从而形成新的思想和态度，这个过程可能是在长期的潜移默化的情况下进行的。例如，辛亥革命以后，人们才改变了对封建道德、封建婚姻、妇女缠足、男人留长辫子等的态度。家庭联产承包责任制最初由部分地区发起的时候，很多人都不能接受，直到后来得到政府承认，最后推广到全国，人们开始认可这个制度，城里人也开始模仿，发起了又一场“农村包围城市”的运动。改革开放以来，人们对竞争、奖金、税收、法律、交际、文艺生活等形成了许多新的态度，都是这样形成的。总之，社会因素是态度形成和改变的一个强有力的客观因素。

2.家庭因素

在个体态度的形成过程中，家庭环境及家人的态度的作用也是十分明显的。家庭共同生活的方式对个体态度的形成具有显著的影响。从小就生活在一个充满民主、平等气氛家庭中的孩子，容易形成良好的与人相处的态度，学会采用平等的方式与人相处，用民主的方式解决问题。个体幼时在家庭生活中所受到的教育和抚养对其态度的形成及以后态度的变化和发展具有决定性的作用。有这么一个事例可以证明。一对同卵双胞胎由于家庭贫困无奈之下被放在两个背景迥异的家庭中抚养。在她们长大后，被人告知真相，俩姐妹相认时，生活在家庭环境相对困难但民主气氛浓厚、备受兄姐宠爱的妹妹，痛哭流涕，不知所措；而生活在家庭环境相对富裕、家教很严、从小接受良好教育无兄弟姐妹的姐姐显得很冷静，当她面对同

胞妹妹时，她说的竟然是："你是我妹妹吗？要科学鉴定结果我才可以确信。"根据医学研究，同卵双胞胎在个性方面非常相似，由于家庭生活环境和所受教育不同，俩姐妹对待事件的态度截然相反。

3. 群体因素

社会因素往往通过群体来发生作用，因为群体是社会的缩影。群体因素包括一定的信仰、目标、组织形式、规章制度、行为规范、成员与群体的关系等，都是强有力的客观因素。假如，个人出于某种需要与群体建立一定的关系，这样群体就能够对个体施加影响，使他们改变和形成有关的态度。例如，有些人加入基督教组织，就要遵守基督教的教义，要对人和善、对妻子或丈夫忠诚、每天做祷告等。

群体影响力的大小，取决于个人与群体的关系。个人与群体的关系越密切，在群体中的地位越高，其归属感越强，也越容易受群体的影响而形成有关的态度；反之，个人与群体的关系越疏远，群体就越难以对他施加影响。这样，个人会越来越远离该群体，直到最后脱离该群体，加入新的群体，改变原来的态度或形成新的态度。

4. 宣传因素

宣传因素指的是在宣传过程中由宣传者的威信、宣传内容、宣传的方式和方法等结合成的一种客观的说服力，影响被宣传者态度的形成与改变。宣传的效果受宣传者的威信、宣传内容和宣传方式等方面的影响。这一点在态度改变的"信息沟通理论"中已经论述，这里不再赘述。

5. 态度特性因素

态度的特性影响态度的改变，一般认为有以下规律：态度是幼小时形成的不容易改变；已经发展到两个极端的态度不容易改变；态度所涉及的关系比较复杂时不容易改变；已经形成相应的信念，前后一贯性的态度不容易改变；态度中认知、情感和意向 3 个因素完全协调而且稳定的态度不容易改变；不断得到强化的态度不容易改变；与价值观密切相联系的态度不容易改变。①

态度所包含的上述特性越多，它的强度就越大，对行为的支配就越强，改变它也就越不容易。

（二）主观因素

主观因素主要包括自尊心、想象力、性格和气质、需要、性别、智力水平等。

1. 自尊心

自尊心强的人一般对自己的评价会高一些，更相信自己，所以也就较难说服，

---

①林秉贤，《管理心理学》，北京：群众出版社，1986 年版，第 143-144 页。

态度转变就困难一些；自尊心弱的人对自己的评价会低一些，不太相信自己的判断力，所以就比较容易说服，态度比较容易转变。

2. 想象力

想象力丰富的人比较喜欢猜测宣传者的意图，对宣传者将会带来什么奖励或惩罚十分敏感，他们往往对宣传内容不作客观的评价，容易被说服，从而改变自己的态度。

3. 性格和气质

气质主要以其灵活性和可塑性影响态度的形成和改变。例如，灵活性和可塑性较大的多血质者，比较容易改变态度；灵活性和可塑性较差的黏液质和抑郁质就比较不容易改变态度。性格则以其类型特征影响态度的形成和改变。例如，外向型和顺从型性格的人就容易改变态度，内向型和独立型性格的人就难以改变态度。

4. 需要

如果转变态度可以满足本人当时最大的需要，逃避最大的惩罚，获得新知识，发挥自己最大的潜力，这个人就会很容易接受新的态度。如果一个人能明确意识到自己最需要什么，也能够认清态度的转变与个人利益的关系十分密切时，他就会接受新的态度。如果一个人发现转变态度之后，自己不会得到自己所要求得到的利益，他就不容易改变自己的态度。

5. 性别

许多研究资料表明，女子比男子更容易被说服。

6. 智力水平

一般而言，智力水平高的人比智力水平低的人不容易接受宣传说服而改变态度。因为他们知识经验相对丰富，具有更强的判断力，比较善于辨别宣传者所讲的是否真有道理，是否合乎逻辑。

总而言之，态度的形成和改变，是上述各种主客观因素相互作用的结果。其中，客观因素是外因，以社会因素为主；主观因素是内因。外因通过内因发生作用，使态度得以形成或改变。

四、改变社会态度的途径与方法

社会心理学中的态度改变，是指一个人已经形成的态度在接受某一信息或意见的影响后，所引起的相应的变化。改变态度是一项十分复杂的工作，社会态度转变的方法大致有这样几种：说服宣传、活动参与、群体影响。

（一）说服宣传

说服宣传是借助语言、报纸、杂志、广播、电视、电影、广告等各种媒介传播信息，影响人们，使之发生态度转变的方法。这是一种极为常见和广泛使用的方法。这种方法的理论基础就是霍夫兰德态度改变的“信息沟通理论”。

说服宣传有各种方式，如通过交换意见、参观访问、观看电影、电视等方式，都有利于改变人们的偏见和一些不恰当的信念，总的特点就是使人们接收到了新的信息，通过新信息的输入改变人们的态度。大众宣传对改变人们的态度可以达到事半功倍的效果，因为它可以使千百万人在同一时间内接受同一信息，现在已经成为社会刺激的重要工具。当然，个人看电视、电影、广告和收听广播是有一定的选择性的，他往往会在众多的宣传内容和宣传方式中进行选择，如喜欢收看体育类电视节目、看报纸或者听广播等。所以说，大众宣传必须先了解群众的需要、动机、爱好等主观心理状态，以便进行有目的的宣传，达到转变人们态度的目的。

怎样进行说服宣传才能取得良好的效果呢？社会心理学家们做了大量实验，归纳起来有如下几项：

1.注意宣传者的威信

宣传者有无威信，对被宣传者态度的转变与否有很大的关系。哈夫兰特的研究表明，宣传者本身威信高则其宣传的效果好；反之，则其宣传的效果差。也就是说，被宣传者的态度转变与宣传者的威信有直接关系。

一般来说，对劝说宣传有联系的宣传者的个人特征主要有：

(1)专家身份。研究表明，专家的身份足以使宣传者在某些特定的方面所宣传的信息比没有专家身份的人更容易被人接受，更令人信服。

(2)社会身份。指宣传者所具有的社会地位、社会名望、知名度及经验等。事实表明，在一些不属于或不涉及专业性知识内容的问题上，具有较高社会身份的人比社会身份低微的人具有更大的影响和说服力。

(3)吸引力。吸引力大，则易引起他人的好感和愉快的情感体验；吸引力小，则不易使他人产生好感，甚至有可能产生厌烦、不愉快的情感体验。对于宣传者来说，吸引力大则会增加其自身的影响和说服力，改变他人的态度。如广告宣传，对于年轻人关注的产品，宣传代言人，应该选择他们所喜好的球星、影星或体育明星等。百事可乐的代言人选择刘翔就收到了良好的效果。

2.说服宣传要实事求是，即不夸大也不缩小

说服宣传要实事求是，即不夸大，也不缩小。过分夸大事实真相会使人产生怀疑感和不信任感，过分缩小事实又不容易引起人们的充分重视，所以要实事求是。例如，在宣传保健药品时，宣传该药品的功能要适当，不能吹嘘得太神；否则，人们就会不相信它，如果能以医学原理进行说明就更好了；另外，还要注意说明该药品的副作用以及哪些人不适合服用等，这样才能让人们觉得这个宣传很真实，也可信。

3. 说服宣传要讲究宣传方式

(1)说服宣传要晓以利害。美国社会心理学家施肯认为,宣传必须使人们的内心产生压力或威胁感,使他们感觉到只能听从劝告转变态度以消除心理上的负担。也就是说,说服宣传在理智的实事求是的提供了信息之后,还要注意充分说明某事物的利害之处。在这里,有 2 个问题需要注意:

一是如果需要人们立即采取行动转变态度,说服宣传就能引起被宣传者强烈的恐惧心理,使这种恐惧心理转化为一种动机力量,以激发人们迅速改变态度和行为。例如,安全行车、禁止酒后驾车的宣传就要采取强硬的方式,使人们意识到如果不遵守规定会产生什么样的危险后果,可以放映一些图片来给被宣传者留下深刻的印象,这样使被宣传者产生强烈的恐惧情绪体验,从而能够很快转变态度。

二是如果宣传者允许人们在一段较长的时间内实现态度的转变,就不必过分引起人们的恐惧。因为恐惧心理会随着时间的推移而逐渐消失,但人们理智上却是很清楚的,而且理智还会逐渐占上风,使人认识到应该重视它,从而逐渐转变原来的态度。例如,关于吸烟导致癌症的宣传,如果宣传的过分恐惧,反而会使人们产生逆反或抵触心理,所以只能采取渐进的宣传方式,使人理智的认识到吸烟的危害,自觉地改变自己的态度和行为。由此可见,情绪性作用和理智性作用对于态度的转变随问题的性质而有所不同。

心理学研究表明,宣传恐怖程度对人们态度变化呈倒"U"形的关系,如图 5-5 所示。

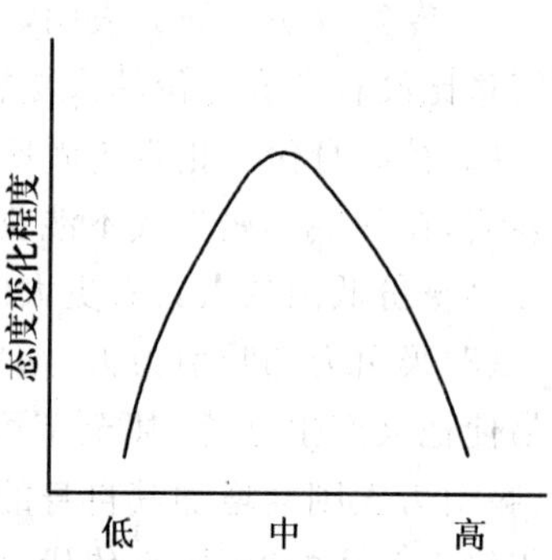

图 5-5 恐怖宣传与态度变化

图 5-5 表明,恐怖的宣传由低等到中等程度时,其态度的变化程度也逐渐增大;但是当恐怖宣传一旦过强之后,态度转变的程度又会降低,表明宣传对象已经在回避信息或者已经产生抵抗情绪。

(2)说服宣传要有针对性,要根据对象的特点有针对性地选择宣传方式。当宣传对象和宣传者所提倡的方向一致时,并且他们在这方面的知识经验不足时,单方面宣传比较合适,即根据目的只宣传好的或只宣传坏的一方面。当人们在这一方面已经具备比较充分的知识经验而且习惯于思考和比较时,双方面宣传可以向他们提供更多的信息,以权衡利弊得失,自己做出选择。一般来说,对于文化程度较低的人,采取单方面宣传效果会好一些,而对于文化程度较高的人,双方面宣传效果就会好一些。例如,如果要劝说一个文盲吸烟者(一般情况下,文盲对医学知识了解较少)戒烟或少抽烟,只告诉他吸烟会给人带来多大的伤害,如肺癌、咽喉癌、妻子和孩子还会因吸了他吐出来的烟雾而生病等;而劝说一个经常吸烟的文化水平较高的人,就要采取双面宣传方式,先告诉他吸烟有时候可能使他感到放松,再告诉他吸烟的危害,让他认识到吸烟弊大于利,从而改变对吸烟的态度。

(3)说服宣传要逐步提出要求。当我们要求人们改变态度时,不要急于求成,追求一步到位。如果要求过高,不但难以改变原来的态度,反而会使人产生抵触情绪,更加坚持原来的态度。所以说,在说服宣传时,应该按情况的不同,采取不同的策略。实验社会心理学研究表明,要转变一个人的态度就必须了解他原来的态度,然后再估计一下原态度和新态度之间的差距。如果两者之间的差距过大,就不要操之过急,以免达不到目的,反而产生反作用。这时要采取逐步提出要求的策略,一步一步地缩小两种态度之间的差距,最后使人们接受新的态度。如果新态度和旧态度之间的差距很小,就可以采取"一步到位"的策略,用较激进的方法,促使人们改变态度。

弗里德曼曾对此做过对比实验。他以家庭主妇为被试,向一组被试先提出一项要求,即要求在她家门口挂一块公益广告牌,待家庭主妇同意后,又提出另一项要求,要求在她家的院子里竖一个架子。对于另一组被试,他的只提出了后一项较大要求。结果表明,先提出一个小要求,再提出较大的要求,容易使人接受;而一开始就提出较大要求,难以让人接受。

(二)活动参与

这种方法是通过引导人们参与态度改变有关的活动来改变态度,也就是我们通常所说的"耳闻不如眼见,眼见不如亲身体验",有时候让人们亲自体验一下,会非常有效地改变他们的态度。在通常情况下,只有所参与的活动与所要改变的态度之间有着密切的联系,或者所参与的活动本身就是需要改变的态度时,这种方法才比较有效。

例如,某领导对下级的工作总是不满意,觉得他们工作做得不够好。这时下属为了改变领导对他们的工作的态度,邀请领导和他们一起下基层去做工作。经过这次亲自体验,领导才体会到"原来基层工作有很多实际困难,他们能做成现在这样已经很不错了"。这样领导对下属工作成绩的态度就会发生很大的转变。在日常生活中,如果有人轻视我们所做的某件事,说"那有什么难的?"或"这么简单的事也做不好",我们就会反驳"你自己去试试看就知道了",实际上也是在运用"参与改变态度"的理论。

(三)群体影响

通过群体的规范对个体所具有的影响也可以有效地改变人们的态度。20 世纪40年代，社会心理学家勒温在这个问题上曾做过一系列的实验。在第二次世界大战期间，由于食物短缺，美国政府当局希望能说服家庭主妇们购买那些一向不受人欢迎的动物内脏如猪心、猪肝等做菜。作为被试的家庭主妇被分为6组，每组13～17人。前面3组家庭主妇听取口齿伶俐的半小时的讲解与劝说，了解动物内脏的味道如何好，营养价值如何高，采用这些内脏当食品对国家的贡献如何大等，还得到了一份烹调内脏的食谱。后面三组家庭主妇并没有听到这些宣传内容，她们只被简单告知，群体规定大家以后要改用动物内脏做菜。一周以后，再进行检查，结果发现，前面3组中仅有3%的人改变了对动物内脏的态度，而后面三组中有32%的人改变了对用动物内脏做菜的态度。这个实验说明，群体规范对群体成员的约束作用有时候比其他方法更能有效地使人们改变自己的态度。

群体的影响来自于群体的规范和准则，这种规范和准则对群体成员具有一种无形的约束力，促使群体中的每个人的一言一行与群体的规范准则保持一致。无论是正式群体还是非正式群体，它所具有的规范准则都具有这种约束力。正因为如此，通过将人们组织成一定的群体，并制定相应的规范准则来影响和约束他们的一言一行，就能够有效地改变他们的态度。

第三节　态度的测量

态度是一种比较持久的人内在的心理活动，无法被肉眼直接观察到，但可以从人们的言语、行动以及其他方面表现出来。所以关于他人态度的了解和认识实际上是通过由外向内的间接推断而获得的。态度的测量即是对人们的外在行为进行观察、记录，并据此进行间接推断的过程。态度测量的方法有很多种，经常使用的有以下几种方法。

一、总加量表法

总加量表法是美国社会心理学家李克特在1932年创立的，也是目前应用最普遍的量表之一。

这种量表的测量方法是，测量每一种态度就用一个特定的态度量表，态度量表是针对某个态度对象而设计的，整个量表示由若干问题组成的，根据被测者对各个问题所做的反应给予分数，以代表这个人对某个事物所持态度的强弱程度。

测量的步骤如下：

第一，针对所要测量的态度设计出大约20个问题。在这里有一个前提，即认为所设计的各个问题的价值大小是相同的。被测者只要对所提的问题表示同意或不同意的程度(如非常同意、同意、无所谓、反对、非常反对)。程度可以分为2等(同意和不同意)、3等(同意、无所谓、不同意),也可以分得更细,如5等、7等,甚至更多。测量一项态度,调查的问题一般最低不少于5个,最多不超过25个。图5-6是关于问题的一个示例。

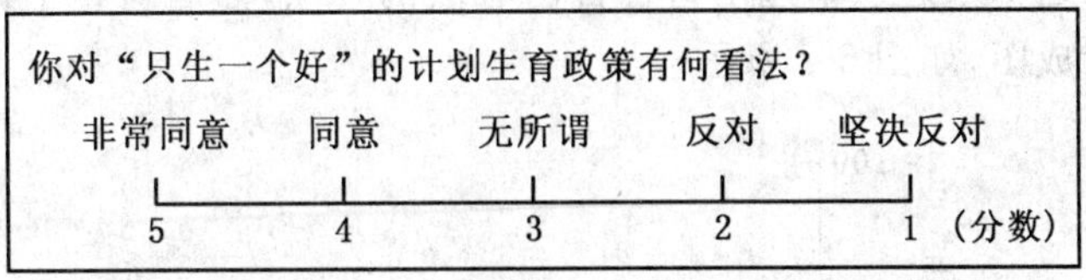

图5-6 利克特量表示例

第二,被测量者进行自我评定。量表设计完后,被测者就可以根据自己的观点在各问题中选择相应的答案。

第三,整理结果。研究者对每个选项给予相应的分数。如果有3个等级,那么最赞成的给3分,中间态度的给2分,反对的给1分。最后将各人的调查量表所得的分数加在一起,就可以代表该人对某个对象的态度,分数越高表示态度肯定的强度越大;分数越低表示态度否定的强度越大。

二、社会距离尺度法

社会距离尺度法是美国社会心理学家布加达斯于1925年设计的方法,又叫群体社会距离尺度法或单维量表法,较多用于测量人们愿意和群体中的其他人保持什么样的关系的态度。

测量的方法是:首先,由研究者先设计包含几个选项的题目,这几个选项能反映出人与人之间不同的社会距离。然后,请被调查者根据自己的实际看法,在相应的选项上打上记号。最后,把一个群体中的所有成员的在态度相差的距离相加统计,制成曲线图,这就是一个群体对某一社会态度的距离分布。用这种方法,不仅可以比较不同的群体对同一事物的态度的距离分布,还可以比较同一群体对几个事物的态度距离分布。

例如,对某一社会成员的社会距离调查表如下:

(1)愿意和他作为知己;

(2)愿意请他参加自己所属的社团活动;

(3)愿意和他做邻居;

(4)愿意和他做同事;

(5)愿意和他保持一定的距离(如一般的交往、见面点头、互相问候等);

(6)愿意和他少来往;

(7)愿意和他绝交。

在测量某一群体对群体中的2个人——甲和乙的社会距离态度时,就可以要求被调查者在这7个选项中选出符合自己看法的一项,然后对整个调查结果进行整理统计并绘成图,如图5-7所示。

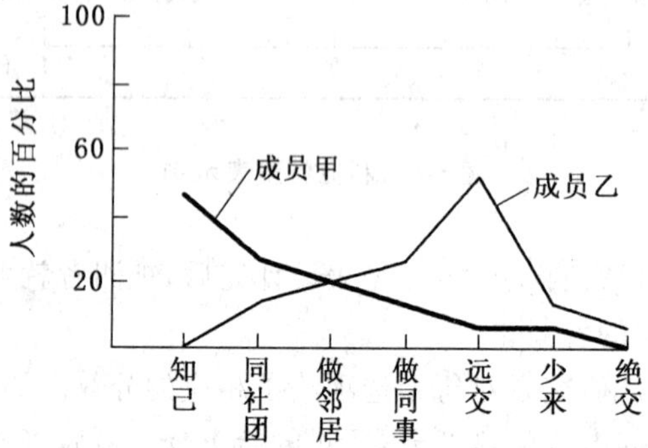

图5-7 同一群体成员对甲、乙2人的社会距离

图5-7中两条曲线表明,愿意和甲成为知己的人占40%以上,愿意和甲绝交的人没有,而没有人愿意和乙成为知己,愿意和他绝交的人却占10%,愿意和他保持一定社会距离的人占到了60%,所以说,在这个群体中,甲比乙受欢迎,即群体对甲的社会距离比对乙的社会距离小。

图5-8是测量两个群体A和B的全体成员对一个人的态度的社会距离比较。

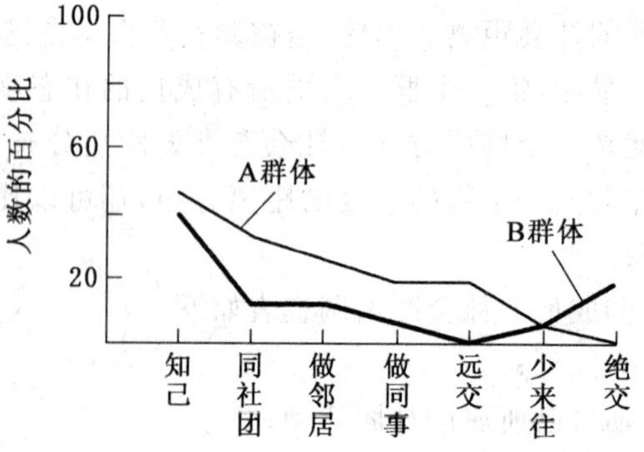

图5-8 A、B两个群体对某个人的社会距离

图 5-8 中两条曲线表明，两个群体比较起来，A 群体更欢迎这个人，B 群体中虽然也有相当数量的人倾向于和这个人交往，但也有少部分人对他持排斥态度。

三、语义分析法

语义分析法与上述 2 种方法不同，它的目的在于分析人们对于特定的对象所给予的意义，即该对象在人们心目中的形象如何，简称为 SP 法，也称“双级形容词分析法”。

1957 年，奥古斯德等人收集了许多对称的形容词（例如，好—坏，认真—马虎等）作为指标，采用－3—0—＋3 共 7 级的尺度的评定形式，通过因素分析把形容词组分为几个因素。他们发现主要因素有三个，即评价因素（如好—坏）、活动因素（如主动—被动）和力量因素（如强—弱）。

具体测量方法是：根据所要测量的态度，由研究者设计出一套测量的尺度。该尺度是一些 7 点的尺度，尺度的两端是成对的形容词，尺度上的每一点均有相应的分数，被测试者只需要根据自己的看法在尺度上选择出能够代表自己看法的那一点，圈画出标记。之后，研究者再把被试所选择的那些点的分数加在一起，就得到一个态度测量的得分。通过这个得分就可以反映出被测试者对于该对象的总的态度。如图 5-9 所示。

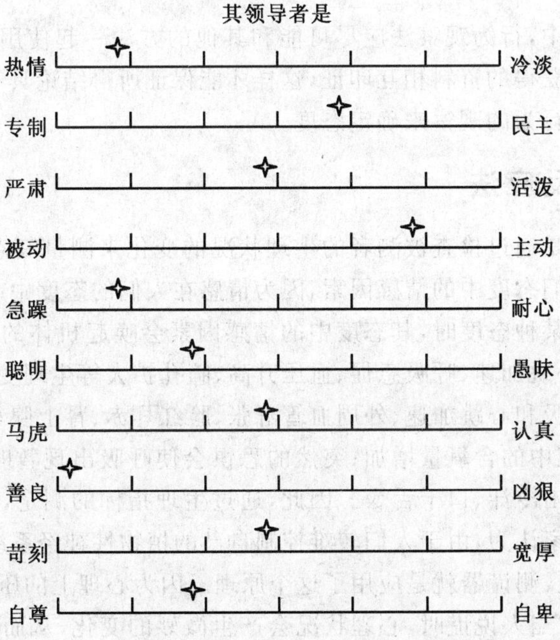

图 5-9 语义分析法量表示例图

（图中标✦号的是被测试者的选择项）

四、投射法

投射法实际上是一种心理测验方法，是间接地了解人们内潜的心理活动的一种方法。投射法通过分析人们对某个刺激物所产生的联想来推测其态度，这种联想是人们内心深处的想象、愿望、要求以及思想方法等无意识地在某个刺激物上的反映。例如，图画测试。一张图画上只有一个女孩的头部，其余部分没有，是不完整的。研究者要求被试在看完图画后，叙述女孩的特征，并编写一个关于这个女孩的故事。在这个过程中，被试会不知不觉地将自己对女孩的态度投射进故事内容之中。研究者根据测验本身的记分标准和记分方法就可以对被试编写的故事进行分析。

五、行为观察法

行为观察法是由库克(S. W. Cook)等人提出的，是通过个体的外在行为表现来推测其内在的态度，因而也是一种间接的方法。例如，在有残疾人参加的讨论中，通过构成其他人所选择的位置与这位残疾人的距离，可以判断他们对这个残疾人的态度。

在实际研究中，行为观察法应尽可能和其他的方法一起使用，避免单独使用。结合多种方法所获得的资料相互印证，这样才能保证所得结论具有一定的可靠性，而不能仅仅根据行为的观察来确定态度。

六、生理反应法

生理反应法是通过检查被测者的生理状况的变化来测量其态度的一种方法，主要用于测量人们态度中的情感因素，因为情感在人们的态度中起着重要的作用。

当人们产生某种态度时，其态度中的情感因素会唤起机体的植物性神经系统的变化，引起如心跳加速、呼吸急促、血压升高、瞳孔扩大等生理变化。如激动的情绪变化会使人呼吸和心跳加速、外周血管舒张、脸红耳赤、肾上腺素分泌增加、血压升高、血糖和血液中的含氧量增加；突然的恐惧会使呼吸出现暂时中断、外周血管收缩、脸色发白、出冷汗、口干舌燥。因此，通过生理指标的测定，就可以推测人们的态度。有些专家认为，由于人们较难控制自己的植物性神经系统，所以这种方法有一定的可靠性。测谎器就是应用了这个原理。因为心理上的压力会导致生理上的种种变化，所以当人说谎时，心理状况会产生微妙的变化，从而引起生理上的变化，通过测量其生理上的变化，就可以判断他是否在说谎。

然而，测谎器只是生理变化的记录仪器，它捕捉到的只是人体内的生理变化，而不能反映外部动作和表情。所以测谎器不是万能的。原因有3个方面:①同其他科学仪器一样,它的效率高低同使用者的技巧有关。有经验的使用者总要事先精密的设计好提问程序。②有些人有控制自己情绪的本领,"处变不惊",所以测谎器对他们的效用就要小得多,甚至发现不了情绪的变化。③由于人们的情绪有很大的不稳定性,它可以受到很多难以估计因素的影响,如同一事物在不同的情境内可能引起不同的态度或情绪反应。所以,即使是测谎技术高超的人,也可能会发生偏差。因此,测谎器所提供的数据只能作为参考,不能作为判断的依据。

以上几种测量态度的方法,以总加量表法、社会距离尺度法和语义分析法最为常用,使用也很简便,直截了当,但它们也有缺点,如真实性、可靠性差,因为人们的态度体系中都有一种"自我防御"机能在发挥作用,害怕自己反映的真实态度不符合社会及其所处的群体规范和准则。因此,用这类方法所获得的资料可能会发生误差,还必须结合被测试对象平时的一贯表现行为,加以综合评定。生理反应法运用起来比较困难,通常用于尝试性的研究。

本章练习

目的:社会态度改变训练

操作:小组活动

步骤:1. 把全体成员以5～7人为单位分成几个小组。

2. 小组成员每人列出一项自己最不喜欢的东西或事情。

3. 小组成员围绕其中一名成员的问题进行设计,以改变其态度为目的并由这名成员最后表达感受。

讨论连接:1. 在活动过程中你发现什么规律,为什么?

2. 人们为什么会经常改变态度?

本章小结

本章主要介绍了3个方面内容。一是社会态度概述。社会态度作为一种复杂的社会心理现象是指一个人对某一特定对象所持有的较为一贯和稳定的评价和行为倾向,它由认知、情感、行为3个要素构成,具有一定的心理功能、社会功能。二是社会态度的形成和改变。介绍了社会态度形成和改变的含义、影响社会态度形成和改变的因素以及改变社会态度的途径与方法。三是态度的测量。主要介绍了总加量表法、社会距离尺度法、语意分析法、投射法、行为观察法、生理反应法等。

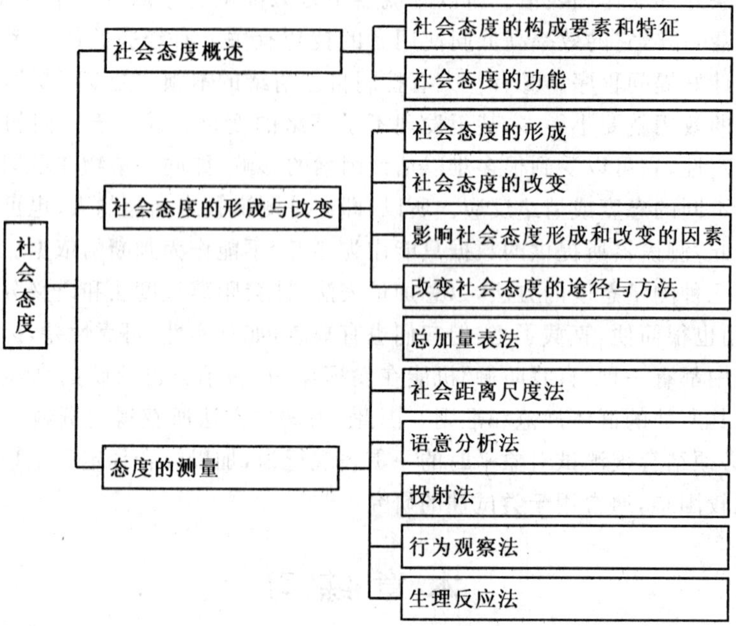

思　考　题

1. 如何理解社会态度？
2. 简述社会态度的构成要素和特征。
3. 社会态度的功能是怎样的？
4. 试述社会态度形成和改变的理论。
5. 社会态度改变的途径方法有哪些？

第六章　人际交往与社会沟通

知识目标

- 了解人际交往的含义和功能。
- 理解人际沟通、人际吸引、人际交往空间的特点和功能。
- 掌握人际吸引、人际关系的影响因素。

技能目标

- 能正确分析影响人际交往的各种因素。
- 能掌握与人交往的技巧。
- 能运用人际交往理论建立良好的人际关系。

自从有了人类社会以来，人际交往便作为人类社会的重要活动方式之一，在社会发展历程中扮演着重要角色。人与人之间的交往与沟通，不仅出自本能的需要，也是适应社会发展、个人进步的必不可少的途径。人不能离开社会而独立存在，生活在一个群体中的个体，势必要同社会进行广泛接触，同他人建立各种各样的联系，相互沟通信息。人际交往和沟通是维护和发展人际关系的纽带，是形成舆论、士气、时尚等社会心理现象的前提，同时，也是个体心理正常发展的必要条件。正是交往的过程才使个体和社会不断地向前发展，因此也成为社会心理学研究的一个重要方面。

第一节　人际交往概述

在正常的生活条件下，每个人都不能脱离开社会群体而独立生活，这不仅是生存的需要，也是心理平衡和精神满足的需要。人际关系之父戴尔·卡耐基曾说过，一个人在事业上的成功，有15％归结于他的专业知识，另外85％归结于他表达思想、领导他人和唤起他人热情的能力。他所说的成功因素比率固然不十分准确，但却足以说明人际关系在现代社会中的重要性，人们之间的交往问题已成为社会心理学研究的重要方面。社会心理学中所说的人际关系既包括像亲属、朋友、同事、同学、上级与下属、商家与客户等比较稳定的人际关系，也包括萍水相逢式的比较短暂的人际关系，注意调整处理好这些关系对个人和社会都是一个很重要的问题。

一、人际交往的含义

人是社会关系的总和，人际交往是人类社会特定的社会现象。从主观方面来讲，人际交往是一种“人类机能”；从客观方面来讲，人际交往又是人的存在方式。社会心理学中所使用的“人际交往”，一般是指社会活动中人与人之间进行信息交流和情感沟通的过程。个人与个人、个人与群体以及群体之间都是通过这样的活动，使自己的种种社会需要得到满足。交往有两个最重要的特征，即“相互作用”与“交流”，这就强调了交往双方的积极性质。因此，交往只有在人类之间才有可能，高等动物只能在低级水平线上进行某些为维持生存需要的信息交往，低等动物的相互接触，就很难使用“交往”这个专有词汇。显然，相互作用（作为物理和心理生理过程），沟通（作为信息的单向或双向联络）和交往（作为个性心理过程）只有在人类社会里才可能根据不同水平与不同形式的交往手段而使用这些不同的概念。

人们在现实生活中，通过各种接触、各种联系发生各种各样的相互关系。这些接触和联系，经常受到各自心理特征的制约，并伴随一定的心理体验与心理反应，满意或不满意，主动或被动等，这种表示人与人之间相互接触与联系的相互关系称作人际交往。在实际生活中，我们每个人每天都在进行着各种各样的人际交往，如家庭成员之间，同学、同事、朋友之间，而常常不为我们注意的单位之间、社会各层面之间的交往也潜移默化地影响着个体之间的交往。

二、人际交往的功能

从人类社会最初开始，人际交往就担负着协调人与人之间的行动和满足个体间心理接触需要的重要作用。人类社会最初的交往体现为劳动过程中的互助与合作，人们通过交往，免除能力的不足和孤独感，从而满足生存需要与归属感。交往是人类的一种需要。积极的友好的人际交往有助于一个人保持健康的心理状态。消极的敌对的社会交往则会破坏一个人的心理平衡，造成心理冲突，严重地将会导致人格变异或是越轨行为。人际交往最基本的作用是传递信息，具体有以下几方面功能。

1. 沟通功能

有人估计，人们除了睡眠以外，约有70％的时间都花在相互交往和信息沟通上。在一般的沟通中，9％以书面的形式，16％以阅读的形式，75％以听取别人或自己说话的方式进行沟通。人类社会进入了电子传播时代，但人际交往的沟通作用仍然非常重要。因为人际交往是一种思想交换的过程，正是这种相互沟通丰富了人的思想，发展了人的思维。现代心理学界已证明，人的素质只有在交往的过程中才能得以改善，人的智力在交往的过程中才能得到健康的发展，人的种种愚昧也是缺乏交往造成的。经验和事实告诉我们，一个人能力的高低，在很大程度上取决于他获得信息的多少以及信息质量的高低，而信息的获得则取决于人际交往能力。

2.协调功能

生活在现实生活中的每一个人，都希望与他人、与自己的群体保持一致，而有效的人际交往可以帮助人们实现这一目的。为了协调共同活动的需要，使社会成员有秩序地生活，避免各种矛盾和冲突，人们制定了一系列群体规范和社会行为准则。对这些规范和准则的认识和理解，需要通过人际交往来实现，这些规范和准则作用的发挥，也必须通过人际交往才能把信息传达给社会中的每个成员，促使人们行为保持一致。当人际之间发生矛盾时，通过交往可以及时地消除误会，缓和矛盾。同时，通过人际交往，能够传播健康的社会思想，促使人们社会行为的规范化，净化不良的社会风气，形成良好的社会心理气氛。

3.心理保健功能

交往是人类最基本的社会需要之一。通过交往，人们可以减少恐惧感和孤独感，增强安全感。心理学家沙赫特在1955年曾设计了一个简单的实验，他选择了两组人：告诉一组说，他们要遭到一次强烈的电击，不会造成伤害。同时又告诉另一组人，他们还要等几分钟才会受到电击，他们可以自己单独等候，也可以和别人在一起等候。结果第一组有63％的人表示他们要和别人一起等候，第二组人中要求这样做的人却只有33％。一旦他们做出选择，实验便告结束，谁也没有受到电击。这个实验表明，人都有归属的需要，通过相互交往，人们可以诉说各自的喜怒哀乐，增进彼此的思想和感情交流，获得情感上的共鸣，保持心理的平衡。人际交往还是人们转移和发泄不良情绪的有效途径。事实表明，“交往剥夺”同“感觉剥夺”一样，给人的心理损害是极其严重的。生活在孤儿院里的孤儿长期过着孤单的生活，得不到正常儿童应有的抚爱刺激，更缺乏良好的交往机会，结果无论是智力还是个性发展都较正常儿童差。

4.心理发展动力功能

由于人与人之间的不断交往，为个体提供了大量的社会性刺激，从而保证了个体社会性意识的形成与发展。婴儿一出生就通过与父母的交往获得生理的和心理的满足。随着年龄的增长，个人交往的范围日益广阔，接受各种社会思想，形成一定的道德体系，逐渐完成了各个年龄阶段的人生发展课题，社会意识由低级向高级迈进，形成健全的人格特征以适应复杂的社会生活。在人际交往的环境下，人们相互学习，相互竞争，个体在与他人的相互比较中发现自己的不足，从而获得自我发展的动力。

第二节 人际沟通

在英文中“沟通”(Communication)这个词也包含了传播、交往、交流的含义，它们在本质上都涉及信息和行为的交流。狭义的人际沟通即人与人之间的信息传递与交流，包括人们在共同的活动中彼此交流各种观念、思想、兴趣、情绪、感情与意向等。广义的沟通则是人类社会的互动。在这里，人们不仅交换思想、观念、知识，而且还交换相互作用的个体的全部社会行动。人际沟通对人际关系的发展至关重要，它是人与人之间增进了解的工具，是人类彼此理解的桥梁。

一、人际沟通的过程和特点

人际沟通是人类社会交往最初和最重要的形式，是人类社会形成的开端。人际沟通的过程就是信息交流的过程，它服从信息传递的一般规律。图 6-1 是信息沟通最一般的模型。

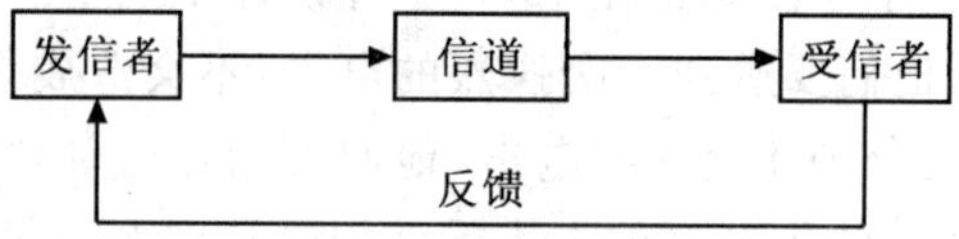

图 6-1 人际沟通过程

无论何种形式的信息沟通，也无论信息沟通的目的及过程如何，都存在着一些基本的因素，人际沟通的过程中有以下 5 个基本要素：发信者、信息、信道、受信者和反馈。

1.发信者

发信者是进行沟通的主体。发信者产生了要沟通的动机，他首先要选定沟通的内容，为了使对方了解所传递的信息，在传递时必须先编码，也就是确定如何把所要沟通的信息翻译成词语、手势或其他信号，如此，才有可能将信息经由适当的沟通渠道传给对方。

2.信息

信息是沟通的内容。人与人之间的沟通如果没有内容，沟通的必要性就不存在了。

3.信道

信道是连接发信者与受信者的通道，是沟通信息的媒介或载体。信息一定要通过一种或数种信息渠道，才能到达接收者。

4.受信者

受信者是信息到达的客体。为了了解对方所传递的信息，信息接收者在收到对方之信息时必须先解码，也就是信息接收者知觉对方所传送到信息，并加以解释及评估的过程。信息为接收者所接收，这是沟通的根本目的，这也是沟通的最终实现。

5.反馈

反馈是信息接受者和信息发送者在信息传递中的角色互换过程。接受者将收到的信息又转发给信息者发送者，发信者因从受信者那里得到的信息而产生是否被接受和理解的反映，这样就形成了一个完整的人际沟通过程。

人际沟通是凭借人这个特殊的生命体来实现的，因此它具有以下几个基本特点：首先，沟通双方均为主体。人际沟通不同于通讯设备之间的简单的信息往复，在这里，沟通双方都是积极的主体，都有一定的目的和意图，在沟通过程中，主客体的关系处在不同的变动之中。其次，人际沟通调整着双方的关系。由于沟通双方同时扮演着发信者和受信者的双重角色，因此，这种沟通可借助符号系统进行相互影响，调整双方的行为，或达成协议，或改变态度，或由于沟通而密切了关系。第三，沟通双方具有大体一致的符号系统。符号是人们用来沟通的工具，可以是语言的，也可以是非语言的，只有同意的符号及意义体系才能保证沟通的相互理解，如果符号体系不一致，便会发生沟通障碍。

二、人际沟通的种类

沟通的种类形式多种多样，可以按照沟通媒介、方向和渠道的不同把沟通分成不同的种类。

1.正式沟通与非正式沟通

根据信息的沟通渠道，可以把沟通分为正式沟通和非正式沟通。正式沟通是指在群体或组织内部，依据一定的组织原则所进行的信息传递与交流。优点是：沟通效果好，比较严肃，约束力强，易于保密，可以使信息保持权威性。缺点是：形式刻板。

非正式沟通是指不受组织监督而自行选择的沟通渠道。优点是：沟通形式灵活，直接明了，速度快，容易及时了解正式沟通难以提供的“内幕新闻”。缺点是：难以控制，信息容易失真曲解，可能导致小群体、小圈子的形成，影响人心稳定和群体的凝聚力。

2. 单向沟通与双向沟通

按照沟通有无反馈，可以把沟通分为单向沟通和双向沟通。单向沟通是指信息发送者背向或者以命令方式面向接受者。优点是：过程简单，心理压力较小，速度快。缺点是：在传递信息时，发送者和接收者之间没有讨论的余地，信息往往不那么准确。沟通方式比较严肃，刻板，在接受者不愿接收意见和任务时，易于产生逆反和抗拒心理。

双向沟通指的是信息的发送者以协商和讨论的姿态面对接受者。优点是：比较灵活、自由，接受者有反馈机会，能产生参与感，增强信心，有利于双方相互理解，形成融洽的人际关系。可以重复讨论，比较准确。缺点是：对信息的传递者有一定的心理压力。双向沟通还要听取反馈意见，有可能在沟通时受干扰，因此传递信息的速度较慢。

3. 横向沟通与纵向沟通

根据沟通的方向，可以把沟通分为横向沟通与纵向沟通。横向沟通指的是在组织中，层级相当的个人及群体之间所进行的信息传递与交流。纵向沟通又可分为上行沟通和下行沟通。上行沟通主要是指群体内部基层人员通过一定的渠道与高层人员所进行的信息交流。有两种表现形式：一是层层传递，即依据一定的组织原则和组织程序逐级向上反映。二是越级反映，指的是减少中间层次，让上级和群体成员进行直接交流。下行沟通主要是指高层人员对基层人员所进行的信息交流。就比较而言，下行沟通比较容易，上级“居高临下”，条件便利；上行沟通则困难些，容易遇到中间梗塞。

4. 书面沟通与口头沟通

根据沟通的媒介，可以把沟通分为书面沟通与口头沟通。书面沟通是指用书面形式所进行的信息传递与交流。优点是：可以长时间保存下来，有一定的严肃性与规范性。书面表达详细，可供接收者仔细阅读，深刻领会。缺点是：时效有限，应变能力差。随着电子信息技术的广泛应用，从书面沟通发展出来一种新的沟通形式，即虚拟沟通，如电子邮件、BBS及许多及时网络聊天工具等，它快速高效，有强大的多媒体功能作为支撑，在很大程度上取代了传统书面沟通的某些功能，甚至削弱了口头沟通的某些功能。尽管互联网等现代科技手段为书面沟通提供了有利条件，但人的情感沟通还需要口头沟通。

口头沟通就是运用口头表达来进行的信息传递与交流。例如，谈话、电话洽谈等。优点是：较为快捷、主动；沟通双方不仅可以面对面进行语言交流，而且可以进行感情交流，提高沟通效果。缺点是：沟通范围有限，尤其是在群体沟通场合，使用起来有困难；由于沟通双方缺乏深思熟虑，考虑问题未必周全，而且口头沟通受表达能力的限制随机性又较强，有时会造成词不达意或传递一些“多余”的信息，影响沟通目标的实现。

三、人际沟通工具

作为信息传递的过程，人际沟通的信息传递必须借助于一定的符号系统才能实现，符号系统是人际沟通的工具。一般把符号系统划分为两类，即语言符号系统和非语言符号系统。

1.语言符号系统

语言是社会约定俗成的符号系统，是人类最重要的交际工具，许多研究说明，借助语言表达沟通信息在意义上损失最小，言语沟通是人类最普遍的沟通形式。语言可分为口头语言和书面语言，即语音符号系统和文字符号系统，以口头语言作为工具的沟通形式称为口头沟通，以书面语言作为工具的沟通形式称为书面沟通。

在间接沟通中，一般采用书面语言。它不受时间和空间的限制，不仅可以帮助个人获得他人的知识经验，而且扩大了人们认识世界的范围。书面语言虽然不及口头言语直截了当，但可以长时间保存，远距离传递，发信者可以字斟句酌，充分考虑和利用词语的恰当性、外延性和隐含意义，以达到更完美的心理效果。在面对面的沟通中，口头语言是最常用的，而且收效最快。口头言语是指有声的自然语言，即语音符号系统。言语是最通用的沟通手段，因为在信息传递中，借助于言语表达的意义最易于被对方接受。

2.非语言符号系统

非言语符号在人类的社会沟通中也起着十分重要的作用。研究表明，在两个人的沟通过程中，语言所传递的信息不到全部信息的35%，65%以上的信息是由非语言符号传递的。目前，大多数学者接受的是三分法：即将非语言行为分为无声的动姿、无声的静姿和有声的辅助语言与类语言。

非语言符号系统中的动态姿势主要包括点头、姿势转换、面部表情、手势、目光接触以及拍打、拥抱等身体接触方式。目光接触可以帮助表明沟通双方对信息的兴趣和理解程度，进而控制、调整沟通者之间的互动。不同国家和地区的人们运用目光接触的方式有所区别，如在中国和日本等东方国家，谈话中总盯着人是十分不礼貌的事。但在中东地区，直愣愣地盯着陌生人是司空见惯的事。手势在人们的社会互动中有很多作用：有时可以代替说话，如聋哑人的交谈；可以用来强调某一问题；有时象征着说话者的情绪状态，给说话者提供缓解紧张的机会等。体态主要是指与沟通有关的手脚肢体活动，由于人们不善于控制细小的肢体动作，它通常能透漏出更多的沟通者的真实意图。面庞是最为常用也最为有效的沟通区域，人的各种情绪主要通过人的面部表情流露出来，尽管一个人可以运用技巧控制面部的非言语信号，但一个人的情绪多少还是会从他的彼此矛盾的非言语表现上泄露出来。触摸是人际沟通的有力方式，经常用来表达某些强烈情感，人在触摸和身体接触时情感体验最为深刻。

静态姿势与运动姿势一样作为非语言的沟通方式，可以用来表达种种不同的信息和内心的情绪状态。一定的姿势通常透露着一定的态度，传达着一定信息。如身体的倾向，当信息传递者倾向于信息接收者时，常被视为对后者怀有正面的态度，也有助于产生亲密感。除了静止的体态，人际距离也是人们表达情感和信息的一种常见手段。人际距离是沟通与交往时，个体身体之间的空间距离。由于文化、民族、社会地位、性别以及环境的不同，人际距离也相应不同。例如，霍尔（E. Hull）把人际距离分为 4 种：亲密距离、个人距离、社交距离和公众距离。

在人们的沟通过程中，辅助语言和类语言起着十分重要的作用。辅助语言包括声音的音调、音量、节奏、变音转调、停顿、沉默等，而类语言则指那些有声而无固定意义的声音，如呻吟、叹息、叫喊、哈欠等。辅助语言可以表达语言本身所不能表达的意思，同时可以使相同的词语表达不同的含义。例如，“你真好”一词，既可以出于赞赏动情地说出来，也可以愤恨地说出来，表达蔑视和气愤。在人们的沟通过程中，通过分析互动者的辅助语言可以了解他们的性别、个性以及社会地位的差别。

四、人际沟通网络

人际沟通往往要有群体背景，群体成员间的沟通模式组合起来形成沟通网络。根据群体组织里正式沟通和非正式沟通的情况，沟通网络又分为正式沟通网络与非正式沟通网络。

1. 正式沟通网络

在正式群体中，成员之间的信息交流与传递的结构称为正式沟通网络。正式沟通网络一般包括 5 种形式：链式、Y 式、圈式、轮式和全通道式。

图 6-1 中假设沟通是在 5 人群体中进行的双向信息沟通，O 代表信息传递者，箭头表示信息传递方向。比较 5 种沟通网络质量的常用指标有：信息传递速度、准确度、接受者接受的信息量以及满意度。研究表明：全通道式的沟通网络，信息的传递速度较快，群体成员的满意度比较高。

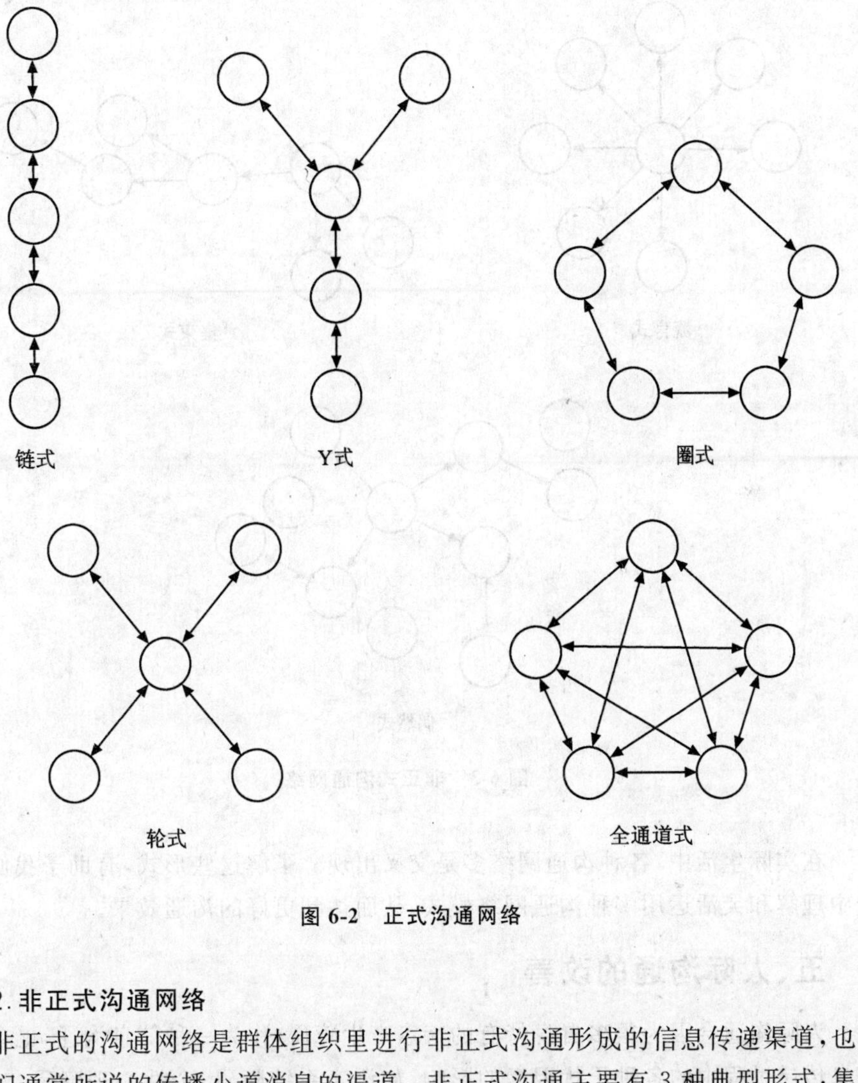

图 6-2　正式沟通网络

2.非正式沟通网络

非正式的沟通网络是群体组织里进行非正式沟通形成的信息传递渠道，也就是我们通常所说的传播小道消息的渠道。非正式沟通主要有 3 种典型形式：集束式、流言式、偶然式。集束式是指将小道信息有选择的告诉相关的人，这也是传播小道消息最普通的形式；流言式是一个人将小道消息传播给所有的人；偶然式是通过偶然的机会传播小道消息给其他的人。

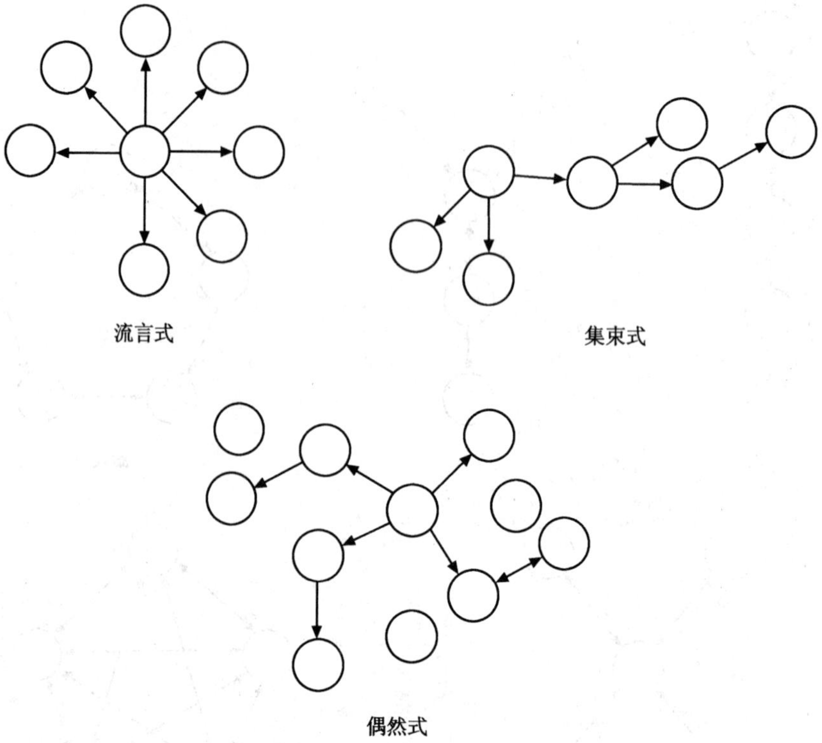

图 6-3 非正式沟通网络

在实际生活中，各种沟通网络多是交叉出现。了解这些形式，有助于我们在实践中理解和灵活运用多种沟通网络模式，从而达到更好的沟通效果。

五、人际沟通的改善

人际沟通会因为很多自身特有的特点产生障碍，作为一种信息沟通，也会受到信息传递过程中的各种干扰因素的影响，如语言系统障碍、个性心理障碍、时空距离障碍、社会文化障碍、组织障碍、沟通方式障碍、环境障碍等，尽管我们有时无法控制生活中一些影响沟通的干扰因素，但是心理学认为，如果掌握人际关系的发生规律和沟通的基本策略，沟通的双方是可以顺利实现思想或信息的交流与传递的。

1. 培养良好个性，提高心理素质

首先，要诚实沟通。诚实、讲信誉是良好的人际沟通的基石，尔虞我诈、钩心斗角是人际沟通的毒瘤。正常的人际沟通的目的是为了达到意见一致和感情融洽，解决人际之间的隔阂，而不是为了加深矛盾。因而，沟通双方在沟通过程中都应抛弃有意防范和自卫心理。第二，要积极沟通。沟通者要学习控制偏激狭隘的情感，要提高思维水平，克服消极的心理因素，以不卑不亢的平和心态与对方沟通。同时，还要养成良好的心理习惯，如注意力集中、情绪镇定、态度平稳、不急不躁等，这样才有利于对信息的理解与接受。第三，要坦荡沟通。沟通不仅要了解对方的不同观点，还应该有肚量听取对方的不同观点，并吸收其中的合理部分。

2. 实施印象管理，树立良好形象

印象管理指个体以一定方式去影响他人对自己的印象。印象管理是一种社交技巧，其常见的策略有：第一，投人所好的策略。外貌的修饰、美好人格特质的养成、符合社会公认标准及社会角色的行为的展现等都属于此项。第二，赞扬的策略。赞扬沟通对象的优点可以提升沟通对象的自我效能感和尊严感，也可帮助对方肯定自我。赞扬应选择对方不肯定但又很在乎的内容进行，向对象表示已经知道他一些明确缺点的同时赞扬他另一方面的优点。第三，服从的策略。服从是一种重要的人际交往资源，在沟通中有时甚至比能力更加有用。服从也有技巧，沟通者在服从沟通对象的意见之前，可以就一些无关紧要的问题发表看法或者针对第三者发表看法，这有助于表达你不是一味服从，是针对沟通对象的。第四，自我揭露的策略。自我揭露除可以让沟通对象更了解自己以外，也传递着信任。被信任对象也会给予回馈，袒露更多有关自己的信息，这样人际沟通进入一个良性循环。自我揭露还能让自己为他人熟悉，有助于建立更紧密的人际关系。

3. 运用聆听技巧，掌握非言语行为

人际沟通是信息传递和信息接受的统一，专注地聆听能显示出对沟通对象以及对沟通问题的重视，这对人际沟通的顺畅进行非常有利。良好的聆听者在聆听时，在非言语行为的各方面都予以配合，流露全神贯注的神情，视线经常投注在对方身上，身体略微倾向沟通对象，全身展现一种轻松、自然、开放的姿态。同时，由于非言语行为比言语行为可以透露出更多沟通者的真实意图，因此与沟通言语一致的非言语行为或者能表达对沟通对象关心、关注的非言语行为有助于人际沟通，相反就会让沟通对象觉得非常不舒服，因而妨碍沟通。

总之，有效的沟通技巧是建立良好人际关系的根本条件，有效沟通的关键在于在沟通中要善于理解对方的观点和态度，真正站在对方的立场上来考虑问题，这绝非容易的事情。所以，人们都应该进行有意识的沟通技巧的学习，以保证与他人的沟通能够顺利完成，从而建立起良好积极的人际关系。

第三节 人际吸引

在人与人的交往过程中，为什么有的人一见如故，而有的人点头之交数十年，仍有“知人知面不知心”之叹，这就是人际吸引的问题。人际吸引是个体与他人之间情感上相互亲密的状态，是人际关系中的一种肯定形式，是人际关系心理结构中的情绪成分。人们之间的这些感情状态，受到社会、经济、政治等因素的深刻影响，还受社会心理因素的影响。根据社会心理学家的实验研究，影响人际吸引的社会心理因素主要有以下几种。

一、外表的吸引性

一个人的长相、穿着、仪态、风度等，会影响到人们彼此之间的吸引，尤其第一次见面时，外表因素占重要地位，甚至会影响到日后的交往。不过随着交往时间的延长，仪表因素的作用会变小，吸引力将逐渐从外表转移到对方内在的道德品质。此外，对于那些与我们自已外表、风度相类似的人，也容易建立起良好的人际关系。因此，我们在实际生活中，应对外表的吸引性引起注意。不修边幅、粗俗不堪的习气是一般人不愿接受的，同时对外表与内涵的差异也不能轻视。例如，漂亮的面容并不等于心地善良和智慧充裕；华丽服饰的“包装”，也许是为掩饰其囊中羞涩；高官厚禄亦非才干超群。外表因素尽管发挥作用的程度不同，但它确实是一个涉及所有个体相互交往过程的重要影响因素。

二、态度的相似性

人们往往喜欢那些和自己相似的人。在个人特性方面，双方若能意识到彼此的相似性，则容易相互吸引，两者越相似则越能相互吸引，产生亲密感。个人特性指年龄、性别、个人社会背景、态度等。在其他信息缺乏的情况下，同年龄、同性别的人比较容易相互吸引。在教育水平、经济收入、籍贯、职业、社会地位、社会价值、资历等方面相似的人们容易相互吸引。社会心理学家柯尔等人研究最好朋友时指出，个人所指出的最好朋友都是同等地位的人，一般说他们在教育水平、经济条件、社会价值等方面都很相似，即所谓门当户对。

在相似性因素中，态度是最主要的因素。例如，政治主张、宗教信仰、对社会上发生重大事件的看法都比较一致的人，在感情上更为融洽，即所谓志同道合。人与人若具有共同的态度与价值观，不但容易获得对方的支持与共鸣，同时也容易预测对方的感情与反应倾向，在相互作用的过程中，彼此容易适应而建立起较密切的人际关系。为什么与我们相类似的人比较具有吸引力呢？一个可能的因素是：类似或相符本身具有一种增强作用。对于与我们态度、价值观念相类似的人，我们与之争辩的机会较少，而且由于获得他们的支持，往往容易加强自信心；态度与价值观念的相类似也使我们得以维持一致和平衡的友谊。从另一个角度讲，与自己态度及价值观念比较类似的人，从感觉上也认为能够比较正确地反应自身的能力、感情和信仰，因而也比较具有吸引力。然而态度的类似性并非单靠一两次的接触就能发现的，通常是在多次的交往联系中，慢慢发现对方与自己的共同点，而由于共同点的发现又促进以后交往的频率，如此循环，使彼此间的较密切关系更加稳固。

三、需求的互补性

需求的互补性是指双方在交往过程中获得互相满足的心理状态。当双方的需要和期望正好成为互补关系时，也会产生强烈的吸引力。互补是相似性的特殊形式，需要的互补、社会角色的互补、人格特征的互补都会增加吸引和喜欢。例如，独立性较强的人，往往喜欢和依赖性较强的人在一起；脾气急躁的人，往往喜欢和脾气沉稳的人相处，从而使双方的关系更为协调，各人的特点正好适合对方的需要，各得其所。

研究表明，互补因素增进人际吸引，经常发生在感情深厚的朋友，特别是在异性朋友或夫妻之间。20 世纪 60 年代美国社会心理学家克克霍夫等人研究了已建立恋爱关系的大学生。结果发现，对短期的伴侣来说，推动吸引的动力主要是相似的价值观念，而驱使长期伴侣发展更密切关系的动力主要是需要的互补。由此，克克霍夫等提出择偶的过滤假说，两个不相识的男女要结成终身相托的婚姻伴侣，必须经过几道过滤关卡：①时空距离的接近；②人身的因素，主要指当事人的社会经济地位、教育水平、信仰等；③态度与观念的相似；④需要的互补。当然，并非所有婚姻都必须经过这样一系列的过滤。

四、情感的相悦性

一个人之所以喜欢另一个人，愿意和他建立良好的人际关系，往往是因为那个人也喜欢这个人；对于那些不喜欢自己的人，当然这个人也不会喜欢对方。特别是一个人迫切需要满足自己内心爱的需要时，就更是如此。双方心理上的接近与相互帮助，可以减少人际间的摩擦事件与心理冲突，这种相互间的赞同与接纳，也是使彼此建立良好人际关系的心理条件。

五、对才华的敬仰

一个人具有某种与众不同的特殊才能，其本身就有一种吸引力，使他人对之发生钦佩感并愿意与他接近。但如果这种才能对别人构成压力，让人感到自己无能和失败时，对吸引力就没有帮助了。研究表明，有才能的人如果犯点“小错误”，会增加他们的吸引力。美国社会心理学家阿伦森曾经安排实验，让每个被试人听4种不同的录音。4种录音的内容不同，但都是智力测验节目，其中2个录音候选人显得很聪明，而且学习成绩与体育课等活动也都很好。另外2个录音的候选人所显示的为中等智力水平，学习成绩及体育活动也一般。录音中的2个候选人(一个是很聪明，另一个是中等智力水平)在谈话快要结束时，不小心各打翻了一杯咖啡，并洒在新衣服上，其他2人没有什么意外事故。实验中的被试者听过4种录音之后，实验者要求他们指出对录音中的候选人的喜欢程度，结果发现最受人喜欢的是那个打翻了咖啡又聪明的人；最不受人欢迎的是那个打翻了咖啡天资中等的人。洒咖啡的简单动作本身显然不具有吸引力，但它却使一个完美的人多了一个惹人喜爱的方面，于是使他更有吸引力。

六、时空上的接近性

时空上的接近往往是使人与人之间彼此熟悉、加深了解的一个客观外在条件。所谓人熟是个宝就是这个道理。时空上的接近往往表现在居住距离的远近和人与人之间相互交往频率2个方面：地理位置接近者，容易自然发生人际交互关系。例如，在教室里座位靠近的同学，在机关里办公位置邻近的同事，以及住宅接近的邻居们，彼此见面的机会多，自然而然就容易建立起较密切的人际关系。距离较远的人，其形成或继续友谊的机会就比较少，俗语“远亲不如近邻”就是形容这种状况。另外，人与人相互交往的次数愈多，则容易具有共同的经验，具有共同的话题，从而建立起较密切的人际关系。尤其是陌生人相处的初期，地理距离的远近与交往的频率，对于能否建立起较密切的人际关系具有决定性的作用。

关于对人际吸引的解释，学者们提出了各种各样的理论。相等理论认为，以最小的代价换取最大的报酬是一般人所追求的行为原则，人与人之间相互吸引的道理也在这里。两个人之间友谊的建立，要看当事者觉得这个友谊的维持是否对双方都有益处来决定，如果双方感到通过友谊可以获得好处，那么这种友谊的存在会使得双方都得到一种心理上的满足而得以继续。如商业行为的合作伙伴关系、在婚姻择偶上“门当户对”都是比较典型的相等理论的体现。得失理论则认为吸引取决于他人对自己的评价。虽然一个人的外表条件及人格特点在决定建立和发展友谊过程中起着重要作用，但不可否认，人的主观意识在人际关系建立过程中起着更加重要的作用。人际间的相互交往的结果，人的自尊与自我意识往往与他人的反应以及他人如何对待自己有关，由于人们所期望于他人的，与他人所给予自己的并不时时事事相吻合，别人对自己的评价有所改变时，更能影响自己喜欢那个人的程度，因此，在所谓的“得”的场合，人们总是对于一个能够提高自己自尊心的人产生更多的好感；而在“失”的情况下，对于经常和自己过意不去的人，会越来越不喜欢他。

第四节　人际交往的空间

在人际交往的过程中，每个人都拥有自己的交际区域，由于这一区域的存在，人们能恰如其分地与他人交往，这就是人际交往空间的问题。所谓人际交往空间是指交往过程中个体与他人在地理空间上保持的距离，也称人际距离。

一、人际交往空间的特点

人际交往空间是一种心理感受和心理距离，它有以下5个特点：

1.私有性

人际空间是属于个人的势力范围，为个人所独有，不容许他人随便侵入，如果有人侵入这一区域，就会使人感到心理紧张和焦虑，随之会做出种种反应以自卫或建立新的交往空间，并产生想方设法恢复自己对这区域所有权的欲望。

2.伸缩性

个体无论与什么人交往，无论环境如何复杂都存在一定的区域，但这个区域的大小又是可伸缩的、可移动的，它随个体的需要、情感和客观环境的变化而随意扩大或缩小。例如，在大街上、在车厢里、在办公室，其交往空间的大小各不相同。

3.依存性

虽然，人际空间具有私有性，但它不是独立存在的。人际空间的存在必须依存在于人际交往过程，离开了人际交往，人际空间就不复存在。

4.隐蔽性

人际交往空间虽然有一定的区域，但它是隐蔽的，看不见的，其界限不像个人的住房或国家的疆界那样轮廓分明。区域的大小是可以移动的，它随主客观条件的变化而变化，而对于区域大小的判断也是相对的。

5.达意性

人际交往空间本身能够表示若干信息，它能告诉人们，交往者与对方之间关系的亲密程度和性质等，可以反映人际关系的现状是增进还是疏远，还可预示其发展变化的趋势。

二、人际交往空间的功能

许多学者认为，人们进行交往时保持一定的距离，具有维持心理平衡、自我防卫、控制刺激强度等功能。

1.维持心理平衡

首先，人际交往空间可以增进舒适。我们都有这样的经验，人们对离得太远或太近的人说话时会觉得不舒服。当人际距离如果远或近得不适当时，人们便会采取补救的办法主动调节人际距离来进行人际交往，以增进舒适感。其次，消除紧张。他人对个人交际空间的侵入会导致人们的心理紧张和焦虑，使之产生不安和不舒服感。因此，保持适当的人际距离，维持个人交往空间的恬静，会消除人们的心理紧张感。生活观察表明，动物间不适当的接近会引起他们互相攻击，在人类也有类似行为发生，若生存环境过分拥挤，交往空间太少，往往会增加心理紧张，引起矛盾。

2.自我防卫

保持一定的个人交往空间也是一种自我防卫和保护的措施，即人们可以通过调整和控制个人交往距离，以对付外来威胁，从而有效地保护自己。当对一个人的身体或自尊心的威胁增大时，个人交往距离也随之扩大。如犯有暴力罪的犯人所拥有的个人交往距离比无暴力犯罪史的犯人要大得多。可以认为，暴力罪犯不但威胁着别人，他们自己也觉得受了威胁，他们因对报复的恐惧而增大了个人交往空间，借以加强对自身的保护。

有研究发现，孩子们在教师办公室这种有轻度威胁感的环境里，如果他们互相熟悉，就会彼此靠拢；如果相互陌生，就会彼此离开。这一现象告诉我们，互相熟悉或陌生影响着人们对人际距离的调整，互相喜欢的人在制造一个防御外来威胁的共同保护区时，不是扩大他们的身体缓冲地带，而是彼此靠拢，缩小其个人交往距离。

3.控制刺激强度

交往双方保持一定空间有利于调节个体从对方身上接受的刺激量的强度。有学者在游乐场里做一现场实验，实验者让一部分同伙穿上礼服，洒上古龙香水，而另一部分同伙则服饰平常，然后观察游人对这两部分同伙的反应。结果表明，那些着意打扮，产生强烈刺激的实验者同伙，使游人对其保持较大的人际距离；而对无强烈刺激的实验者同伙则保持一般的人际距离。

人们可以通过控制人际距离来获得适当的刺激。当人们彼此间距离太近时，对方的面孔、气味、声调和其他方面的刺激就会汹涌地扑来，这些刺激本身并非对方所需要,它会干扰交谈的内容,产生喧宾夺主的效果。在这种场合下,人们就会自觉地调整人际距离,减少冗余信息,使人际交往取得更好的效果。

三、人际交往空间的距离

人际交往空间的距离即人际距离,指的是交往时自己与他人的远近,双方空间的大小可以用双方之间的距离来表明,心理学家霍尔把人际距离分为以下4个等级:亲密距离、私人距离、社会距离和公共距离。

1.亲密距离

亲密距离的近程为0～0.15 m,远程为0.15～0.45 m,前者是安慰、保护、做爱等和他人身体全面交流时的距离。后者的典型行为是耳语。在亲密距离中,交往双方是通过各种感觉通道(视觉、听觉、温觉甚至触觉)同时来交换信息的。一般说来,双方距离越近,彼此可以交换的线索越多。但是这种人际距离常常表现为私下行为,且只有两者达到"亲密无间"的程度时才使用。需要指出的是,处于打架、摔跤的双方,其目的在于战胜和制服对方,虽然距离很近,但不能称为亲密距离。

2.私人距离

私人距离的近程为0.45～0.75 m,远程为0.75～1.2 m。前者是那些相互熟悉、关系友好的人之间使用的,好朋友或一对幸福的伴侣在公开交谈时常使用这一距离。后者是普通朋友和熟人之间使用的。私人距离一般是私人之间在交往时使用的,这种交往较少有身体接触。用这个距离交往,既能体现友好而亲密的气氛,又使人感到气氛融洽很有分寸。

3.社会距离

社会距离的近程为1.2～2 m,远程为2～3.5 m。前者是不相识的个人间在处理商务或其他事务时使用的距离,后者则应用于更为正式的场合,如商务谈判、人事交涉等。以社会距离进行交往的双方,彼此的关系不再是私人性质的,而是一种公开性质的。双方对这种交往大多本着公事公办的态度,这里极少有友谊的感觉甚至连友好的气氛也没有,说话自然而响亮。这是一种较为正式的交往关系。

4.公共距离

公共距离的近程为3.5～7 m,远程为7 m以上。前者是在演讲或讲课时常用的距离。后者是人们在参加重大庆典或迎接重要人物时所使用的人际距离。公共距离常应用于非常正式的交往,常有一些正式的规范控制人际距离。

人际交往的空间不是刚性的,而是可以变化的。许多研究表明,人际交往空间的大小因人而异，即使同一个人的个人交往空间也会因时、因地、因对象的不同而不同。人际交往空间的大小主要取决文化、情境和个体等因素。

第五节 群体中的人际关系

人际关系是人们在共同活动中为寻求满足各种需要而建立起的相互间的心理关系，主要表现为人们心理距离的远近、个体对他人的心理倾向及相应行为等。人际关系实质上也是一种社会关系，它受多种因素的影响，是不断发展、变化的，也是可以测量的。分析掌握群体中的人际关系问题，对管理者协调好群体内人际关系，提高群体效率具有十分有重要的意义。

一、人际关系概述

简单地说，人际关系是人与人在交往中建立的直接的心理上的关系。人际关系的形成包含认知、情感、行为三方面心理因素的作用。其中，认知因素是个体对人际关系状态的了解；情感因素指交往双方在感情上的好恶程度及对交往现状的满意程度；行为因素则是指具体的人际交往行为。在这 3 个因素中，情感因素起主导作用，制约着人际关系的亲疏、深浅及稳定程度，是人际关系的主要特征。

1.人际关系的特点

个体性。人际关系的本质表现在具体个人的互动过程中。在人际关系中，社会角色因素退居到次要地位，而对方是不是自己所喜欢或愿意亲近的人成为主要问题。

直接性。人际关系是在人们直接的甚至是面对面的交往过程中形成的，它反映出他人满足其需要的心理状态，每个人都可以切实地感受到它的存在。没有直接的交往和接触是不会产生人际关系的，而只要建立起某种人际关系，也一定为人们所直接体验到。

情感性。情感因素是人际关系的主要成分。人际间的情感倾向可以归结为两大类：一类是使人们互相接近或吸引的情感，即连属情感；另一类是使人们互相排斥和反对的情感，即分离的情感。在第一种情况下，对方总是自己所希望的、满意的客体，个体有强烈的与其合作或结合的行为倾向。而在第二种情况下，对方则是自己不能被接受的、难以容忍的，甚至是感到厌恶的客体。

2.人际关系建立和发展的阶段

定向阶段。此阶段包括对交往对象的注意、选择，与交往对象进行初步沟通等方面的心理活动。

情感探索阶段。在此阶段,双方探索彼此在哪些方面可建立感情联系。随着双方共和的情感领域的发现,彼此沟通越来越广泛,有一定程度的情感卷入。

情感交流阶段。人际关系发展到这一阶段,双方关系的性质发生重要的变化。双方的信任感、安全感开始建立;彼此沟通的深度有所发展并有较深的情感卷入。此时,双方会提供评价性的反馈信息,进行真诚的赞许或批评。

稳定交往阶段。此阶段中,彼此在心理相容性方面进一步拓展,已允许对方进入自己的私密性领域,自我暴露广泛而深刻。

3.人际关系建立和发展的原则

相互性原则。人际关系的基础是彼此间的相互重视与支持。任何个体都不会无缘无故地接纳他人。相互性是喜欢的前提,我们喜欢那些也喜欢我们的人。人际交往中的接近与疏远、喜欢与不喜欢是相互的。

交换性原则。人际交往是一个社会交换过程。交换的原则是个体期待人际交往对自己是有价值的,即在交往过程中的得大于失,至少等于失。人际交往是双方根据自己的价值观进行选择的结果。

自我价值保护原则。自我价值是个体对自身价值的意识与评价。自我价值保护是一种自我支持倾向的心理活动,其目的是防止自我价值受到否定和贬低。由于自我价值是通过他人评价而确立的,个体对他人评价极其敏感。对肯定自我价值的他人,个体对其认同和接纳,并反投以肯定与支持,而对否定自我价值的他人则予以疏离,此时可能激活个体的自我价值保护动机。

二、组织管理体系中人际关系的类型

在组织管理体系中人们之间有正式关系,也有非正式关系。正式关系是由组织结构系统的职能地位明确规定的,因此也称为职务上的关系。而非正式的关系往往以个人之间感情因素为基础。

1.职务关系

组织管理系统中的职务关系,从垂直来看可以划分为以下几种类型:

不同层次正职与正职的关系。例如,工厂里厂长与车间主任、大学里校长与院长、院长与系主任的关系等。这种关系是管理系统的组织骨架,它可以保证上级指示的基本内容贯彻执行到每一个人,同是也保障了把执行的情况反馈到上级领导部门。由于各级正职具有领导本部门的法定权力,在他们之间建立良好的职务关系对整个组织系统的有效运转起着主导作用。

同一部门正职与副职的关系。在管理系统中这种关系是对各级正职的补充,并起着辅助的作用，副职对正职来说不仅是下级，而且还是顾问和助手，在各级正职之间命令和服从的原则占支配地位，而在正职与副职之间的关系中，命令与服从尽管也起重要作用，但更主要的协商、讨论，共同做出决策。

各级职能人员的关系是指上级职能部门的负责人与下级职能部门的负责人的关系。这种关系中命令与服从不起主要作用，上级职能部门对下级职能部门进行业务指导，提出建议，通报信息。因此，他们的关系不是领导关系，而是指导关系。

此外，从水平方向上来分析管理系统的职务关系还有上级职能部门负责人与组织正职的关系，组织中同级职能人员之间的关系等。

2.个人间的关系

管理系统中的人与人之间的关系是职务关系与个人关系的结合，两种关系相互渗透、相互交叉。一个领导人要求下级执行某项任务，如果他们个人关系融洽，下级会心情愉快地执行任务。如果关系紧张，下级就会拖延执行任务，甚至找出种种借口拒绝接受任务。这种情况在日常工作中是常见的，同时也表明了个人关系在管理系统中的重要性。

管理系统中个人之间的关系，可以表现在认知、情绪、意志和道德规范等方面。认知主要是指社会认知，这种认知主要受知觉者本人主观态度的影响，领导者不能只是按自己的标准来评价下级，在对某人评价与其自身的评价有分歧时，要充分考虑下级的自我评价，这样才能形成融洽的人际关系。在相互认知的基础上，人们会产生彼此之间的好感或反感，进而产生心理上的相互接近或排斥，这种情绪方面的关系表现，可能建立在利己的基础上，也可能建立在利他的基础上。在管理系统中要特别防止建立在利己基础上的上下级关系，社会上存在的欺上瞒下、阿谀奉承、吹吹拍拍等现象，都是由利己的交往动机决定的。

3.管理系统中的交往圈子

管理系统中领导者的交往圈子可以分为两类：公务交往和日常生活交往。在这两类交往圈子中，人们的交往圈子是很灵活的。一个下级可以参加上级的公务交往圈子，也可以参加他日常生活的交往圈子。一个领导人可能与部分人形成他公务的交往圈子，而与另一部分人形成他生活的交往圈子。领导者如果只重视日常生活的交往圈子，会使他脱离自己所领导的群体；如果只重视公务交往圈子则会使他思想狭窄、精神生活贫乏。

一个新上任的领导者面临的一个重要问题是过去形成的交往圈子还没消失，而新的交往圈子又没有建立起来。为了填补交往的空白，领导者可能要加速建立自己的公务交往圈子，在某些情况下还会依靠过去的交往圈子并进行适当的改造，在一些情况下甚至不得不对人员进行较大的调整。但领导者在建立自己的公务交往圈子时必须慎重,因为对前任领导不满的人会集聚在新领导者的周围,群体会分裂为对立的两部分。

三、群体中人际关系的测量

人际关系的测量一直是社会心理学关注的课题,特别是对了解群体中的人际关系,有着十分重要的现实意义。它不仅反映人际之间的关系,也反映群体的凝聚力和群体的工作效率。美国心理学家莫里诺(J. L. Moreno)曾经首创研究小型群体中个人与其他成员关系的方法——社会测量法。莫里诺的社会测量法程序比较简单:实验者首先设置一种情境,让群体中所有个体按自己的愿望,选择或拒绝自己的工作或游戏伙伴,然后分析彼此间吸引与排拒的心理关系,并构成社交关系图。这种社交关系图,有助于了解个体在群体中的社会地位、适应性、领导能力以及成员彼此间吸引或排斥的心理。另外,群体的特性,诸如群体构造、群体的分化、隔层化、群体的领导作风(民主或专制)、群体的凝结性、对外压力的抵抗、气氛的高低等,也可以从其社交关系图中看出来。

社会测量的程序首先是确定标准,即指出群体成员彼此选择的问题,例如,"你愿意与谁在一起工作","你认为谁最适合当领导"等。标准有强弱之分,强标准对受训者有重要意义,并且长时间起作用,如"你愿意和谁一起工作"就是强标准,它关系到选择什么人长期共事。弱标准是短期内的选择,起作用的时间很短,如"你愿意和谁一起去出差或旅游"。其次是选择数量,受试者的选择可不受数量限制,也可以规定选择的人数。无论哪一种都要规定选择的顺序:第一选谁,第二选谁,最后选谁。再次是实验的准备,主试者要了解受试者的情况,与他们建立合作融洽的关系。

测量结果可以用人际关系矩阵表来表示,也可以用人际关系结构图来表示。人际关系矩阵是一种标识人际关系状况的行列表,是根据群体中总人数而制成的 $n\times n$ 的行列表,表内记入成员的选择关系和排斥关系,最喜欢的记 3 分,其次 2 分,再次 1 分。同样,不喜欢的依据程度记－3 分、－2 分、－1 分。从表 6-1 中可以清楚地知道群体中诸如人际关系、群体气氛等方面的人际关系状况。如在表 6-1 所示的结果中,我们可以清楚地看到,A 被人喜欢的人最多,F 最不受人喜欢。把各项加以综合,还可以反映每个人的总的好恶情况。

表 6-1 人际关系矩阵表

选择者	A	B	C	D	E	F
A		3	2	1	−1	−2
B	3		2	1		−2
C	2	1		−2	3	−1
D	2	−1	1		3	−2
E	3	2	−1	1		−3
F	1	−1	2	−2	−3	
分类合计	+11	+6/−2	+7/−1	+3/−4	+6/−4	−10
总数	11	4	6	−1	2	−10

把彼此间喜欢和不喜欢的关系用图来表示，称为人际关系图。图 6-4 中小圆圈内的字母代表成员的代号，实线表示友好关系，虚线表示否定关系，箭头表示方向。如图 6-4 所示。人际关系结构图把群体内人际关系状况反映得一清二楚。运用社会测量法可以了解群体内 3 个方面的问题：群体中最受欢迎的人，有无非正式小群体，非正式群体中的领袖人物，谁的人缘好，谁最受孤立等。社会测量法广泛地应用于工厂、机关、学校等群体，可以为领导者调整人事关系和选拔人才时参考。

社会心理学家塔旧里(R. Tagiuri)曾就莫里诺的社交测量法加以扩大，添上主观判断的项目，以进一步分析人际关系，称为关系分析。他以面对面的一个小的群体成员为对象，要他们回答下列 4 种项目：①举出你所喜欢的人；②举出你认为喜欢你的人；③推测群体中谁喜欢谁；④推测群体中谁被谁所喜欢。

结果发现对于第二项目(我认为某某人喜欢我)，判断正确的人较多，而对于第三项目“谁喜欢谁”的判断，往往并不一定正确。另外，能正确推测“谁喜欢谁”的人，也不一定能正确地估计“谁喜欢我”。此外，在人际关系中有相互适应的知觉现象，即由于自己喜欢他，所以也认为他喜欢我。在群体内，人缘好者，适应他的人超过了他本人的估计数；而人缘不好者，适应他的人则低于本人的估计数；中等人缘者，自己的估计数较为准确。各人都有夸大估计自己所选择的对象人缘好的倾向，认为自己所选择的对象，别人也都会选他。我们在日常生活与人交往中，假如没有被某某人所喜欢及接纳的客观事实，我们就不太可能有“某某人喜欢我”的主观认知。人际关系的测量除了社会测量法外，还有行为测量法、动机选择法、两步测量法等。

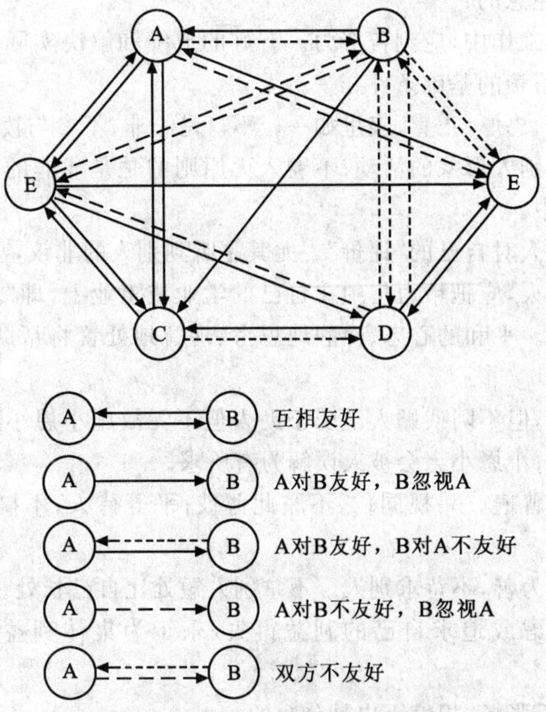

图 6-4 社会测量人际关系图

四、改善群体中人际关系的途径

改善群体中的人际关系应从管理者和被管理者两个方面入手。对管理者来说，首先，要建立一个作风正派、办事公道、密切联系群众的领导班子。其次，领导者要做好群众细致的思想工作。思想工作是群体建立良好人际关系的重要手段。再次，要创造有利的群体环境和交往氛围，促进成员间的交往，一方面要让成员了解群体的目标，鼓励大家创造出一种团结协作的气氛。另一方面要加强成员之间的信息和感情交流，也可以组织必要的文娱活动，增加相互之间的了解。

对于群体成员来说，应自觉加强修养，与他人发展良好的人际关系。首先，要树立正确的世界观和人生观，对集体、他人和人与人之间的关系有正确的认识。其次，要注意自身的性格锻炼。此外，还要注意提高自身的交往技巧，交往是一门学问，需要自觉地学习和锻炼。那么，怎样才能使自己在群体中具有较好的威信呢？

以下几点是应该注意的：

(1)在学习或工作中，应刻苦努力。有好的成绩和解决实际问题的能力，这是取得别人好感和信赖的基础条件之一。

(2)为人诚实、忠厚、正直、表里如一。不口是心非；不参与拨弄是非、制造传播“小道消息”、损害别人形象的活动；不卷入无原则的是是非非的争吵；不陷入人际矛盾的“漩涡”之中。

(3)不计较别人对自己的“评价”。尤其是听到别人的非议，甚至与事实有出入时，也不必大动肝火，应把精力集中在自己的学业或事业上，即“不管天晴亦阴雨，吾心坦然工于事”。平和的心态、冷静地思考、理智地处置将帮助我们逐去头上的阴霾。

(4)乐于助人，但不阿谀媚人。乐于助人但不无故施小恩小惠于他人，因为媚人，易为人所轻视；小恩小惠会被人误解为有所求。

(5)团结人要普遍。一视同仁，不厚此薄彼；平等待人，不搞人身依附或拉拉扯扯。

(6)坚持与人为善，不苛求别人。不拿别人短处比自己长处。

(7)不过多考虑或追求自己的利益得失，乐于为集体利益奉献并做必要的牺牲。

(8)不表白、不张扬，相信历史是公允的。

(9)胸怀宽广。绝不对过去某个同学或同事的失误或“失礼”而无法释怀。过去的事就让它过去，着眼于明天、着眼于未来，化消极因素为积极因素。切莫加深或激化矛盾，形成尖锐的对立面。

(10)注意掌握良好的为人处世方法。热情而不虚伪，精明而不圆滑，坚持原则而又不乏必要的灵活。

本章小结

本章从5个方面分析了人际交往与社会沟通的特点和过程。人际交往有利于信息的沟通、矛盾和冲突的协调，是心理健康和心理发展的动力。人际沟通是人类社会借助于各种符号系统进行交往的最初和最重要的形式，当语言系统、心理因素、空间距离、中间环节以及沟通方式等任何一个环节出现问题时，都会成为人际沟通的障碍。外表的吸引、态度的相似、需求的互补、情感的相悦、对才华的敬仰以及时空上的接近都会引起人际之间的吸引。文化因素、情境因素、个体因素影响人际交往空间距离的同时也影响着人际交往。本章最后把人际交往和沟通的一般原理应用于群体中人际关系的研究，提出从管理者和被管理者两个方面改善人际关系的途径。

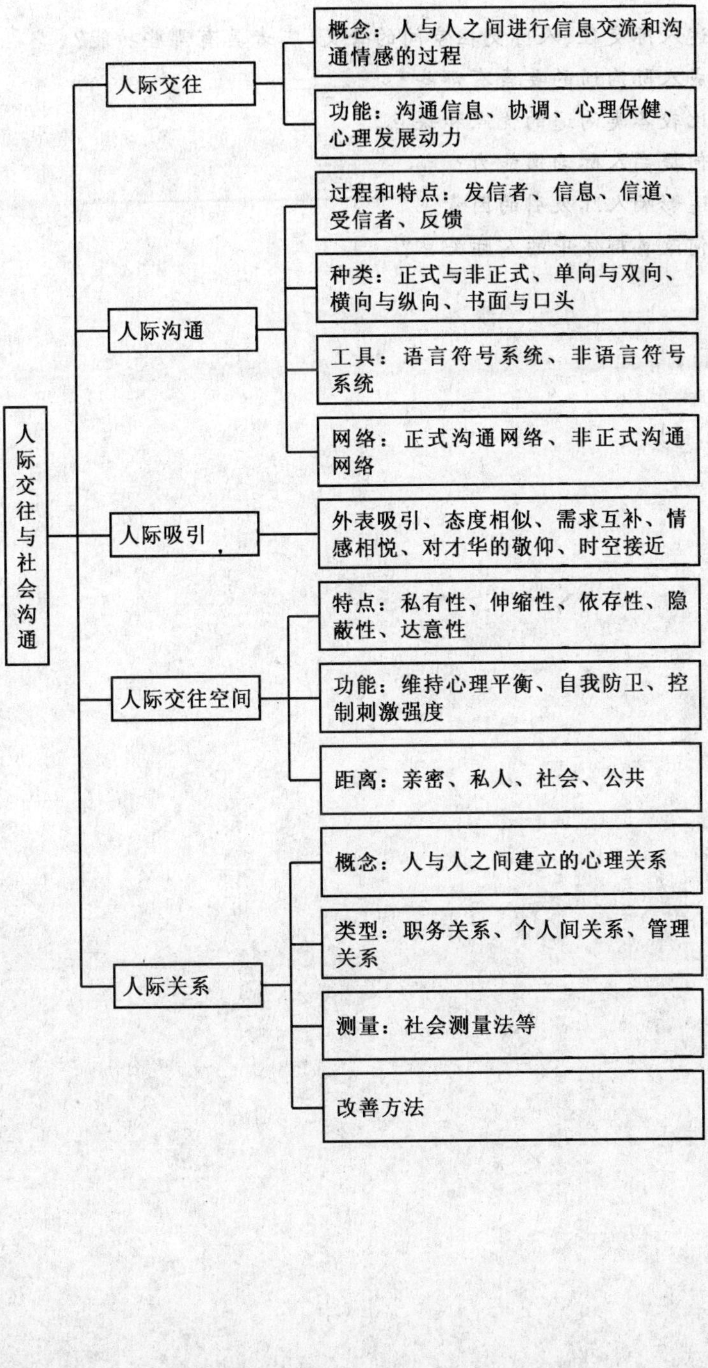

思考题

1. 简述人际交往、人际交往空间的含义，二者具有哪些功能？
2. 组成人际沟通的要素有哪些？
3. 试比较各类沟通的优点和缺点。
4. 如何提高人际沟通能力？
5. 简述影响人际吸引的因素。
6. 如何改善群体中的人际关系？

第七章　群体心理与社会互动

知识目标

- 了解群体的含义、特征及其分类。
- 理解群体、群体规范的功能。
- 掌握个体行为受群体影响特性。

技能目标

- 能够辨别不同的群体类型。
- 会运用群体决策的理论和策略方法解决实际问题。
- 能够根据群体规范、群体凝聚力、群体压力的理论知识分析实际问题。

我们常常看到大雁结队而行，草原上的狼集群而居，而人也是一样，总是要生活在一定的群体中。群体对个体的心理和行为会产生怎样的影响？让我们来看一个案例：美国第35届总统约翰·F·肯尼迪曾因是否继续执行艾森豪威尔政府入侵巴拿马的计划而召集了他的智囊团（这个智囊团曾为他在总统竞选中击败尼克松而成为“最棒、最耀眼的一群”）。他们就该议题提出了许多专业意见。长时间的深思熟虑后，他们决定采取行动。一批1 400个流亡分子组成的部队入侵了古巴的猪湾。结果，所有的入侵者几乎全被歼灭或俘虏，同时也激起了拉美国家对于美国入侵他们邻国的愤怒。事后，肯尼迪总统自问：“为什么我们会如此愚蠢？”在这个案例中，一群专家却犯了惊人的错误。我们或许要问：“如果仅肯尼迪一个人决策，结果是不是要好些。”也就是说，群体决策和个人决策究竟孰好孰坏？本章我们通过探讨群体含义、群体类型及群体功能，群体规范、群体凝聚力的作用以及群体对个体行为的影响等知识，来认识群体心理对个人行为的影响，使学生能够辨别不同的群体类型，会运用群体决策的理论和策略方法解决实际问题，能够根据群体规范、群体凝聚力、群体压力的理论知识分析实际问题。

第一节 社会群体概述和社会互动

人是喜欢群居的具有社会性的动物。人的一切活动都需要在社会中进行，人除了具有自然属性外，还具有社会属性。在社会生活中，人总是作为群体的成员而存在，总是属于一定的群体，如家庭、学校、工作单位、民族、政党、宗教团体、艺术团体等。社会就是由通过个人组成的群体构成的。群体既作为人生活的基本单位，又成为社会的重要结构要素，因而连接了人与社会，成为人与社会的桥梁。每一个群体都对个体的行为和心理发生明显的或潜在的影响；反过来，个体的行为和心理也会影响自己所属的群体。群体是个体的价值、态度及生活方式的主要来源，个体在群体中互动，维持了群体的活力，发展了群体的规范，巩固了群体的结构。群体虽由个体集合而产生，但群体心理是动态的有机的构成，决非是个体心理的简单相加，它是社会心理学的又一个层次。在本章中，我们要讨论群体心理以及在群体环境下的个人行为。

一、社会群体概述

(一)群体的含义和特征

群体是社会学、社会心理学等学科的研究主题之一，不同学科领域的不同学者都会从自己的角度出发，对群体做出不同的解释。在社会心理学的研究中，群体是一个专门的学术术语。群体的概念涉及多个个体在一起的活动，但一个群体不同于个体的简单集合，商店里购物的人群，公共汽车上的乘客都不是社会心理学意义上的群体。那么，什么是群体呢？实际上群体概念的使用是非常广泛的，有人指出凡是按照某种特征而划分出来的人们的共同体，都可以说是群体[①]。所以群体可以是现实存在的、固定的，如家庭、班级、学校、各类组织等。群体也可以是临时的，由于特殊原因短暂结合在一起，如几个人同乘一辆缆车上山，由于意外事故，车被困在半山腰，在这突如其来的情况下，本来素不相识的人组成暂时性的群体，有的人出主意，有的人修机器，有的人向外呼喊求救。这些本无任何关联的人，为了共同目的，彼此互动起来。他们平安脱险后，互动即告结束，在一个十分短暂的时间内，几位陌生人形成了一个临时群体。

关于群体的定义，20 世纪 60 年代芝加哥学派的 E·W 伯吉斯在《人格和社会群体》一书中，将群体定义为“若干互动的具有特定人格的个体的集合”。纽科姆则

①孙晔、李沂等，《社会心理学》，北京：科学出版社，1987 年，第 350-351 页。

族、氏族、亲戚等具体形式。血缘群体历史最为悠久，家庭作为血缘群体的典型，是社会中最普遍、最基本、最特殊的初级群体，对人的成长影响最大。基于成员间空间或地理位置关系而形成的群体叫地缘群体，包括邻里、乡里、社区等具体形式。这类群体的出现比血缘群体要晚。比较稳定的、牢固的地缘群体是人类采取定居形式后的产物。基于成员间劳动与职业的联系而形成的群体叫业缘群体。包括各种各样的社会经济组织、政治组织和文化艺术组织等具体形式。这类群体的出现是生产力日益发展、社会分工越来越细、阶级社会逐步产生的结果。趣缘群体是由于人们的兴趣相投而结成的群体，既包括儿童的游戏群体，也包括成人的娱乐群体、俱乐部、兴趣小组等。这是人们为了满足各种精神需要而结成的各种群体。志缘群体是由于人们的志向或信仰相同而结成的群体，如政党、宗教团体等。

5.小群体和大群体

小群体和大群体是根据群体的规模划分的。小群体是指相对稳定、人数不多，为共同目标而结合起来的，成员之间具有直接的面对面的互动的群体。群体的大小是相对的，社会心理学对群体大小的划分提出了一个标准，这就是群体成员之间是否有直接的面对面的接触和联系，凡是有直接的面对面的接触的就是小群体，如家庭、工作小组、班级等，小群体一直是社会心理学十分感兴趣的课题。大群体是指群体成员之间以间接方式相联系的群体，可以进一步分为不同形式和不同层次的群体，如国家、民族、阶级、阶层、职业群体、社区群体等，可以作为社会心理学专门研究的对象。

6.“面对面”群体和“虚拟”群体①

“面对面”群体和“虚拟”群体由于因特网和其他远程通讯技术的普及事业，导致了许多新型的在线群体的出现。这类在线群体有诸如主旨在于信息交换的群体，围绕共同兴趣和当前热门话题的论坛，为遇到困难的个体提供热线支持的群体。如通过网络联系的球迷俱乐部和球迷协会，网络互动游戏群体等。这些群体往往在空间上存在一定的距离，主要通过通讯技术和网络进行沟通和互动。这种“虚拟群体”既具有传统“面对面群体”的一些特点，如互动合作，也具有一些“听众”的特点，如匿名和物理距离等。许多时候“虚拟群体”的成员可以相互之间从未见面，但并不阻碍他们之间的良好合作和友谊。近年来，社会心理学家们正在兴起对这种基于计算机技术的社会群体的研究。

此外，还有外群体与内群体、先赋群体和后致群体、实体群体和统计群体、松散群体和联合群体等之分。我们可以根据实际情况采用不同的分类方法。

---

①吴江霖、戴健林、陈卫旗等，《社会心理学》，广州：广东高等教育出版社，2004年，第216页。

（三）群体的功能

群体上介于个人和社会之间的人群集合体，因此群体的功能，可以用一句话来概括：群体是个人与社会的中介。以下分别从社会群体对于个体、对于社会的贡献2个方面来解释。

1.从社会成员个体的角度而言，群体主要有2个功能

第一，群体能够满足成员个体的基本需要。作为群体成员交流感情、发挥个性和开展活动的场所，群体能够满足人的群居的需要、安全的需要、爱的需要、自尊的需要、自我表现的需要、谋生的需要等。群体所具有的一致行动的能力，能使个人通过实现群体目标获得自己单独无法取得的更大利益。如家庭初级群体可满足人的生理需要、感情需要；企业组织能满足人的生存、发展需要。

第二，群体是个人进行社会化的全部的、唯一的途径。无论是初级群体还是次级群体，都对一个人从生物人转变为社会人，适应并承担社会角色发挥重要的作用。初级群体承担着重要的社会化的任务。个体的社会化内容有很大一部分是在初级群体中进行的。特别是在未成年期，基本的社会化场所就是初级社会群体。家庭的教育、邻里伙伴的影响，对于一个人适应社会的行为方式、价值观念以及个性的形成，有着深远、持久的作用。次级群体对人们的行为及心理活动也有重要的影响。事实上，每个人在成长的很早时期就进入了一定的次级群体，就承担起了一定的初级群体范围以外的社会角色。在现代社会中，这种作用尤为明显，像学校的教育、各种职业的培训等，对一个人胜任社会角色，培养起合格社会成员必备的知识和技能有重要的作用。

2.从社会角度而言，群体主要有3个功能

第一，群体是社会存在的标志。个体的人通过组成群体而构成社会，因此，从某种意义上而言，是群体构成了社会，而非个体的人直接构成了社会，群体的形成是社会存在的标志。

第二，群体发挥了维系社会秩序的作用。作为基本的社会生活组合形式、社会群体一般不会随着个别成员的退出和死亡而消失，其活动持续下去，就是在传递着某着规范和价值准则，从而起到积累和延续社会价值规范的作用。不但如此，群体还通过把社会的伦理道德、风俗习惯等内化为社会成员的行为规范和角色内容，从而发挥社会控制效力，维护社会秩序。

第三，群体能够促进社会的发展。作为初级群体的典型，家庭的幸福和美满是促进社会稳定和发展的前提。次级群体主要通过有效地发挥其独特的政治、经济、文化等功能传承文化，推动社会的发展。还有，群体功能的分化促成了社会结构的分化。社会群体的演进，反映了社会结构由简单到复杂、由单一到多样、由集中到分散的分化过程。它的分化必然引起原有社会结构形式的变化。比较典型的例子是在社会结构演进过程中,家庭群体起到的独特意义。最初,家庭及婚姻生活、养育儿女、赡养老人、教育、经济、宗教、政治等功能于一身。随着社会的发展,家庭的功能日渐趋于纯化,它在满足人的生理、感情、养育、消费等功能加强了,而其他功能则分给了社会上的教育组织、生产组织、政治组织、宗教团体等,因而促进了次级群体的发展,加剧了社会结构的分化。

二、社会互动

互动的本质暗含"相倚"①,指在各种社会情境中,一方的反应如何取决于另一方的行动和言语。在考察社会互动问题时,要讨论 3 个问题:①个人的反应程度在多大程度上是由他自己的计划决定的?②这些反应在多大程度上取决于他人的反应?③这些反应在多大程度上基于上述二者的真正结合?根据这些考虑,从 4 种不同相倚角度认识社会互动的本质。

1.假相倚

假相倚情境特征是,每个草原站主要是对自己的计划做出反应;他的反应很少取决于他人的反应。例如,2 个陌生人相遇并开始讨论天气,他们就是在进行着一种假相倚的互动,这种互动能使双方建立起良好的关系以便于后来进入真正的相倚性互动。各种迎来送往的场面充满了许多有益而无害的仪式因素,这种仪式因素有助于处理这些场合所产生的某些互动问题。

2.非对称性相倚

非对称性相倚主要指有些人以他人的反应作为自己行为的根据,但是这些他人却主要以非相倚的方式对自己的计划做出反应。如社会暗示、模仿与感染就是非对称性社会互动的 3 种主要形式。②

3.反应性相倚

反应性相倚与非对称性相倚相反。从某种意义上说是纯粹的相倚。在这种相倚中,人们带入情境的计划受到了忽视,人们只对其他人正在说的或做的事情做出反应,③如球场中球迷骚乱事件就是很好的证明。

4.彼此相倚

彼此相倚是一种正式的社会互动情境。在这种情境中,参与者以有力的方式

①克特·W·巴克[美国],《社会心理学》,天津:南开大学出版社,1987 年版,第 76 页。

②吴建平主编,《社会心理学》,北京:中国农业大学出版社,2005 年,第 222 页。

③克特·W·巴克[美国],《社会心理学》,天津:南开大学出版社,1987 年,第 79 页。

对别人做出反应，但却是坚持他们自己的观点和计划，双方彼此的行为相互制约，如合作、竞争、冲突等都属于彼此相倚，可以说我们生活中的大多数的互动都属于彼此相倚。

第二节　群体规范与群体凝聚力

群体规范和群体凝聚力是群体非常重要的特征。那么，如何理解群体规范？影响群体凝聚力的因素都有哪些呢？了解这些问题，对提高群体的活动效率是十分重要的。

一、群体规范的概念与功能

（一）群体规范的概念

群体规范是群体成员互动和开展活动所遵循的行为标准，是群体对其成员行为的共同期望。这些标准为群体每个成员所公认，而且是每个成员必须遵守的。群体规范主要有风俗、文化、习惯、道德、舆论、公约、准则、法律等行为规范及各种不同的价值标准。群体规范可能是在群体内正式规定的、成文的，也可以是自发形成的、不成文的规定。无论是成文的，还是不成文的，群体规范都潜移默化地影响着个人的行为及人格的发展。

（二）群体规范的功能

群体规范一旦形成，就要对群体发生作用，这种作用是广泛的、持久的、深入的。没有群体规范，共同活动就不可能进行。群体规范的功能体现在以下几个方面：

1.维系群体整体性功能

一方面，群体存在的形式是它的整体性，这种整体性表现在群体成员的行为、感情和认知的一致上，群体规范就是这种一致性的标准，它把群体整合为一体。没有群体规范，群体成员就无法相互理解和共享所传递的信息、经验和情感，群体活动也就无法进行。另一方面，群体是由许多人结合而成的，要维持其整体性，使其存在下去，就需要有一定的准则来约束成员，而成员也正是依据这种对准则的认同，相互彼此一致起来，形成一个整体。

2.认知标准化功能

群体规范就是一致性的标准，它体现着群体的整体性，统一着群体成员的意见和看法，调节着他们的行为。这种统一群体成员意见、看法、判断、评价的功能就是群体规范的认知标准化功能。它是群体成员的行为准则，群体成员以此来评价自己和其他成员的行为。既使有个别人持不同意见，但由于规范的压力和个人的从众性，也势必使其与规范保持一致。因此，群体规范在群体成员的共同活动中一经形成，便具有一种公认的社会力量，并不断内化为人们的心理尺度，成为对各种言行的判断标准。

3.行为定向功能

群体规范对群体的约束作用主要表现在群体舆论中，当某些群体成员的行为举止与群体规范相矛盾时，多数成员会根据群体规范对这种行为做出一致的判断或结论，这种带有情绪色彩的共同意见对个人的行为具有约束作用，使之不至于违反群体规范。群体规范不仅约束着成员的认知和评价，而且还指示了人们满足需要所采取的方式和相应的行为目标，从而规定了人们日常行为的范围和准则，使他们表现出一定的群体行为特点，也就是告诉人们应该做什么，不应该做什么。

群体规范对人的行为的约束作用在现实生活中随处可见。中学校规校纪中规定：不允许中学生在校期间谈恋爱。这是对全体中学生整体上的要求。学生们一进校，领导和老师就三令五申这条规定，这使中学生们认为：谁谈恋爱就是违反校规。因此，男女生尽量限制交往，一旦某些早熟的学生对异性产生了好感，也只能压抑在心，任其自生自灭。如果有的学生谈起恋爱来，那一定会遭到来自老师、父母和其他同学的嘲笑和批评。总之，这条校规使中学生们从心理到行为都受到了定向和约束。而如果一个学生在完成了9年义务教育，走向了社会后，他们就可以自由地谈恋爱而不再受原来群体规范的约束。可见，“不允许中学生在校期间谈恋爱”这条规定把在校生和走向社会的青年区别开来。

群体规范也有消极作用，具体表现在它的惰性上。因为规范是一种多数人的意见，它要求成员行为趋于中等水平，它约束人的行为，就是为了把人们的行为限制在一个中等水平上，既不能过于积极，也不能过于落后。这样，规范就会限制人们的积极性和创造性。如改革开放前，老老实实地种地是传统农民的规范，谁要干起经商等非农产业的营生，会被认为不务正业，遭到舆论的谴责。这种规矩长期以来限制了农民的思想观念的解放和社会流动，扼杀了他们从事非农产业的积极性和创造性，使农民固守贫穷和落后。改革开放以来，由于市场经济的形成和非农产业利益的强大拉力，农民已经冲破旧有的观念，大胆地从事经商、建筑、运输等行业，不但使旧的规范作用失效，而且大大促进了农村社会的发展。此外，群体规范的效用也有一定的范围，如果规范压力超出群体多数成员所能承受的程度，规范的效力就会消失殆尽。

二、群体规范的形成和分类

(一)群体规范的形成

群体规范的形成是群体规模、结构变化的结果。在小规模的群体里,成员之间直接的、面对面的互动关系是可以维持的,这是小群体情绪气氛、状态的决定因素。而在较大规模的群体里,成员之间不再有可能维持直接的互动机会。成员关系的间接性表明,群体结构的维持和活动的开展,必须依赖于一种非情感特征的、较正式的规范。群体规模的扩大也使得成员之间的"社会空间"增大,社会活动范围拓宽。由此,成员个体对情境、对他人行动的理解和反应就有了多重性。由于这种多重性,成员的行动与观念的一致性程度开始降低,若没有一种或一系列超越于个体之上,超越于情感成分之上的规范、价值观或信念,群体就不可能维持。可见,正是群体成员关系的间接性和多重性导致了群体规范的形成,从而使规模扩大,结构复杂的群体得以维持和发展。在日常生活中,越是大规模的、结构越复杂的群体,其纪律、公约、准则等规范越是标准化和细致化。

具体说来,群体规范的形成受到以下因素的影响:

1. 社会标准化的心理因素

人们在共同活动中,其心理存在着一种社会标准化的倾向,即人们在对外界事物的共同认知和判断上,发生类化过程,彼此接近,趋于一致,从而导致模式化、固定化,以便遇到同类事物时做出尽快地反应。

2. 模仿、暗示、从众、服从等心理因素

群体规范的形成是受模仿、暗示、顺从等因素影响的。因为群体在讨论时,一个人必然要受到其他人意见的暗示,从而形成自己的判断,或者少数人在大多数意见的压力下,为了避免自己被孤立而受到其他成员的另眼相看,从而产生遵从、模仿他人,再现他人的行为和意见,形成统一的群体规范。如"尊老爱幼"这一中华民族的传统美德能够家喻户晓、深入人心,从某种程度上而言,既是社会标准化的结果,也是受到以上心理因素的影响的结果。

3. 在现代社会,群体规范的形成还与社会认知有密切关系

所谓社会认知指的是对人及其行为的认知。社会认知包括感知、判断、推测和评价。其过程是社会知觉、社会印象、社会判断,其基础是人与人之间的利益。正是群体成员中在追求各自利益最大化的基础上,通过理性的感知、判断和评价,才制定了群体规范。许多大公司、大集团内部的规范基本上是在理性地考虑到各自利益合作的基础上制定出来的。

(二)群体规范的分类

群体规范涉及生活的各个领域,内容和形式很多,大致可分为如下两类:①

1.正式规范与非正式规范

正式规范存在于正式群体中,并且往往用文字形式固定下来,由上级或同事监督执行。指的是在正式群体中明文规定的行为准则,如认真学习、工作,服从上级,尊敬师长等。非正式规范是群体成员间相互约定的,自发形成的,大家一致同意却没有明文规定的规范。这种规范虽然没有被正式规定下来,但却能被每个人意识到,并自觉地遵守。

2.一般的社会规范和反社会的规范

群体内部大多数规范是与社会主体文化规范相一致的。但也有些是不被社会所承认的反社会规范,如犯罪团伙中的哥儿们义气、大胆、好斗等,这些行为准则,在多数情况下是与主体社会文化规范相抵触的。而且由于这种反社会规范不被社会所承认,并遭到社会的反对,所以维护这种规范,要靠比较森严的"纪律",若违反了它,往往要受到团伙成员的制裁。

三、群体凝聚力

(一)群体凝聚力的含义及作用

1.群体凝聚力的含义

群体凝聚力是群体成员被群体吸引并愿意保留在群体中的程度,是群体吸引其成员,把成员聚集于群体中并整合为一体的力量。群体之所以能够存在和发展,关键在于群体对所有成员和群体成员之间有一种吸引力。不同学者对群体凝聚力的理解不同,如费斯廷格(Festinger,1968)认为,凝聚力乃是影响群体成员留在群体中作为群体成员一分子的合力和整个力量的领域。斯道格蒂尔(Stogdill,1963)使用整合和士气来替代凝聚力概念。他进一步将整合理解为"群体在干扰情况下,维持其结构的倾向"。哈门费尔和维斯弟(Hemphill & Westie,1950)使用黏性来解释群体一起工作的能力以及工作情境中群体发挥单位效能的能力。他们使用快乐的状态来表示人们亲和的程度及相互吸引的程度。②

群体凝聚力表现在成员的心理感受方面,即认同感、归属感和力量感。认同感就是群体成员对一些重大的事件和原则问题保持共同的认识与评价。认同感对个人的认知给予知识和信息。归属感就是指每个成员在情绪上加入群体,作为群体

①周晓虹,《现代社会心理学》,上海:上海人民出版社,1997年,第128页。

②吴江霖、戴健林、陈卫旗等,《社会心理学》,广州:广东高等教育出版社,2004年,第227页。

的一员，具有“我们”和“我们的”这种情感。归属感给个人情感上的依据。力量感是指当一个人表现出符合群体规范的行为时，群体就会给他赞许和鼓励，以支持其行为，从而使他的信心增强，决心更大，行为得到进一步强化。力量感给个人以力量，使个人的活动能坚持不懈。由于群体各种各样，群体与其成员的关系以及所在环境的不同，群体凝聚力也有很大的区别。

2.群体凝聚力的作用

群体凝聚力是维系群体存在、增强群体功能、实现群体目标的前提条件。具体说来，增强群体凝聚力有如下 2 个方面的作用。

第一，增强群体凝聚力有利于增强群体对其成员控制力，增强群体成员的自信心与安全感，促进群体成员的人际关系协调一致。沙赫特曾研究了凝聚力强度显著不同的 2 个群体，他让 2 个群体的成员各自讨论解决一个问题。在讨论的过程中有 3 个实验者助手充当假被试，扮演不同的角色。其中第一个人故意表示赞同群体意见，第二个人故意先发表不同意见，而后同意群体意见(从众者)；第三个人则自始至终坚持不同于群体的意见(异议者)。结果发现，上述 2 种群体的许多成员都试图改变异议者的初衷，一旦发现异议者顽固地坚持自己的观点，就对他不理睬，甚至将他排斥于群体之外。

第二，增强群体凝聚力有利于提高群体的工作效率。沙赫特研究发现，群体凝聚力与群体工作效率存在着复杂的关系。他通过控制不同的实验情境把被试分成 5 个组：

(1)强凝聚力＋积极诱导。

(2)强凝聚力＋消极诱导。

(3)弱凝聚力＋积极诱导。

(4)弱凝聚力＋消极诱导。

(5)对照组。

各组的任务是生产棋盘，凝聚力的强弱由指导语的控制而产生，积极或消极的引导是用群体其他成员写的纸条递给被试，要求增加或减少生产。对照组是在没有上述 2 种控制下从事产生。实验分成 2 个阶段，第一个阶段共 16 分钟，对 4 个实验组均不进行诱导，只给以中性纸条；第二个阶段共 16 分钟，每个实验组被试均收到 6 次诱导。研究结果表明，实验的第一阶段，各组成绩并无差异，而在实验的第二阶段，凝聚力的强弱与不同的诱导产生了 2 种明显不同的效应。积极诱导能提高生产效率，特别是对强凝聚力的组作用更大。消极的诱导则会降低生产效率，对弱凝聚力的组作用更大。这一研究结果显示了群体凝聚力受诱导影响的倾向，如图 7-1 所示。

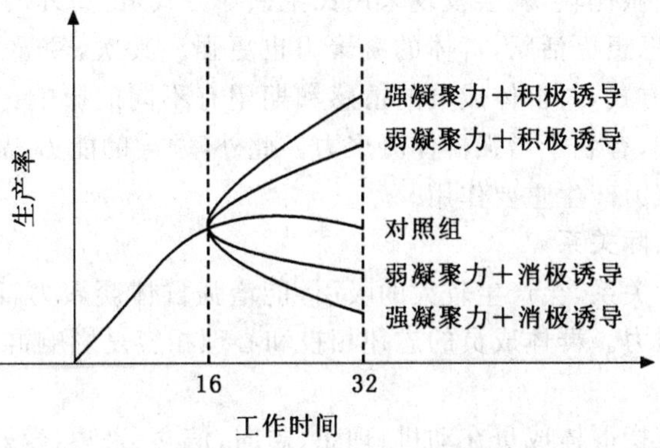

图 7-1　群体凝聚力对工作效率的影响

这一结果说明，要提高任何一个群体的工作效率，最重要的是要引导群体向正确的方向发展，若方向不正确，群体的凝聚力越强，由于小团体主义的影响越有可能阻碍群体工作效率的提高。

总之，群体凝聚力是保证群体存在、发展的必要条件。一个群体失去了凝聚力，也就失去了力量和生命，这个群体也就名存实亡了。一个群体凝聚力的高低强弱，决定着群体自身发展快慢，决定着群体能否较好地发挥自己的功能，顺利地达到群体的目标。

（二）影响群体凝聚力的因素

群体凝聚力受到许多因素的影响，主要有以下几个方面。

1. 目标整合

群体是由不同个体组成的，群体有群体的目标，个体有个体的目标，如果群体成员的任务互不相关，就会削弱群体凝聚力；相反，把个人与群体的任务目标统一起来，达成一致，就会增强群体的凝聚力，这称为目标的整合。群体目标的整合包括 2 个方面：一是把这一目标的不认同者排除在外，从而明确地划分了群体的界线。如篮球队，不爱打篮球的首先就应该排除在外。队员们一致认可成立篮球队的目标是满足爱好，提高球技，并愿意遵守训练的一系列规定，那么，篮球队这一群体的凝聚力必然会增强。二是群体目标要满足群体成员的需要与愿望，使个体目标在群体内得以实现。对群体成员来说，个人的目标必须与群体的目标相一致，当两者发生矛盾时，应以群体利益为重，修正或确立个人目标。

2. 群体的领导方式

首先，不同的领导方式，对群体凝聚力有不同的影响。在民主、专制和放任 3

种领导方式之间做比较，就会发现采用民主领导方式，比另外两种方式能使群体成员之间更友爱，思想更活跃，群体的凝聚力也更强。其次，领导的激励机制也很重要，不同的激励方式，对群体成员的情感和期望有不同的影响，采用个人和群体相结合的激励方式，有利于增强群体凝聚力。此外，领导的能力、品行，甚至人格魅力都会对群体凝聚力产生重要作用。

3.群体内人际关系

良好的人际关系，会产生较大的吸引，能增强群体凝聚力，而紧张的人际关系会削弱这种吸引力。群体成员的志趣相投和心理相容是影响群体内人际关系的两个重要因素。

志趣相投是指群体成员在动机、理想、志向、信念、兴趣、爱好等方面基本一致。共同的志趣可以保证群体成员拥有相似的态度和协作互助的精神。在一个志趣相投的群体中，彼此之间能够激发工作热情，增进相互间的信息沟通，增强凝聚力。

心理相容是指群体中成员与成员之间、成员与群体之间相互吸引、相互尊重、和睦相处。心理相容是群体具有凝聚力的心理基础，在心理相容的群体里，为群体成员创造了积极乐观的心理气氛，使成员保持良好的心境，有利于积极性和主动性的发挥。心理不相容表现为相互排斥、相互猜疑和相互攻击，必然降低群体的凝聚力。

此外，群体成员年龄、职业、社会地位、文化背景、利益等方面的相似形性，在性别、性格、气质、能力等方面的互补性，以及群体成员能否经常地进行深入的沟通和交流，也是影响群体内聚力的重要因素。

4.外界影响

群体遇到外部的压力和威胁，能够在一定程度上提高群体的凝聚力。社会心理学研究证明，无论这种外部压力是积极的(竞赛、竞争、评比等)还是消极的(批评、处分、破产、兼并等)，都会显著地提高群体的内聚力。外来的威胁和同周围其他的群体竞争，会增强群体成员的认同感与归属感，使他们联合起来一致对外，从而提高了群体的凝聚力。“兄弟阋于墙，对外共御其辱”，正是这个道理。

5.群体的成熟程度

群体自身要经历一个发展周期，从不成熟向成熟发展。群体，特别是正式群体，其自身成熟程度如何，将直接影响着群体成员完成行为的成功率。在群体成熟过程中，由于出现了失败，必然会影响士气，影响到群体的凝聚力。随着群体的成熟，成功率的不断获得，会不断提高群体的凝聚力。图 7-2 表明了群体成熟程度与成功率的关系,通过提高成功率,而使凝聚力增强。[①]

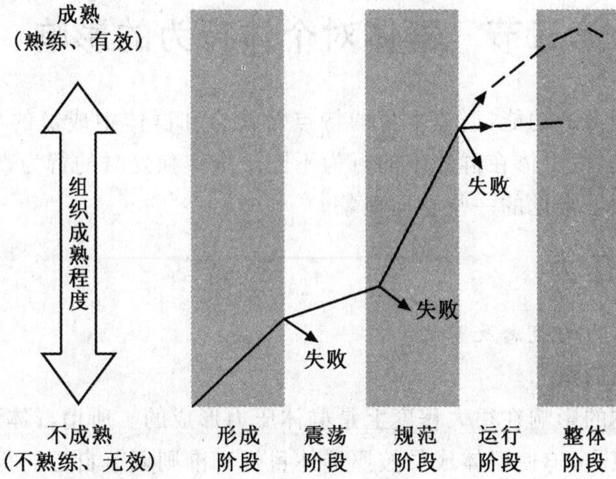

图 7-2 群体成熟程度与成功率

除了以上主要因素之外,群体规模的大小以及群体的结构、运作方式等因素也对群体的凝聚力有一定的影响。

(三)提高群体凝聚力的途径和方法

通过对影响群体凝聚力因素的分析,我们可以发现,要提高群体凝聚力主要有以下途径和方法:

第一,要加强领导班子建设,特别是要提高领导者的管理水平,改变传统的领导方式,实行民主领导,对领导的素质、品行要有高要求。

第二,设置合适的目标,使个人与群体的任务、目标相一致。

第三,因地制宜地采取有效的奖励办法,提高群体成员的主人翁意识,使每个成员都关心群体的生存和发展。

第四,重视感情的交流,通过改变组织的沟通结构,为成员之间创造各种经常进行沟通和交流的活动,培养成员的群体意识和成员间良好的人际关系。

第五,适当地利用外部压力,开展群体间的竞争,在社会上营造一种公平竞争的氛围等,都有利于群体凝聚力的提高。

①全国 13 所高等院校《社会心理学》编写组编著,《社会心理学》,天津:南开大学出版社,2003 年,第 333 页。

第三节 群体对个体行为的影响

群体具有动力的功能，群体本身的特点对社会和群体中成员的个体行为发生着多方面的影响，使个体在群体中的行为不同于个体独处时的行为，本节重点探讨个人在群体情境下常见的一些心理现象。

一、群体压力

(一)群体压力的概念及意义

1.群体压力的概念

群体对个体的影响在很大程度上是群体压力形成的。所谓群体压力就是群体对其成员的约束力，迫使群体成员按照群体目标和准则调节自己的行为。

群体规范形成以后，群体就要求其成员共同遵守行为规范。对于群体行为准则的共同遵守，往往也是群体大多数成员的意向和愿望，这种多数人的意见就会产生一种无形的力量，使群体成员自觉不自觉地保持着与大多数人的一致性，这种力量就是群体压力。群体压力与权威命令不同，它不是由上而下明文规定的，也不是强制个体改变自己的行为而是通过多数人的一致意见，形成压力去影响个人的行为。尽管群体压力不具有强制的性质，但对于个人来说却是一种难以违抗的力量。因为当一个人的意见与群体大多数人的意见不一致时，他就会感到紧张和不安，就会有一种害怕偏离群体而陷入孤独的恐惧感，而采取与群体大多数意见相一致的行为。

2.群体压力的意义

群体压力约束了群体成员的异端行为，它对群体具有积极意义和消极意义。积极意义有以下 2 个方面：

一方面，群体压力有助于群体任务的完成及群体组织的存在和发展。群体压力促使群体成员以合作的方式在群体内互动，协调了群体内不同意见及矛盾冲突，增强了群体团结，维护了群体秩序，提高了群体效率；反之，如果群体内部毫无约束力可言，成员各行其是，必将降低群体效率，妨碍群体任务的完成，甚至会引起群体内部的不和与分裂，直至威胁群体的生存。

另一方面，群体的一致行为有助于增加成员的安全感，避免孤独和恐惧，当个体的观点和意见得到了多数人的赞同和支持，他就会感到得到了群体的欢迎和接纳，内心便产生了安全感。群体压力使个体与他人行为一致，促使个体妥协和退让，增加了个体被群体接受的可能。个体发现自己的观点和意见得到了多数人的赞同与支持，感到得到了多数人的欢迎和接纳，内心才有安全感。

群体压力对个体也有消极的影响，因为它对群体内少数固执己见的人容易形成一种威胁，迫使他们接受群体压力。其中最为突出的表现是抹杀个性，在一定程度上抑制了个体创造性的发挥。

（二）从众和服从

群体压力对个体行为的影响，研究较多的是关于从众和服从现象。

1. 从众

（1）从众的含义。所谓从众就是个人在社会群体的压力下，放弃自己的意见，在直觉、判断、信仰以及行为上采取与大多数人相一致的社会心理现象。

（2）从众的表现形式。从众有不同的表现形式：第一种情况是个体没有自己的观点，抱着无所谓的态度，跟着大多数人走；第二种情况是个体有不同于群体其他人的看法，在群体的压力下，放弃自己的观点，改变了态度和立场；第三种情况是个体只采取了与众人一致的行为，内心里仍然坚持自己的态度和观点。这些情形都可以称为从众。第三种情况有人也称之为顺从。

（3）从众的产生原因。为什么会产生从众现象，心理学家们进行了大量的研究。其中最有影响的是谢里夫和阿什的实验。

谢里夫在 20 世纪 30 年代初，利用"游动错觉"研究个人反应如何受其他多数人反应的影响。他让被试坐在暗室里，在其前面呈现出一个固定的光点，被试会产生游动错觉。让被试判断光点游动的距离。谢里夫发现，被试单独估计光点移动距离，个体间的差异很大，从一两英寸到二三十英寸。这是由于被试在缺乏可供参照的背景条件下，分别建立了自己独立的参照系统。而当许多被试在暗室里一起估计时，发现被试彼此的判断逐渐趋向一致。显然，这是受他人判断的影响而产生的结果。被试以别人的判断作为自己判断的参考依据，建立了共同的参照系统和准则规范，从而表现出了从众行为。

阿什在 20 世纪 50 年代多次做过关于知觉方面的从众实验，他所用的实验材料是 18 套卡片，每套 2 张，分为标准线段和比较线段（图 7-3），要求被试判断 a、b、c 3 条线段中哪一条与标准线段等长。被试共有 7 名，其中 6 人是阿什的助手，只有 1 人是真正的被试。而且总是安排在倒数第二个回答。18 套卡片呈现 18 次，前 6 次大家都做出正确的判断，从第 7 次开始，假被试故意做出错误的选择，观察真被试的反应是独立的还是从众的。

经过多次实验，得出以下结果：有 1/4～1/3 的被试保持了独立性，没有发生从众行为；有 15％的被试在回答次数中有 75％的从众行为；所有被试平均从众行

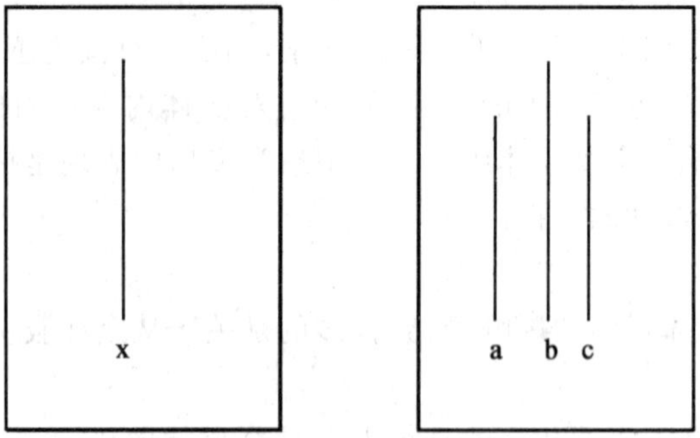

图 7-3 阿什从众实验的线段卡片

为是 34%。

许多学者在不同的国家重复了这个实验，都得到了相近的结果。

阿什发现造成错误判断的原因主要有 3 种情况：

①知觉歪曲：被试把他人的反应作为自己认知的参照点，而不是凭借客观的标准去认知。

②判断歪曲：被试对自己的判断缺乏信心，虽然意识到自己与别人的差异，但相信多数人看到的总比自己正确，从而采取从众行为。

③行为歪曲：被试确认自己的判断是对的，而别人是错的。但不愿被他人视为越轨者，为求心安，在表面上采取了与他人一致的行为。

从众行为还与周围环境的性质和个人的心理特征有关。当群体内聚力较高，各成员目标一致，活动协调，群体对个人有较大吸引力，而个体在群体中地位又比较低，个人的心理素质不高时，个人容易出现从众行为。

(4)从众的影响。从众行为有积极作用的一面。如在社会生活中，许多人都参加捐献活动，个体在这个压力下也做了捐献，这是有积极意义的从众行为。从众行为也有消极作用的一面。当在青年群体中许多青年都抽烟的情况下，个别成员也会跟着抽烟。对从众现象的研究，有助于促进人们维护社会秩序和发扬良好的道德风尚，抵制不良的社会风气和消除不正确的思想观念。

(5)众从。在群体活动中，个人听从多数人意见的从众行为是大量存在的。但在不少场合下会发生众从行为，即群体中由于多数人受到少数人意见的影响，而改变原来的态度、立场和信念，转而采取与少数人一致的行为。我们日常所说的"一呼百应"的现象就是众从行为所致。众从行为的产生与少数派成员内部的特征和多数派成员内部的关系有关。少数派群体成员的态度和行为只有保持高度的一致性,对多数成员才具有影响力。少数派还必须具备行为上的符合时代精神的独立性,使多数派成员感到压力,促使多数派依从少数派。如果少数派成员中有权威人物,其影响力会大大增强。发生众从行为的多数派成员内部的关系,包括多数派成员内部意见分歧、缺乏群体凝聚力,以及多数派成员对遭遇问题的真实情况不明确等。众从行为往往是一种积极的新异行为,对众从行为的研究和探讨有利于社会的发展和变革,加速社会的发展进程,并妥善解决社会生活中的实际问题。

2.服从

(1)服从的含义。服从是社会生活中普遍的现象,我们在家服从父母,在学校服从老师,在单位服从领导,在公路上要服从交通警的指挥。人的一生处在无数的服从之中,很小的时候,我们就接受了服从的教育,在工作岗位上有不断得到强化,使服从成为我们的一种习惯。

社会心理学研究的服从,是指由于受外界压力的影响,而被迫使个人按照社会要求、群体规范或者别人的愿望而做出的行为。这里的外界压力主要指 2 种情况:一是他人;二是规范。对老师、军官、领导的服从是对他人的服从,实质上是对权威的服从,如一切行动听指挥、下级服从上级等。群体成员对领导人物的服从是必要的,因为这可以使群体在统一指挥下成为一个有机整体,从而提高群体的活动效率,在紧急情况下,群体成员的服从行为就显得更为重要。另外,在一定的有组织的群体规范影响下的服从,即对规范的服从。如遵纪守法,维护社会秩序等。个人在社会生活中总是隶属于某个群体,任何群体都有一定的规范和纪律,要求成员共同遵守,可见群体的规范对每个人来说都必须服从,否则就不可能有正常的社会生活。虽然服从对群体和社会生活具有十分重要的意义,也并非在任何场合都要服从。实际上社会心理学的研究和理论反对盲目的服从。毫无原则的服从,只会使人走向愚昧。

(2)服从与从众的关系。服从与从众有共同点,又相互区别。主要区别在于服从是被迫的,对行政命令、群体规范或权威人物意志的服从是无条件的。从众不是对权威或规范的服从,而是对舆论或群体压力的服从,从众也可能是违心的服从,但它不是执行命令,而是求得心理上的平衡。

(3)影响服从的因素。如果一个人被命令进行违背自己良心的行为时,他会怎么办呢?如果权威的命令违反伦理道德,人们会不会服从呢?都有哪些因素影响服从?为了探讨这个问题,社会心理学家米尔格拉姆进行了一项很有影响并引起广泛争议的权威服从实验。

米尔格拉姆在报刊上刊登广告,公开招聘被试者,结果有 40 名不同年龄、不同职业的男性应招入选。实验者告诉他们要进行一项关于研究惩罚对于学习效果的实验。他们2人1组，由抽签决定一个人当老师，另一个人当学生，教师的任务是朗读配对的关联词，学生必须记住这些词，然后在教师呈现的4个词中做出正确的选择。如果选错了，老师就按电钮电击学生以示处罚。实际上，每组被试中只有一个是真被试，而且抽签时又总是当老师的那一个。当学生的则是实验者的助手。

充当学生和老师的被试分别被安排在2个房间内，中间用一堵墙隔开。在“学生”的胳膊上绑上电极，而且把“学生”用带子拴在椅子上，在实施电击惩罚时以防止他逃跑。

“老师”面前有一个巨大的控制台，上面有30个电钮，所标的电压从15 V增加到450 V。把每4个电钮分为一组，共7组，分别标有弱、中、强、特强、剧烈、极剧烈、危险等字样。另外2个电钮用×××表示。实验者首先请“老师”接受一次45 V的示范电击，虽说是很轻微的，但“老师”也已感到难以忍受。

实验开始后，“学生”故意出错，“老师”从15 V开始按照实验者的指示，每错一次就增加一次电压。15～75 V，“学生”对电击没有表示出反应，以后随着电压的升高，“学生”发出呻吟、抗议、尖叫、怒骂、哀求以致悲鸣，“教师”不忍心再继续下去，问实验者怎么办。实验者严厉督促“教师”继续实验，一切后果由实验者承担。

在这种情况下，有26名被试(占65%)服从了实验者的命令，坚持到实验最后，但表现出不同程度的紧张和焦虑。另外有14人(占5%)做了种种反抗，拒绝执行命令，认为这太残酷了。

米尔格拉姆的实验证明了当人们得到保证，不承担任何责任的情况下，会表现出毫无原则的服从行为。心理学家们进一步研究发现，以下因素与服从有关：

①命令者的权威性越大(如威望、权利等)，越容易导致服从。

②服从者的道德水平越高，服从的可能性越小，人的世界观、道德观、价值观对服从具有明显的制约作用。

③米尔格拉姆对被试人格测验发现服从者具有明显的权威主义人格特征，他们重视社会规范和社会价值，主张对违反社会规范的人进行严厉处罚，他们往往追求权力和使用强硬手段，毫不怀疑地接受权威的命令，表现出个人迷信和盲目崇拜。

④情景压力的影响。米尔格拉姆的实验中，没有一个人预测到被试会将电压升至450 V，但实际上有65%的被试这样做了。除了其他影响因素外，情景压力是重要的原因。米尔格拉姆在实验中研究了权威与被试距离(如是面对面的在一起，还是通过媒介发生联系)对服从的关系，发现权威越靠近被试，来自外界的压力越大，服从率越高；反之，权威的压力会因距离的扩大而减小，所谓“天高皇帝远”。所以，一个人想要拒绝别人的要求而又没有足够的勇气，一般不用面对面地说，而是

以间接的方式来表达。此外,受害者的接近程度也是影响被试服从的重要原因,一个人对给他人造成的伤害越直接,他感受到的压力就越大,服从率就越低。距离越远越容易服从。

二、社会促进

社会心理学研究证明,个体在社会群体条件的刺激下,往往会采取完全不同于个体条件下的行为方式。一个人在从事某项活动时,如果有他人在场,就会对他形成一种刺激。这种刺激会影响他的活动效率,有时会促进活动的完成,有时会干扰活动的完成。社会心理学分别称为社会促进和社会干扰。

一个人从事某项活动时,有他人在场会促使活动的完成,提高活动的效率,这种现象称为"社会促进",也称为"社会助长"。早在 1897 年特普莱特(T. Triplitt)就研究了这种现象,他看到美国自行车运动协会的记录,发现在不同条件下,自行车的运动成绩不同。竞赛的条件下成绩最好,有伴随者的条件下次之,无伴随者的情况下成绩最差。可见他人的存在提高了竞赛者的力量。群体对个体活动效率的影响表现为以下 3 种形式。

1. 观看效应

一个运动员或演员在大庭广众面前比赛或表演,由于有观众的存在,对他们具有极大的促进作用,促使他们发挥出最佳的才能。当然相反的情况也会出现,在有人观看的条件下,个体成员会意识到自己的行为被其他成员所关注,往往造成心理上的紧张,而做出错误的反应,如一个技术操作能手,在独自状态下,他操作自如,得心应手,但在众目睽睽之下,可能丢三落四,错误百出。一位新教师在上课之前,尽管做了许多准备工作,可是一上讲台面对全班几十名学生,马上感到紧张、心慌,手足无措;可见"观众效应"在不同的情况下有不同的效果。

为了解释这种现象,罗伯特·查荣克(R. Zajonc)以动机和内驱力的研究成果为基础,在 20 世纪 60 年代提出了优势反应强化说。所谓优势反应是指那些已经熟练掌握的动作或简单机械的动作,不加思考就可以表现出来的习惯动作。有他人在场的情况下,一个人的动机水平会提高,优势反应就能够自然地表现出来,使活动更加出色;反之,对于需要动脑筋的或不熟练的活动,他人在场,其对动机水平的提高反而会产生干扰作用,降低活动的成绩。罗伯特·查荣克的这一理论可用图 7-4 来表示。

在罗伯特·查荣克之后,许多研究者发展和深化了这一学说。有些学者指出,社会促进效果可能是透过活动者的竞争动机和对他人的评价的认知来实现的。一个人在成长的过程中会不断地受到他人的评价,并会逐渐地关注他人的评价,争取

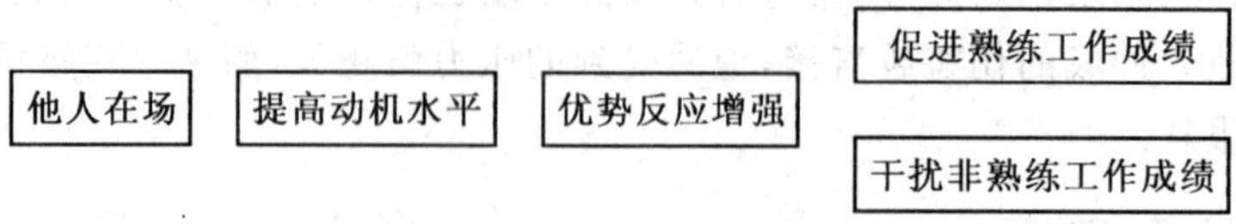

图 7-4 他人在场对个体活动影响的过程

赢得他人的好评。有他人在场的时候，无论在场的人是否对活动者感兴趣，活动者都会认为他人正在对自己进行评价，于是提高了动机水平，从而产生促进和干扰作用。他人在场是否能提高动机水平受评价者身份和态度的影响，评价者越具有权威性、态度越严肃，对活动者的动机影响越大。也受活动者年龄和个性特征的影响。此外，活动者的动机水平还依赖于活动者觉知他的操作被别人评价的程度。

2. 共做效应

在群体共同活动中，由于成员间的相互激励作用，可能比一个人的单独活动更有效率。10 个能工巧匠，也许任何人都无法独自建一座房子，但彼此合作就能容易地建 10 栋房子。但共做并不是在任何情况下都能起到促进作用。共做并不是每个人力量的简单相加，也不是一个常数，共做效应的大小取决于人们结合或协作的方式。

社会心理学家研究发现群体活动的实际效率常常达不到理论上应达到的效率。比如，一个人每小时种 5 棵树，10 个人混在一起每小时就未必能种 50 棵树。群体越大，每个人平均付出的劳动可能越小。有一个实验证明了这一结论，当一个人单独拉绳时平均用力 63 kg，若 2 个人一起拉只有 118 kg(减少了 8 kg)，3 个人一起拉只有 160 kg(减少了 29 kg)，而 8 个人一起拉的力量为 256 kg，比 8 个人单独拉的力量之和 504 kg 少了 248 kg，反映了群体越大，个人出力越小的现象。此外，群体共做还存在一种“趋中”现象。

要发挥共做效应，提高群体效率，首先，群体应该是一个存在着有机联系的和谐整体。从横向看，最佳共做效果的取得，要求群体内部必须有良好的相互关系；从纵向上看，群体内部必须有明确的奋斗目标，齐心协力是发挥群体优势、创造共做效果的前提。其次，在群体成员之间创造民主的气氛，也是提高群体效率的重要条件。

3. 竞争与协作

在竞争激烈的大型比赛中运动员最能出好成绩，个人的爆发力常常是被对方逼出来的。每个人都有求成动机，就是希望把自己的才能与潜力发挥出来，这种求成动机在群体情况下，表现为竞赛动机；个人在群体情况下进行活动，不可避免地会产生被他人评价的意识，这种意识其实也是一种竞赛动机。在活动难度不大的情况下，这 2 种竞赛动机会产生强烈的推动力量，使群体中存在着一种社会刺激，使个人在行为的速度和数量方面有所增加，形成一种争先恐后的现象，在社会心理学中称为竞赛效应。在社会活动中常把竞赛作为鼓励进取、提高活动积极性的有用手段。社会心理学家特别关注竞争与协作的研究，在群体中人与人之间既有竞争，也有协作。竞争是个体或群体的个方力求胜过对方成绩的对抗性行为，协作则是群体成员为了实现共同的目标而同心协力、相互促进的行为。在群体中，人际之间有时是纯粹的竞争，如各种竞赛，有时是纯粹的合作，那么在既有竞争又有协作的情况下人们又如何行为呢？许多实验证明，人们并不总是按照理想的策略来支配自己的行为。

社会心理学对这类现象做了大量的研究。其中有 2 个著名的实验：一个是多伊奇(M. Deutsch)和克劳斯(R. Krauss)的卡车游戏；另一个是鲁斯(R. Luce)和莱法(H. Raiffa)的囚犯难题。

卡车游戏：让成对的被试参加卡车竞赛，要求每一辆卡车由一个地点尽快地达到另一个地点，两辆卡车有不同的起点和终点，但有一段路是狭小的单行线，他们行驶的方向是相反的，如图 7-5 所示。比赛成绩按时间计算，用的时间越短，得分越高。

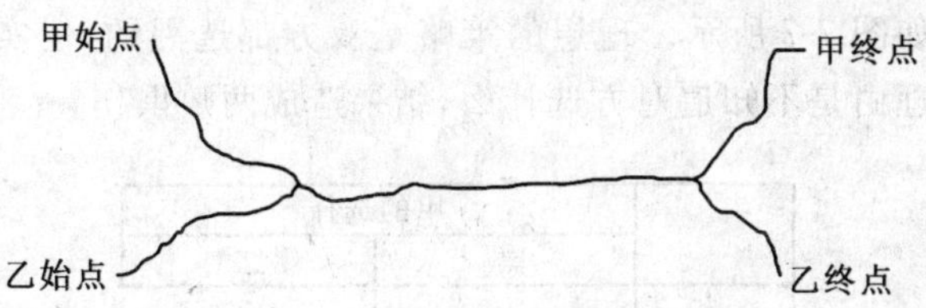

图 7-5　卡车游戏示意图

实验结果令人吃惊的是：尽管参加者都很清楚最佳的策略是合作，交替使用这段狭窄的路，只要一方等几分钟，让另一辆先过去，双方就都能获得好的分数。可是被试都不肯合作，他们不让对方使用这段狭窄的道路，而是抢先占用，各不相让，僵持不下。

囚犯难题：在公安局 2 个嫌疑犯面临着一个问题，由于证据不足，地区检察官采取了一个聪明的办法，把 2 个人单独监禁起来，分别告诉他们说，“如果你揭发你的同伙，你将获得释放，你的同伙将受 15 年监禁。如果你不认罪，你的同伙揭发了你，你的同伙将获得释放，你将受 15 年监禁。如果你们 2 人都认罪，将得到减刑处理，各监禁 10 年。如果都不认罪，仍可按流浪罪处罚，各监禁 1 年。”这个囚犯当然知道，检察官对他的同伙也会说同样的话。这种情况如图 7-6 表示。

		囚犯甲	
		不认罪	认罪
囚犯乙	不认罪	各监禁1年	甲释放 乙监禁15年
	认罪	乙释放 甲监禁15年	各监禁10年

图 7-6　囚犯困境示例

社会心理学家从这里受到启示，对这个问题做了修改，通过了一系列实验，提出了一些倾向性的选择。实验是这样的，2 人分坐在 2 间小室内，面前各有黑、红 2 个按钮，要求被试每次选择其中一个按钮，如果 2 人都选择黑的，各赢 1 元，如果 2 人都选择红的，各输 1 元，如果一个选择红的，另一个选择黑的，则选红的赢 2 元，选黑的输 2 元，如图 7-7 所示。理想的策略是双方都选黑的，但实验的结果是，许多人都选红的，理由是不知道对方选什么，结果造成两败俱伤。

		甲的选择	
		黑	红
乙的选择	黑	各赢 1 元	甲赢 2 元 乙输 2 元
	红	乙赢 2 元 甲输 2 元	各输 1 元

图 7-7　囚犯难题竞赛模式

那么有没有办法使人们加强协作，避免竞争呢？有人提出了一种理论，认为当目标和手段是积极的相互依赖时最可能产生合作关系。就向 2 人抬木头一样。产生协作的通常情境是：一个群体的成员彼此合作，而与另外一个群体成员进行竞争，也就是说，群体间的竞争可导致群体内的合作。

三、极端转移

一般认为，群体是其成员们意见和判断的“调节器”，他抛弃最极端的意见，接受的仿佛是所有成员的折中决策。但是在一些特殊情境下群体在对面临的问题进行决策时，群体决策比个人决策具有更大的极端性，即群体往往容易铤而走险，或者极端保守，这种现象叫极端转移。

1961 年，美国社会心理学家斯脱纳通过“选择性两难问卷”，提出假设的情景，比较被试在群体讨论情况下和单独条件下所做的选择情况。具体情景是这样的：一位电机工程师，5 年前大学毕业，已婚，有一个孩子。他一直在一个大电气公司工作，工资不高但够用，将来还有一笔不小的退休金。有一个新的小公司邀请他去工作，工资很高，但不稳定。研究者提出了小公司有 6 种挣钱的可能性，要被试进行选择。这 6 种选择是：

(1)小公司能赚到钱的概率是 1/10。

(2)小公司能赚到钱的概率是 3/10。

(3)小公司能赚到钱的概率是 5/10。

(4)小公司能赚到钱的概率是 7/10。

(5)小公司能赚到钱的概率是 9/10。

(6)不管赚钱的可能性多大，都不去小公司任职。

要求被试先单独做出选择，而后把被试分成小组，进行集体讨论，再共同做出决策。比较这 2 种情况下所做出的决策，发现被试在群体条件下比在单独条件下更富于冒险。后来的研究进一步表明，如果原来单独时的选择比较冒险，经过群体讨论后，会更加冒险。如果原来单独时的选择比较保守，经过群体讨论后，会更加保守。

为什么会出现这种情况呢，研究者提出了如下解释。

1. 责任分散理论

群体容易比个体做出更冒险的决策，是因为责任分散地落到了每个成员的身上，群体决策若出现了问题，应当由群体来承担，而不会把责任归于个人；即使责任落到个人身上，也会由于大家的共同分担而变小。因此，这就减少了个人的责任感，降低了个人对不利后果的担心，从而导致人们选择的极端性。

2. 文化放大理论

在某些文化中，人们称赞冒险。在群体讨论的情况下，主张冒险的人比主张保守的人更有说服力。受赞扬冒险社会文化背景的影响，人们会把冒险作为一种规范来应用，积极向冒险转移；而如果一个社会的文化高度评价谨慎，那么群体决策就会出现保守倾向。

3.说服论理论

在群体讨论的情景下，一个人的极端意见如果得到其他人的支持，他会变得更相信自己的意见，从而采取更极端的立场。

4.社会比较理论

社会比较理论认为在群体中，人们通过与他人的比较来评定自己的观点，当发现别人的观点与自己相似时，就不愿停留在一般水平上，而是倾向于走极端，以表明自己高人一头。

四、去个性化

有时候在群体条件下，由于一些单向的互动行为，如在暗示、模仿、感染的情况下，个体在群体中有较好的匿名性，没有明确的个人标志，容易出现一种不负责任的失去理智的行为。例如，球迷在足球场上观看足球比赛时，最文明、最有教养的人也会在球迷群体的狂热气氛中不由自主地大叫大喊，产生一些非理性行为，这种现象称为去个性化现象。

社会心理学的研究认为，在一个活动方向和活动方式较为一致的群体中，有时个人会“忘掉”自己的个人身份，而把个体等同于群体，把个人行为当作群体行为，他们不考虑别人怎么想，不惧怕惩罚，使自己的言行失去控制和调节。

在一项研究中，告诉女被试者，实验者要了解人对他人痛苦的反应，要她们对一个人施加电击。测量她们给出电击的次数和时间。实验在2种条件下进行：一是去个性化条件，不使用被试者的名字，让她们穿上宽大的衣服，戴上口罩，只露出眼睛，实验完全在黑暗中进行；二是个性化条件，让被试穿着通常的衣服，招呼她们的名字，而且实验是在光亮的情况下进行。结果表明在去个性化条件下的被试比个性化条件下的被试给出的电击高出2倍多。

去个性化现象有2个特点：一是群体成员的匿名性；二是责任的模糊性。去个性化条件就像给人戴上一个假面具，淹没了个人的行动，往往造成放肆的举动，如果没有受惩罚的可能，没有内疚感，一个人的行为会更加粗野，因为他觉得不是个人在干，而是群体在干。于是在头脑发热的群体中，一个胆小的人竟会变得胆大勇敢，一个平时能约束自己的人也会变得肆无忌惮。如果一个群体的行为方向和方式是积极健康的，那么卷入这个群体的人可能唤起集体主义感，表现出与集体利益一致的良好行为，而若群体是一个破坏性的不良群体，那么其中的个人就会表现出相应的破坏性行为。

本章练习

目的:群体凝聚力训练

操作:团体游戏

步骤:

1. 准备一根 2～3 m 的轻质塑料棍(最好可伸缩)。

2. 让小组成员站成相对的 2 列(并排一列也可),全部将双手举到自己的眉头的位置。

3. 将轻质塑料棍放在每个人的双手上,注意必须保持每双手都接触到轻质塑料棍,并且手都放在轻质塑料棍下面。

4. 要求小组成员将轻质塑料棍保持水平,小组成员的任务是:在保证每个人的手都在轻质塑料棍下面的情况下,将轻质塑料棍完全水平地往下移动。一旦有人的手离开轻质塑料棍或轻质塑料棍没有水平往下移动,任务就算失败。

讨论连接:

1. 团队中的几个人是否积极配合完成任务?

2. 是否有人出现不同于组织的共同节奏?

3. 从这个游戏中,你得到的启示是什么?

本章小结

本章的内容包括 3 个部分。第一部分是社会群体概述和社会互动。作为个人与社会中介的群体对于个体和社会分别具有满足基本需要、个体社会化的唯一途径、维持社会秩序促进社会发展的功能等。第二部分介绍了群体规范与群体凝聚力。群体规范既具有积极功能又具有消极作用,在群体活动中有效运用群体规范和群体凝聚力的正向力量有利于活动效率的提高。第三部分介绍了群体对个体行为的影响。生活在群体中的个体,会受到多数人意见的影响,从而在具体行为时保持与大多数人一致的意见。因此,合理利用群体决策的有利因素有效服务于社会行动。

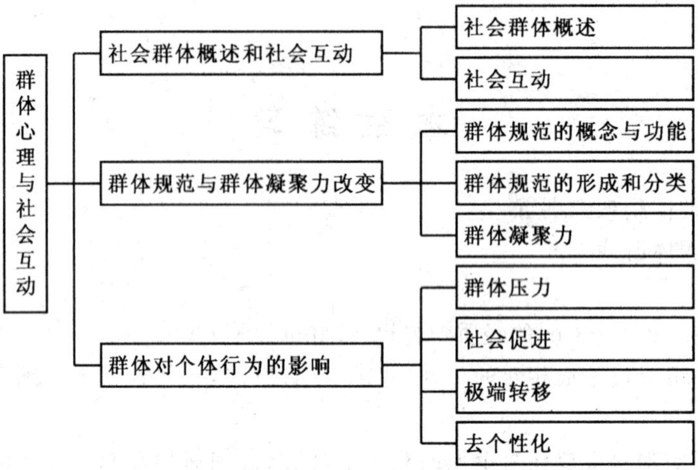

思 考 题

1. 群体具有哪些特征？

2. 如何理解群体规范，它的主要功能有哪些？

3. 根据影响群体凝聚力的因素，谈谈你对提高群体的凝聚力的理解？

4. 群体压力为什么会影响个体行为？

5. 试论述为什么他人在场会提高活动效率？

6. 影响群体决策的策略和方法有哪些？试举例？

第八章　社会心理学在社会控制中的应用

知识目标

- 了解社会控制的含义。
- 理解社会控制的多种途径。
- 掌握与社会控制有关的多种心理现象。

技能目标

- 能理解社会传播的形成过程。
- 会运用多种约束手段维护社会秩序。
- 能够在实践中灵活运用社会心理学的知识和理论分析问题和解决问题。

任何一个社会要存在和正常运转，要想发挥它的功能，实现它的目标，就必须对其成员的行为进行有效的引导和约束，使其符合一定的规范和价值。同时，在社会生活中，个人之间、群体之间、个人与群体之间经常会因为各种利益冲突而发生矛盾，如果这些矛盾得不到及时的调节和控制而发展成为剧烈的冲突，将导致社会秩序的混乱乃至社会的瓦解。因此，任何一个社会都需要运用社会体系来维持社会的稳定和有序运行，也就是说，任何一个社会都需要有社会控制。实现社会控制的手段和方法很多，但实际上，如果没有社会个体的内在心理的制约机制，各种控制手段便不可能产生真正的控制作用。因此，原本作为社会学专用术语的社会控制也是社会心理学的重要应用领域。社会秩序的形成依赖于人们之间的彼此制约，依赖于人们对社会制度以及法律、规范的内化和服从，也依赖于人们对自己的约束。在本章中我们重点介绍传统文化、社会舆论、流言、越轨行为等社会心理学诸方面内容在社会控制中的具体应用。我们将通过对上述各方面以及对社会控制的基本含义和多种途径的探讨，使学生正确理解和看待社会控制，并懂得如何运用多种约束手段维护社会秩序，能灵活运用社会心理学的知识和理论分析问题和解决问题。

第一节 传统文化与社会控制

纵观历史，古今中外，凡是经济繁荣的时代，都是社会秩序良好、社会控制得当的时代。因为社会控制可以给社会成员提供合乎社会目标的价值观念和行为模式，规定各社会群体的社会地位、权利和义务，协调社会运行各系统的关系，对社会生活中的各种失控现象进行制止或制裁。我国的改革开放已近30年，经济社会发展取得了举世瞩目的巨大成就，同时，也正朝着社会主义和谐社会的目标迈进。但是，由于社会处在转型过程中，随着社会经济结构已经和即将发生的深刻变化，以及社会利益关系的复杂化，新情况、新问题层出不穷，各种各样的矛盾呈现出来，甚至有的矛盾以尖锐的形式表现出来，构成了社会发展的不和谐因素。面对伴随着我国社会发展出现的矛盾和问题，社会控制越来越成为构建和谐社会的必然要求和重要环节，从而也使得深入研究社会控制并充分发挥其作用越来越成为理论上和实践上的一个重要课题。无疑，加强社会控制，充分发挥社会控制的功能，对于推动和谐社会的构建具有重要的意义。本节将重点探讨社会控制的含义和基本途径，以及传统文化在社会控制中的应用。

一、社会控制的基本含义

“社会控制”这个概念最早是由美国学者罗斯(Ross)提出的。他认为，人生来就有同情心、互助性和正义感，这3个天性共同构建了社会的“自然秩序”，即促使人们自行调节自己的行为，从而使社会生活处于自然的有序状态之中——人们互相帮助、互相同情、互相约束、和平共处。

所谓社会控制，从广义上说，是指社会组织体系借助某种特殊力量对全体社会成员施加影响，将其思想和行为纳入预定的社会轨道，从而实现社会的稳定性和一致性；从狭义上说是指对越轨者给予惩处和重新教育，使其改邪归正，达到维持社会安定的目的。综合起来看，社会控制是指社会组织体系通过社会规范以及与之相适应的方式和手段，对社会成员和群体行为进行指导和约束，从而协调社会关系的各个部分，维持社会秩序，推动社会发展的过程。不难看出，社会控制有如下几层含义。

(1)社会控制既包括制裁违反社会规范的行为(如对犯罪行为进行制裁)，又包括引导广大社会成员认同并自觉遵守社会规范，协调个人、群体、组织、社会整体之间的关系(如用舆论、道德、习俗等对人们的行为进行引导)。

(2)社会控制的目的是使个人和团体的行为不仅要服从社会稳定的需要，还要服从社会发展的需要，即个人、团体的自由意志与社会的秩序观念达到和谐的统一。

(3)社会控制在依靠社会力量的同时，还必须使社会规范被每个成员“内化”，从而达到积极控制的目的。因此，社会控制的实现途径必然是多样的，如政治控制、经济控制、法律控制，以及作为心理表现形式的道德、舆论、文化等方面的控制。只有如此，才能实现社会力量控制与社会成员自我控制的统一。

(4)社会控制是一个动态过程。它不仅包括对现有社会秩序的维持，还包括建立新的社会秩序。随着社会的变迁，社会心理和社会规范也在不断发展和更新，社会控制的结果将是不断形成新的秩序。

二、社会控制的基本途径

社会控制的途径很多，从不同的角度可将它们分成不同的类型。

从控制手段的内容上看，有经济控制、政治控制、思想控制和文化控制。经济控制是以经济手段对社会秩序进行控制。在商品生产的社会里，总有一些人唯利是图，必须采取必要的经济手段来规范人们的社会行为，进而维护社会秩序。经济控制是整个社会控制的基础。政治控制是通过政治手段来保持政治形势的稳定进而维护社会秩序。政治控制手段的具体形式有政权、法律、政策、纪律等。思想控制通过对社会基本观念的认同，保持群众情绪的稳定，进而促成社会的凝聚力和向心力。其具体形式包括习俗、道德、信仰、舆论等。文化控制是指通过文化部门的活动对人们社会行为的影响和约束，这些活动包括教育、科学、文学艺术、新闻出版、广播、影视、卫生、体育、文物、图书馆、博物馆等，它主要以宣传教育、说服疏导等潜移默化的方式为社会成员创造一个良好的社会文化环境，从而达到社会控制的目的。

从控制的社会结构层次看，有宏观控制和微观控制。宏观控制指利用政治的力量对整个社会在总体上加以控制，如对政治、经济、文化、意识形态等诸多领域的控制；微观的控制是指对社会生活的各种具体领域实行控制，这些社会生活领域涉及人们最基本的需要，比如，衣、食、住、行、婚、丧、嫁、娶等。

从控制客体的状态看，可分为积极的社会控制和消极的社会控制。积极的社会控制是指通过舆论、宣传、教育等措施对人们社会行为的正面引导来实现的社会控制，主要是引导社会成员的价值观和行为方式，预防越轨行为的产生；消极的社会控制是指通过对各种越轨行为的限制、惩罚与制裁来实现社会控制。

从社会控制的作用方式来看，可以分为制度控制和非制度控制。制度控制是指以明文规定的形式向社会成员公布“什么可为”、“什么不可为”的控制途径，比如，公布法律、规章、纪律以及各项具体制度等；非制度控制是指通过道德、风俗、习惯等非制度化手段来实现社会控制的途径。

从控制主体看，社会控制又可分为内部控制和外部控制。内部控制即内化控制，就是社会化的过程，具体说，就是社会成员通过社会化的各种步骤的磨炼将社会规范内化为自己人格的过程；外部控制即外在控制，也就是说，社会通过正式的或非正式的制裁途径控制各种越轨行为。正式的社会控制途径，如通过组织化的、制度化的程序给予奖励或处罚等；非正式的控制途径，指社会成员通过冷漠否定的言行来纠正不适当的越轨行为，而用热情洋溢的笑容、友好亲昵的动作来肯定社会成员符合社会规范的行为。

实现社会控制的手段和方法很多，但社会控制并不是使人们机械地服从某种外在力量，实际上，社会控制是把外界的思想、法律、规范、规章等内化为自己人格的一部分，成为制约个人行为的真正力量，时刻以此来鞭挞有关犯罪活动的欲念，不时地控制行为的过失。如果没有这种心理的制约机制，各种控制手段便不可能产生真正的控制作用。这种心理控制，实际上是内部控制和外部控制的统一。社会心理作为一种广泛的社会现象，在社会控制中起着重要的中介作用。所谓社会心理是人们对客观存在的社会现象的感受和反映，它直接与日常生活相联系，是人们在一定社会环境、文化和社会条件下的一种系统的、不定型的、自发形成的社会精神现象。社会心理主要表现为感情、风俗、习惯、自发倾向和信念等。

社会心理的中介作用主要通过内化来实现。所谓内化，是社会个体接纳一定社会规范作为其人格构成部分的过程，即社会成员将一定的文化转化为个体稳定的心理因素的过程。在这一过程中社会规范内化为控制主体进行社会行为的内在尺度。也就是说，通过内化过程，在主体内部设定了一个心理标准，这个标准就如同主体内部的一面心理镜子，主体通过这面镜子看自己，衡量自己是否符合他人的要求。社会主体的这种内在尺度设定，是有效的社会控制的前提。人们常说"我的良心要求我（不允许我）"等，实际上是说"因为我已有了有关这种规范的是非尺度，在这面镜子里我照得出自己，我必须允许（或不允许）自己做某事"。此时，"良心"乃是内化了的社会规范。这种已经内化的规范使主体产生"理应如此"的感觉，鼓励或禁止社会成员进行某种社会行为。

这种由内化而产生的社会控制，在主体内部有一种很强的内心驱动力。比如内化所产生的守法观念与惧怕被惩罚勉强守法完全不同，后者是个人对社会外在控制的强迫性反应，而前者是内心深处驱使的一种自愿行为。虽然内化和守法都能控制盗窃行为，但后者不盗窃是害怕被关、被杀，而前者不盗窃则是认为盗窃是不应该的行为。正因为如此，内化在社会控制的中介环节中就享有十分重要的地位，在一个社会群体中，规范内化的范围越广，程度越高，社会成员发生越轨行为的可能性也就相应降低。虽然有时也会产生越轨的冲动，但多数情况下可以使之受到抑制，不至于发生连续的越轨行为。正因如此，我们说社会心理控制是内部控制和外部控制的有机统一。

三、传统文化

在中国古籍中，“文化”是“文治教化”的意思，“文”指道德、礼俗、典章制度，“化”指感化、教化。用一定的道德、礼仪、典章制度去教育人民、感化人民就是文化。从某种意义上说，我们可将传统文化作为一种与制度控制、组织控制并列的社会控制途径，正如中国古人对文化的理解一样，文化是一种教育、感化人民以维护正常的社会秩序的重要手段。文化控制具有下列特征：其一是非直接强制性，即文化控制不是以强制力推行，而是以社会性评价、内心反省等非强制力实施的，人们即使触犯文化，也不像触犯政权一样遭受到直接的严厉制裁，因而文化控制就更为普遍，更为经常地存在；其二是自觉性，即人们在长期的社会化过程中，逐渐接受甚至内化了文化的价值标准、行为规范，在受文化控制时并没有被强迫感，是自觉自愿甚至是不知不觉中就遵从了文化控制所要求达到的标准；其三是广泛性，即文化控制具有极其广泛的覆盖面，遍及全体社会成员，几乎渗透到人类的一切社会行为之中。正是因为文化控制具有组织控制、制度控制所没有的这些特征，它因此成为社会控制的重要方式。中国历代统治者都十分重视对社会的文化控制。因为文化是一个极其复杂的整体，文化控制可能同前面我们谈到的各种控制途径有交叉。下面，我们仅就传统文化中的习俗、道德、宗教、艺术等作为社会控制的具体手段做一简单介绍。

(一)习俗

习俗是一定社会文化区域内人们历代相传并共同遵守的习惯和风俗，是一种非正式的社会规范体系，常常具体化为各种礼俗和禁忌，渗透到人们的日常生活之中，如生产、交换、消费、居住、饮食、建筑、服饰、器物、娱乐、婚嫁、丧葬、祭祀、时令、语言、生育等各个方面。与个人习惯不同，习俗是群体行为不断重复、不断发扬的结果。某种行为因为能够满足人的基本需要，为越来越多的人所效法，就有可能被巩固下来，演化为习俗。不具备普遍性的个人行为与习俗是截然不同的两回事；只有那些被广泛接受的规范化行为，才是习俗。同一社会性群体的人们对于这些习俗总是习以为常，视为生活中应有的内容和特色，这种约定俗成，就调节和固定了他们的各种活动，实现了社会的秩序化。

习俗具有很强的社会控制作用：其一，习俗具有一定的社会凝聚力。习俗是一种把一定地域内的人们结合起来的无形力量，使人们产生认同感、亲近感、归属感，更易于沟通和交流，从而产生一致的行为，起到良好的社会整合作用。其二，习俗可以协调社会关系。习俗将人们在共同生活中结成的一部分社会关系通过约定俗成的方式固定下来，使人们在日常生活中有一定的模式可以遵循，使交往双方的行为可以相互期待、预先知道，从而维护了社会的秩序和稳定。其三，习俗对人们的行为具有一定的约束力。习俗的制约作用十分广泛，法律、道德等顾及不到、控制不了的社会行为，习俗都可以发挥作用。习俗通过舆论、社会氛围，通过广大社会成员喜闻乐见的形式，广泛流传于社会生活的各个领域，熏陶和影响社会成员，自发调节人们的行为，使他们都自觉不自觉地按习俗行事。不遵守习俗，将会受到非正式的制裁，如他人的轻视、讥笑等。

从社会发展的角度看，习俗的社会心理调控功能有积极的、中性的一面，也有消极的一面。那些对社会发展有促进作用以及对人们生活和身心健康有利的习俗是积极的习俗，应该提倡和普及。那些无明显益处，也没有特别害处的习俗是中性习俗，应该向积极方面引导。那些与社会发展相矛盾、有损人们身心健康的习俗是消极的习俗，如中国传统的重男轻女、早婚早育、女子缠足等，应加强批判，逐步改造。对其中严重阻碍社会发展、残酷扼杀人性的恶习陋俗，应坚决革除。

（二）道德

道德是以善恶、荣辱等观念来评价和约束人们的社会行为，调整人们之间以及个人与社会之间关系的社会行为规范的总和。道德源于习俗，由与社会共同生活关系较为重大的那一部分习俗演化而来。因为共同生活的需要，人们对彼此的行为规范提出了较习俗而言更为严格的要求，对于那些对共同生活有利的行为，加以赞赏和表彰，给予某种荣誉；对于那些破坏共同生活的行为，加以鄙视和惩罚。于是原来作为习俗的一部分就演化为道德了。

道德的作用也在于控制社会成员的思想和行为，维持一定的社会秩序。道德对人行为的控制作用，比习俗要强。习俗可以遵守，也可以不遵守，不遵守习俗不会引起太大的社会关注，人们不一定对这种行为做出社会评价。但是，违反道德就比较严重一些，社会舆论就要干预，对其实行谴责，使行为人的人格和名誉受到损害。同时，对高尚的道德行为，社会舆论加以赞扬，使行为者声望和社会地位有所提高。道德就是利用这样一褒一贬的方法，促使人们弃恶行善，遵守道德规范的。

舆论对道德的干预是通过道德的内化起作用的，即通过反复不断地对人们的行为做出是非、善恶、美丑、公正与偏私、高尚与卑鄙等评价，从而使人们在头脑里逐渐形成一定的道德观念，这种道德观念就成为控制人们行为的内在准则。他做出为道德所称颂的行为，是出于道义感或激情，是自觉自愿的，是在发自内心的强大动力驱使下做出的，而不是被强迫的，如我国传统道德所称誉的见义勇为、杀身成仁、舍生取义等自觉自愿行为。

道德对人们行为的控制作用比法律更巧妙。法律管不到的地方，道德可以管。道德的控制是内在的控制，不需要监督。因此，中国历代的统治阶级都非常重视利用道德来治理国家和管理社会。儒家的政治核心是仁政，所谓“为政以德”，强调用道德来治国：“尊五美，屏四恶，斯可以从政矣”，“尧舜之道，不以仁政，不能平治天下”。行德治，使中国成为礼仪之邦，这是中国封建社会得以长期稳定和延续的重要原因。

当然，道德的社会控制作用也是有限的，尤其是在社会价值观念发生重大变化的时期，道德的控制力更是受到挑战。但无论如何，人类需要道德，需要高尚的道德。即使在今天，也需要建立与市场经济相适应的社会主义道德体系，对符合要求的传统道德取其精华，弃其糟粕。这样，道德对社会的控制能力将会显著提高。

（三）宗教

宗教是与神或神化物相联系的信仰和规范体系，是自然力量和社会力量在人们思想中颠倒的、虚幻的反映，是社会控制的一种特殊手段。

从世界范围看，宗教对社会控制有着重要的意义：首先，宗教有利于维护现存社会秩序。宗教教规大多要求人们安于现状，逆来顺受，告知人们现实苦难已是命中注定，一切希望只能寄托在来世的幸福上。从而使社会成员在观念上接受既定现实的安排，放弃反抗与斗争，这无疑是有助于维护现存的社会秩序，保持社会稳定。其次，宗教可以提供心理支持。宗教对来世幸福或特殊体验的强调，在一定程度上减轻了人们对现世苦难的痛感，缓解了因对超个人的自然力量和社会力量的疑惑和恐惧所带来的压力，使人们获得较大的精神安慰。宗教还明确指出了人生的终极目的和绝对价值，赋予本来可能毫无意义的宇宙以特殊的意义，使一部分人摆脱迷惘与绝望的困扰，从此拥有情感的寄托与心理的平衡。再次，宗教能够加强社会整合。宗教通过特定的信仰和礼仪，将不同的个人、群体凝聚成一个认识高度统一、行动协调一致的整体。此外，宗教还可以约束人们的行为。

宗教作为一种社会规范，包括礼仪、诫条和教义3个方面的内容，其中诫条是宗教最基本的行为准则，它严格规定了信徒不能做的事情，如基督教的十诫，佛教的五诫等。它们对信徒的行为有很大的约束力。当然，宗教是通过信仰来实现对人们行为的控制的，对于信徒而言，宗教信条是不容怀疑的，若违反教规，可能受到非常严厉的制裁。因此，宗教对信徒具有极强的控制作用。合理地利用宗教中的合理成分，对促进社会风气的好转，稳定社会秩序具有不可忽视的作用。

（四）艺术

艺术是一种特殊形式的社会意识，创作者在一定时间内，通过这种社会意识形态，借助各种符号和各种感觉，在美学各个领域，表达自己对自然界和社会的态度。

艺术的社会控制作用表现在以下几个方面：其一，艺术通过各种手段改变着人们的情感，唤起人们的激情。借助于艺术提供的工具和象征，群体被激发起一种共同的情绪，人们在扩大交往和团结一致时产生普遍的愉快。其二，艺术通过运用它独特的方式，将人们的渴求、希望、恐惧、悲伤表达出来，展示在人们的面前，唤起了人们的相互同情，使其成为各种美德的温床。其三，艺术创造美感，以美来培育善，以丑来抑制恶。其四，艺术可以发掘崇高感。生活中有一种常见的社会心理现象：对宏伟目标的追求使人们抛弃渺小的自我，走出自身的狭小圈子。艺术可以帮助人树立这样的目标。其五，艺术使社会象征完善化。文艺作品常常劝人为了未来的利益而忍受眼前的艰辛和痛苦，这不仅是为了自己和自己周围的人，而且是为了整个民族和社会。艺术还通过拟人化的手段使国家的人格完善化。例如，以母亲来象征祖国，唤起人们最赤诚的爱，高度象征性的价值激起人们最强烈的忠诚并愿为之献身。其六，艺术不断创造新的典型形象树立榜样作用。艺术家不断在文艺作品中创造出各种各样的典型形象，尤其是塑造出许多具有巨大吸引力的英雄形象，使读者和观众在赞成和敬佩这些典型形象之余，自觉或不自觉地效仿他们。实际生活往往如此：一个社会文化造成的聚合力，在某种程度上，就是通过给人民灌输若干时代典型的方式来同化和统一力量。

需要指出的是，人类社会行为是极其复杂的，传统文化对社会行为的控制也是复杂的，要形成一种稳定、良好的社会秩序，就必须将传统文化同社会控制的其他手段密切结合起来，而不是仅仅依靠传统文化就能达到社会控制的目的。

第二节　舆论宣传与社会控制

人类社会的产生、延续和发展是在人类的传播活动中实现的，舆论与宣传作为人类语言化传播现象之一，是一种普遍存在的社会心理现象，也是实现社会控制的常用手段，它对个体或群体的行为发生着重要的影响，因此，受到社会心理学的重视。

一、社会舆论

舆论是大众社会普遍存在的社会心理现象，这种现象无论对个人，还是对群体、社会都会产生一定的影响和作用。

(一)社会舆论的含义和特征

所谓"舆",即"公众";"论",即"意见"。舆论就是通常人们说的"公论"、公众意见,是指在大家共同关心的有争议的问题上多数人意见的总和,是社会上的众人对于某些社会事件的一致反应和判断,是具有代表性的综合性的意见。① 个人在社会中遇到一些现象,必然会产生不同的主观反应,这些反应并不是一致的,但经过彼此的相互作用以后,逐渐加以汇集,使个人原先的主观反应经过群体无形的压力而改变,最后形成一种相同的看法,即社会舆论。社会舆论形成后,就会成为一种群众性的意见,对社会及其成员发生连锁性的作用。舆论既表现为街头巷尾的群众议论,也反映在电视、广播、报刊、杂志等传播媒介中。舆论的结构包括认知成分、情感成分和意志成分,一种舆论中科学的、知识的成分越多,则其水平也就越高;反之,如果舆论中情绪成分占了主导,就容易"感情用事"。舆论的范围有大有小,有的是全国性的,有的是地方性的,有的是社区性的,有的是职业群体性的。

一般认为社会舆论具有以下特征:第一,社会舆论具有大众性。舆论作为一种公众意见,是多数人赞成与支持的,如果只是个别人或少数人的意见,即使有人大力宣传和提倡,如果未能取得大多数人的支持,那么这种意见也不能称为舆论。第二,社会舆论具有很强的现实性。社会舆论是人们针对现实问题的议论和评价。一般而言,社会事件与人们的利益关系越直接,越容易引起人们的议论。因此,人们称社会舆论是时势的晴雨表。第三,社会舆论的有效性。只有那些有效的意见,即能对社会发生影响,改变阻碍社会的某种行为的意见,才能成为舆论。第四,社会舆论就传播而言具有大众传播性。社会舆论只有通过人们之间的相互交流,意见相互碰撞,最后形成大部分人认可的意见时才形成。在此过程中,大众传播工具起着十分重要的引导作用。它覆盖面广,信息传递快,影响力大,因而成为现代社会越来越重要的宣传舆论工具。

社会舆论总是代表社会群体成员的共同利益,由于社会群体的复杂性和利益的差别性,人们对发生的某种事态往往形成不同的舆论,这就决定了舆论的正确性和合理性是相对的。有些舆论,历代相传,成为一种固定化的心理制约力量——风俗。越落后的地区,风俗的约束力量越强。

舆论为什么容易被人接受与传播呢?舆论代表了群众的倾向性意见,群众在主观上早就有了心理感受与心理准备,只不过是不明确而已。这种不明确的心理倾向遇到了舆论信息,就会被唤醒,转变成个人意见。议论往往带有浓厚的情绪色彩,以致使舆论的形式与传播都带有情绪性。特别是当个人生活受挫和遇到困难

①沙莲香,《社会心理学》.2版,北京:中国人民大学出版社,1998年,第286页。

不能解决时，最容易接受某种舆论。对舆论的接受与传播同个人的需要与愿望有关，舆论内容与个人的需要与愿望越密切，其传播的速度与广度越强。如果两者的差距过大或相矛盾时，个人对舆论就会采取置之不理的态度。

(二)社会舆论的作用

社会舆论是一种十分独特的社会控制手段。它作为一种软控制力量，渗透在风俗、道德、政权等一切控制手段之中，发挥着广泛的作用。因为舆论是社会上或者是一个组织团体的共识，它必然对个人、群体和社会产生重大的作用。平时我们所说的“人心所向”、“众望所归”、“众怒难反”等都是指舆论的压力。具体而言，舆论的作用表现在以下几个方面：

第一，舆论具有鼓动作用。舆论是革命运动的先导，对社会变革具有促进作用。凡是要推翻一个政权，总是先造成舆论，总是要先做意识形态方面的工作。革命舆论能揭露旧制度的弊端，指明社会发展的方向和道路，为新制度的诞生创造强大的精神推动力量。同样，反动活动也是从制造反动舆论开始的，因此，牢牢掌握舆论阵地，使宣传的内容反映广大人民群众的呼声，对实现社会控制，保持良好的社会秩序是极为重要的。

第二，社会舆论对社会行为具有导向作用。社会舆论往往暗示出特定社会的价值规范和行为准则，对社会个体而言，一般都会得到社会舆论的引导，即使来到一个陌生的环境不知所措时，也往往因为得到社会舆论的指导而能应付自如；对群体而言，如能尊重舆论，尊重大家的意见，便能增强凝聚力和提高工作效率。在日常生活中，这种导向作用也是十分显著的。舆论的指导者越有权威性，其对人的行为的指导与引导作用也就越强。

第三，社会舆论对社会行为有约束作用。社会舆论反映了大多数人的意见，起着一种评论和监督的作用。因此，对少数人与众不同的言行或越轨行为具有一定的压力。少数人为了缓解这种压力，会改变甚至放弃自己原来的言行，表现出顺从的态度，与众人保持一定程度上的一致。舆论的约束作用不仅表现在对个人行为的约束，也表现在对群体、组织乃至政府行为的约束。当社会成员为某个问题发生冲突时，其他成员会做出评论，于是，理屈的一方就会做出让步。

当然，社会舆论的作用也有积极与消极之分。积极的社会舆论可以为人们提供正确性的行为导向，消极的社会舆论可能为人们提供错误的行为导向。

二、社会宣传

社会宣传作为调整社会力量、社会关系和社会利益的有力的舆论手段，是指运用各种符号传播一定的观念，以影响人们的思想和行动的社会行为。[①]因此，宣传是一种有意识地控制社会心理的活动，一个社会如果要形成一般群众的特殊态度、意见和舆论，以及特殊的风俗信仰、道德倾向都要通过宣传。它是一种控制社会环境以养成个人的某种特殊行动倾向的方法。宣传过程实质上就是帮助人社会化的过程。任何团体和个人，如果发现有价值的知识、观念都应该把它传播到社会中去，促进社会的文明化和科学化。现代社会已进入信息时代，各种利益也出现了复杂的交错状态，为达到社会控制的目的，加强"宣传"这种舆论活动越来越显得重要。这里我们仅对社会宣传的特点和影响宣传效果的因素做一简要介绍。

（一）社会宣传的特点

社会宣传有如下特点：

第一，社会宣传具有倾向性。在阶级社会，宣传是统治阶级控制和使用的舆论工具，具有明显的倾向性，它是为一定的社会集团服务的。例如，新闻媒介是宣传渠道之一，从来就是统治阶级要全力控制的手段，有时甚至被称为统治阶级的喉舌。所谓的"新闻自由"，其实只是维护有利于统治秩序的"新闻自由"。在标榜大众传播没有阶级性的西方，新闻自由也只是一个骗人的幌子。这说明，传媒所做的宣传有明确的倾向性，即有利于统治阶级的统治。

第二，社会宣传具有社会性。宣传是一种社会行为，它在社会环境中产生和发展。就宣传者而言，必然受到所处的环境（自然的、社会的、信息的）影响，始终会以自己独特的方法去选择制作要传递的信息；就受传者而言，也处在上述环境的影响和制约之中，在选择、理解、记忆信息、做出社会行为时，必然受到群体的指导和约束；就宣传活动本身而言，也是一种沟通的特殊形式，是一种社会性行为，沟通双方在交流信息的同时，也相互交流思想感情。因此，宣传是一项十分复杂的社会性活动，所涉及的对象和内容十分广泛。从家庭到阶级、阶层、社会团体，从政治、经济、文化到思想意识、伦理道德、生活习惯，对社会起着引导和潜移默化的作用，造成强大而持久的社会舆论，成为全社会的生活内容和行为规范。

第三，社会宣传具有说理性。事实胜于雄辩。宣传只能用摆事实、讲道理的方法，动之以情，晓之以理，使人心服口服，而不能强迫命令。这就要求宣传的内容是颠扑不破的真理或令人信服的事实，而不是荒诞不经的谬误和歪曲虚假的捏造，另外，要求宣传者与受传者处于平等地位，进行相互探讨和启发。那种强制性宣传，不说理的盲无目的地的宣传，是不会有好效果的。

第四，社会宣传具有现实性。宣传不仅要正面灌输某种思想、观念，使之形成

---

①大百科编委会，《中国大百科全书·新闻出版卷》，北京：中国大百科出版社，1990年，第427页。

人们的自觉行为，而且要针对现实生活中人们普遍关心的热点、疑点和难点问题，给予实事求是的传播、评价。宣传者不能用僵化的、一成不变的观点来看待理论和思想，宣传必须从实际出发，为实践服务，为现实服务。

（二）影响宣传效果的因素

影响社会宣传效果的因素很多，主要有宣传者、宣传媒介、宣传信息、受传者个性及所处环境，以及政治、经济等因素。

1. 宣传者对宣传效果的影响

宣传者对宣传效果的影响主要是通过宣传者的威信发生作用。宣传者的威信由两个因素构成：专业性与可信度。专业性一般指专家身份，包括宣传者的知识、学历、职业、地位、年龄等，这些因素使宣传者的角色构成了一个专家的形象，就具有了权威性特点。可信度是由宣传者的人格特征、外表形态以及讲话的自信程度等决定的。宣传者要使受传者接受所传信息，最关键之处在于使自己成为有威望、值得信赖的信息源。

首先，宣传者必须同支持宣传的社会权威保持一致。在我国，其宣传威信来自中国共产党和政府的威信，作为社会宣传者，必须同党中央、政府各权威部门保持一致，使受传达者感到：从宣传者那里能及时、准确地了解党和国家的政策、方针。

其次，宣传者在宣传时要做到及时、准确。一方面，要求宣传者必须有强大的物质基础；另一方面，要求宣传者能在纷繁的信息流中识别事物的本质特征，实事求是地提供宣传信息。一个有威望的信息源，它的信息网络广布，这样才能以最快的速度收集、处理、储存大量的信息资料，迅速向受传者做出解释。当然，在迅速收集信息的同时，宣传者必须对信息进行准确的“加工”，把握其实质，再向受众传播。事实证明，讲真话的宣传者威信高，宣传效果好。宣传假信息者，是经不起时间考验的，受众最终会对宣传者失望，严重影响宣传的效果。

其三，宣传者自己要成为宣传内容的专家。实践证明，如果宣传者被认为是某项内容的专家，宣传效果就会倍增。一个强大的宣传系统，应当配备政治、经济、军事、外交、科学、文化等各方面的宣传专家阵容。这样所做的宣传，能够具有科学性和理论深度，这就是所谓的“内行”讲话，效果特佳。实践中，人们经常邀请有关专家出面宣传，邀请有名的节目主持人、报纸的主编、有关专家、权威人士发言、撰稿，设置专栏作家等，都是为了强化宣传者的“内行专家”色彩，增强宣传效果。

其四，宣传者要注意宣传内容的一致性。宣传的观点、论调要前后一致，不要前言不符后语，朝三暮四；否则，受众会认为宣传者言而无信，产生信仰危机，降低宣传者在他们心目中的权威地位，拒绝接受宣传。当然，社会生活瞬息万变，宣传者的认识也有一个逐渐深入的过程，有时难免犯错误，但这些情况，也必须向受众进行实事求是的解释，使受众愈发坚信宣传者的求实求真精神。

2. 宣传媒介与宣传内容对宣传效果的影响

宣传媒介是人体的延伸，现代宣传从面对面的交谈发展到利用印刷品、广播电视、电脑网络的宣传。一般说来，传播同一信息，媒介的适应性越强，普及面越广，它的影响就越大，效果就越好。不同的媒介有不同的特点，适应于不同的宣传内容，因此，必须根据所宣传的内容有针对性地选择宣传媒介。宣传内容也是影响社会宣传效果的一个重要原因。一方面，表现在宣传内容与宣传对象关系的密切程度；另一方面，也表现在宣传内容的安排上，如是单向的宣传还是双向的宣传（即正反两方面的内容都有）。实践证明与宣传对象的关系越密切，对其生活影响越大，越容易引起注意。至于单向宣传效果好，还是双向宣传效果好，则取决于宣传对象的文化程度和成熟水平。

3. 宣传信息及其宣传形式对宣传效果的影响

实践证明，宣传信息对宣传效果有着直接的影响。为了取得较好的宣传效果，宣传者必须对宣传信息有足够的重视。

其一，合理编制信息内容。大量的资料表明，宣传内容受欢迎的程度与受传者的心理需要密切相关。因此，宣传者在编制取舍宣传内容时，应准确把握受众的心理需要，要让群众看得懂、听得明、喜欢看、喜欢听。在信息化的今天，这点就愈发显出其重要性了。

其二，要贯彻受众参与的原则。社会心理学的研究表明，对宣传者而言，受传者不是被动挨打的“靶子”，让受传者参与宣传内容的形成过程宣传效果更好。例如，近年来，报纸、电台、电视台、政府网站开办的“读者论谈”、“读者来信”、“听众信箱”、“听众点播”、“共同讨论”等为受传者提供了发言的机会和场地，充分发挥了受众参与宣传的作用，收到了良好的社会效果。

其三，要用事实说话。对事实的解释非常重要，好的解释会大大增强宣传的心理效果。要达到提高宣传效果的目的须注意以下问题：①所宣传的事实要有合理的依据，使人因论据合理而接受其推论，再由推论接受宣传；②人的欲望可以控制人的行为，利用人的欲望的力量可以提高宣传效果；③利用反复强化，人类心理的最大倾向之一就在于容易接受任何反复提示的结果；④利用反宣传，也就是借着否定谣言来传播谣言，或者借对新观念的批驳来传播新观念。

其四，宣传信息的发布要及时。社会心理学的研究成果表明，人们在接受信息过程中，有先入为主的特点，即所谓的“首因效应”。因此，社会宣传迅速、及时，可以取得较好的效果。社会宣传信息最好在众说纷纭之前，在反宣传之前传播出去。例如，平时的抢头版头条、发快讯、现场直播就是这个道理。

其五，要注意某些信息的保密性。有些信息传播的时间是有序的，如果在宣传过程中打乱了时序，扩大了空间范围，就会造成损失，或引起社会混乱。

4.受传者的状况和环境对社会宣传效果有影响

宣传心理学认为，宣传者、宣传媒介和受传者相互作用，调节着信息的选择和接收。受传者的状况因此成为影响宣传效果的主要因素之一。

其一，受传者的生理状况影响宣传效果。受传者生理条件不同，对色彩、声像、符号的识别与理解、记忆的能力不同，会直接影响到对社会宣传信息的吸收、内化。显然，盲人看不见电视、电影，聋人听不见音乐等。

其二，受传者的价值观、理论水平影响社会宣传效果。受传者以其社会知觉 、社会印象为基础产生社会情感，它调节着受传者对社会宣传信息进行评价和推论，进而进行选择性接受、选择性吸收和选择性记忆。

其三，受传者的需求和目标影响社会宣传效果。人的需求有生理需求，也有社会需求，这种需求的差别，必然影响到他们对社会宣传信息的态度，决定着对社会宣传信息的赞成与否，这必然对社会宣传效果产生影响。

其四，受传者所处的社会环境影响社会宣传效果。受传者身处的现实生活环境（自然、社会、信息环境）必然受到各种自然力量 、社会力量、信息力量的相互作用，受传者选择、接受信息的范围和方向也由此受到影响。

总之，受传者所具有的主体条件和所处的客观环境，都是影响受传者接受社会宣传信息的因素。同前面的内容联系起来，我们很容易就会形成这样的认识：舆论的社会控制作用实际上是一种社会心理控制，其关键在于搞好社会宣传；而要搞好社会宣传，就必须利用好影响社会宣传效果的各种因素。

第三节　流言与社会控制

西方人称流言为“智力口香糖”，也就是说它是很多人感兴趣的话题。既然是很多人感兴趣的话题，自然也是一种极为普遍的社会心理现象。流言是提不出任何信得过的确切依据，而在人们中相互传播的一种特定消息。流言与谣言的区别在于动机不同，谣言是恶意的攻击，是谣言制造者故意捏造、散布的假消息。其共同特点是：二者都缺乏明确的事实依据，但都能广为传播。由于流言与谣言的传播是单线的、匿名的，很难寻找他们的最初来源，无法判定制造者的意图和目的。事实上很难将二者区分开，所以常常将二者放在一起讨论，本章将二者统称为流言。在社会剧烈变动或发生特殊事故的情况下，流言与谣言会盛行，造成社会动乱，甚至引发严重的事件。了解流言和谣言的形成规律，对控制流言和谣言、避免社会动乱，有重要意义。

一、流言的产生

流言的产生既有社会环境方面的原因，也有人们主观心理方面的原因。

从社会环境原因来看，根据孙本文的观点，流言产生有其特殊的社会背景：第一，当发生事变时，如革命时期、灾荒时期、战争时期等，最易发生流言。因在此时，固有的社会秩序已被打乱，人们失去了稳定感，于是便以讹传讹来解释变乱的原因，或叙述事变的情况，或揣测未来的命运等。

第二，当社会面临危险的境遇，即使并未发生重大事变而仅仅有变乱的征兆时，流言也容易发生。此时，事变正在酝酿，吉凶未卜，人们出于好奇或恐惧，而使其盛传。

第三，社会内部结构紊乱，运行失调，统治者倒行逆施之际，由于民怨沸腾，流言、谣言也会发生。

从流言产生的社会心理基础看，首先是由于个体间的差异，使人们的感受能力、记忆能力、理解能力和表述能力不同，加上观察、记忆、理解等方面的偏差，当人们传递某一信息时，常会出现遗漏、颠倒和错误，例如，当世界第一颗原子弹在广岛落下时，日本就流传着该城市被喷洒了汽油，然后爆炸和引起大火，随之水被毒化，疾病横行的流言。[①] 其次是人有自圆其说的倾向，即人们往往希望自己的话在别人听起来是真实的、合理的，是符合某种因果关系的。为了达到这个目的，有些人便可能有意无意地增补、删改事实，使之最终成为流言。三是正常的信息渠道受阻，缺乏信息或信息不清时，个人可能会依据猜测、想象，对事物做出自己的解释，这可能导致流言的产生。

可见，导致流言产生的因素是十分复杂的。按照奥尔波特的观点，流言的产生与事情的重要性和信息的模糊程度有关，用下式表示：

$$流言强度 = 事情的重要性 \times 情况的模糊程度$$

也就是说，流言的产生必须具备如下 2 个条件：第一，众人对某一事件非常关心或感兴趣。第二，信息缺乏。在传播渠道（尤其是大众传播渠道）不畅的情况下，人们急于了解事情的真相，那些街谈巷议、毫无根据的断言、“小道消息”就会乘虚而入，填补信息不明造成的空白。从这个意义上说，流言能迎合不明真相的人的心理需求。因此，问题越是严重或越具有挑战性，有关的信息越是贫乏，流言就越容

①戴维·波普诺著，李强等译，《社会学》（第 10 版），北京：中国人民大学出版社，1999 年，第 605 页。

易急剧发生和蔓延。

社会心理学家在这方面做了大量的实验。关于观察记忆的缺漏，根据罗斯加(Rosca)的研究，106人同时观察一个偶然发生的事情，随后让他们报告观察到的情况，结果发现正确率只有3%；另有实验指出，被试的记忆效果随着时间的消失而愈加不正确。往往存在将不合理的材料舍去，而补入“合理”的材料的倾向。吉布森(E.J.Gibson)在实验中使用了许多无意义的图片，让被试默认后，再画出来，结果许多被试把无意义的图形变成了有意义的图形。这证明，每个人的心理活动中各有“合理化”的倾向。这种心理特点，再加上社会上种种的风俗、传说、神话、信仰及个人的愿望，当把他们观察到的东西传给别人的时候，就变成了一个“完整”的故事。

当然，流言的产生也有一些实际的社会心理因素。首先，一个人之所以转述一件谣言，是因为能够满足他的某些私欲，满足了他的某种需要。其次，流言甚至为那些不相信它的人所转述，是因为转述这些流言和谣言能为他提供一个表现或发泄情绪的机会。这种情绪在正常情况下是被禁止和抑制的，而流言和谣言既给了他们一个心理补偿的机会，又使他们不感到有犯罪感。其三，正常的信息渠道受阻或缺乏信息的情况下，个人可能会依据猜测、想象，对事情做出自己的解释，这就难免产生流言和谣言。此外，造成流言的制造或传播的还可能有以下情况：高压政策，成员对领导、组织不满，但又不敢说明，所以就托石言兽语，以诉不平；嫉贤妒能之人也常采用造谣中伤的手段；一部分流言是群体中的某些人，为了达到自己的某种目的，而故意捏造的。

因此，客观的社会环境因素，某个人的突出特点，人们对于某些问题的关注、有关信息的匮乏和一些社会心理原因是流言和谣言得以产生的温床。正是由于这些原因，流言和谣言开始容易停止难，由于社会与心理因素的作用，它的传播速度非常快，传播范围非常广泛。它们常常是人们茶余饭后的闲谈资料，所以极易流传，而且一旦传播其影响就难以彻底消除。只要形成这种流言和谣言的社会环境因素没有变化，越是“辟谣”，信谣、传谣的越多。

二、流言的传播过程

流言的传播过程就是传闻内容被扭曲的过程。流言内容之所以被扭曲，其原因我们在本节第一部分已谈到一些。从语言角度讲，流言最主要的传播形式是人际传播。每种语言都存在语法、语音和词汇3个要素，但人们日常的口头语言交流却有不同的表达习惯，特别是语言具有个别性、地方性、民俗性的口语特点，使得流言的内容从一个人传到另一个人，从一个地方传到另一个地方时，会发生某种歪曲。更何况语言还有同音、一词多义等现象，流言的内容被歪曲误解就不足为奇了。但若从比较心理学角度看流言内容被扭曲的原因，语言学意义上的扭曲又显得微不足道了。正如前文谈到的，注意、记忆、想象和创造这些人类心理活动的特点，是造成流言被歪曲的内部心理机制。听说流言时注意力不集中或者是传播流言时记忆误差，会导致流言内容被扭曲。而记忆活动、识记和回忆过程中总包含着想象的成分，记忆形象在某种程度上是在意识流中被想象形象补充着，同想象形象结合着，尤其是在记忆内容模糊、暗淡、欠缺的情况下，人们时常会用想象内容来填补使之明确，这就使流言的一些内容在传播过程中受到了创造性的歪曲，甚至最终离题万里，沦为民间传说故事。

从流言的接受者与再传递者来看，传播的内容是如何被歪曲的呢？按照美国社会心理学家 G・奥尔波特和 L・波斯特曼的观点，原本就不确切的消息接受者在进行再传播时，常常因为这样 3 个原因被夸张或歪曲，即削平、削尖、同化。所谓“削平”，是指再传者把流言中不合理的成分削去，重新安排某些情节，使得传闻更简单扼要，便于向他人传播和吸引他人。所谓“削尖”，是指听流言的人，由于对其中的某些内容兴趣较浓，印象较深，当他再次传播给别人时，就会强调其印象深刻的部分，将此部分的内容“突出”了。所谓“同化”，是指流言的接受者以自己的经验、需要来理解流言的内容，凡是他认为符合逻辑的部分就接受下来，凭想象对这部分作进一步的加工，添油加醋之后，使流言朝着自己感兴趣和期待的方向再传播给其他人。

流言的传播模式基本上是一种链式沟通网络，但在其间的诸多分支上，又采取了诸如“集聚式”、“耦合式”、“单串式”等信息传播的形式。在链式网络传播过程中，流言和谣言的传播者和接受者的数目最初增加较为缓慢，到了一定程度时，它的传递速度加快，传播网络纵横交错，从而使流言和谣言的传播达到饱和或接近饱和状态。在流言和谣言的传播达到鼎沸后，便开始走向落潮阶段。方式有 2 种：一种是出现强有力的事实证明了传闻是不确切的，流言和谣言就会迅速消失；另一种则是长期得不到事实的有力证明而自行落潮。由于时间长了，流言和谣言无论是在新颖性上还是重要性上都开始减退，随着公众兴趣的转移，流言和谣言便在大多数人中消失。这一过程是缓慢的，不知不觉的。

三、流言的控制

绝大多数情况下流言是非常荒诞的，流言容易使社会成员判断失误，信以为真。因此，流言在多数情况下，会给社会生活带来消极的甚至是灾难性的后果。对个人而言，流言轻则会影响生活情绪和健康，重则达到“众口铄金，积毁销骨”的“杀人”效果。对于一个社会群体或组织而言，流言轻者会扰乱社会秩序，重者会对社会秩序造成摧毁性的破坏。因此，制止流言对社会控制者而言，具有重大的意义。如何有效地制止流言，最常见的防范措施就是法律的制裁。这里我们从社会心理学的角度出发，提出如下办法控制流言：

(1)在流言刚开始传播时，必须准确估价其本质，即传闻会给社会带来何种结果。如果是积极的就应该因势利导；如果是消极的，应采取各种防范措施，将之扼杀在萌芽状态之中。古语云“流言止于智者”，及时采取措施，使大众保持冷静的头脑，流言就会被有效地抵制。

(2)如果流言已被广泛传播，最重要的工作就是采取有力措施使信息渠道畅通，选择适当的方式让人们了解事情的真相。为达到此目的，有多种方法可以选择。比如，发表电视演说，设立答复公众询问中心和谣言控制中心(如美国)，邀请社会各界权威人士发表见证消息。但在具体的操作中，必须注意社会成员的态度及其接受范围和排斥范围，避免使人产生“此地无银三百两”的反暗示效果。

(3)流言的产生和传播是基于一定的社会心理基础的，一般认为人们处在恐惧不安和焦虑状态时，流言易于产生、传播，以求弥补人们的心理失衡，而这种失衡归根到底是社会失衡的反映。因此，要从根本上消除流言产生的社会基础和种种动因。首先，要保持社会的安定，保证民主渠道畅通，减少公众的挫折感和不公平感。其次，应使用各种方法提高公众的成熟度和抗干扰能力。对具体的社会组织而言，要避免流言，应该注意完善自身的运行机制，尊重社会公众的利益，与公众保持密切的沟通。

第四节　越轨行为与社会控制

社会上经常发生这样的事：公路上的井盖被人偷卖了铁；喝醉酒掀翻了饭店的餐桌；失恋轻生，跳楼自尽；贪图享受，砸门撬锁敛人钱财；公职人员玩忽职守，侵吞公款……这些行为，有些涉及被害者，有些则不然；有些触犯法律，有些则不属于违法范围。社会学家称这类行为为越轨行为。社会心理学对这类行为的研究在于为什么会有这些行为出现，以及怎样防止这些行为。

一、越轨行为的含义及其类型

社会控制的一个重要内容就是对种种越轨行为加以限制。那么，什么是越轨行为呢？

（一）越轨行为的含义

我们所说的越轨行为，又称社会越轨、离轨行为或偏离行为，是指社会成员（个体、群体或组织）偏离或违反一切公认的现存社会规范的行为。如何确定某一行为是否越轨不但是一个理论问题，也是一个现实问题。对越轨行为的界定，我们强调要以社会规范为标准来判定某一行为是否越轨。因为在现实生活中任何社会规范都有其社会适用范围，越出这一范围，它就失去了作为评判标准的资格。首先，越轨行为的判定与文化类型有关。由于文化类型不同，它对人们的行为是否越轨的判断标准也不同。例如，一夫多妻现象在奴隶社会、封建社会、伊斯兰教国家、新中国成立前中国大小凉山彝族地区被认为正常，在现在的很多文化中被认为不正常。其次，同一社会中对不同群体的不同规定也对判定越轨行为发生影响。例如，社会上的青年人吸烟并不被认为是越轨行为（有的还被认为是成熟的表现），但中学生吸烟则被认为是沾染上了不良习惯，违反了校规校纪。再次，同一社会主体的同一行为在不同社会情境下可能有不同的评价。例如，在非执行特别任务的情况下，公安人员驾警车行驶于长安街的公共汽车专用道上，这是一种不正常的现象；若现在警车因追捕逃犯（或护送国宾车队）而在公共汽车专用道上行驶，就非但不是越轨，而且还是必要的了。最后，越轨行为还随着社会规范的变化而变化。

（二）越轨行为的类型

对越轨行为，不同学者有不同的分类。如有人把越轨分成行为越轨、习惯越轨、人格越轨和文化越轨；[①]有人分成行为越轨、滥用麻醉药品、暴力行为、不诚实以及认识越轨。[②] 事实上，这是根据不同的标准，对越轨行为进行的不同分类。一般认为越轨行为有以下几种分类方法。

根据越轨行为的主体，可以把越轨行为分为个体越轨、群体越轨。个体越轨是指具体的个人在社会生活中做出的各种违反社会规范的行为。例如，有读者在国家图书馆阅览室内肆无忌惮地用手机大声打电话，违反了规定。群体越轨是指由若干个社会成员形成的集体或团伙进行的越轨行为，如公司进行走私活动。

根据越轨行为的社会后果，可以把越轨行为区分为积极越轨、消极越轨和中性越轨。积极越轨是指行为虽然不符合现有的社会规范，但它对社会生活和社会发展具有积极的作用，如移风易俗、社会革命。消极的越轨是指对社会生活和社会发展具有破坏性或阻碍作用的行为，如拐卖妇女儿童等违法犯罪行为。中性越轨行为是指那些与社会发展无损益作用的越轨行为，如女青年把秀发剃光，男青年留长

①周晓虹主编，《现代心理学》，南京：江苏人民出版社，1991年，第383页。

②道格拉斯、瓦克斯勒，《越轨社会学》，石家庄：河北人民出版社，1987年，第10页。

发等不符合传统生活方式和审美观念的行为。

根据越轨行为所触犯的社会规范的性质，可以把越轨行为分为违俗行为、违德行为、违纪行为、违警行为和违法行为。这是对越轨行为所作的最常见的最基本的分类。违俗行为是指违反风俗习惯的越轨行为，如中国人结婚时到教堂举行婚礼。这种越轨行为在生活中可能经常发生，通常不会受到直接的“惩罚”。违德行为是指违反社会公共道德、职业道德、婚姻家庭道德等社会道德的行为，如中国传统社会中青年男女未婚同居。这种行为比违俗行为严重，通常会受到社会舆论的非议与谴责，并使越轨者感受到巨大的社会压力和心理压力。违纪行为指违反组织纪律的行为，它发生在各种社会组织内部，通常要受到组织纪律处分。也有人把前述3种越轨行为统称“违规行为”[①]。违警行为是指违反警察部门为维护社会治安和公共秩序做出的各种禁止性规定的社会行为，如违反交通规则闯红灯等。违法行为是指违反法律规定的行为。严重违警行为有可能转化为违法行为。违法行为通常包括刑事违法、民事违法、行政违法。其中刑事违法行为也就是犯罪行为，它是一种触犯国家刑律，应受刑事处罚的越轨行为，因而也是最严重的越轨行为。

除以上的类型划分外，还有其他很多分类，比如，根据越轨行为所引起的社会反应，越轨行为可分为社会不表态的越轨和为社会所不容的越轨；根据越轨者对所违背的社会规范的态度，可分为失常性越轨和叛逆性越轨等。

二、越轨行为的功能

一般而言，越轨行为总是给现存社会秩序造成威胁。但在社会学家和社会心理学家看来，越轨行为对社会的影响有消极的一面，也有积极的一面。

1.越轨行为的负功能

越轨行为的负功能主要表现在3个方面。

第一，直接破坏社会秩序，危及社会稳定。社会规范是社会正常运作的保证。对重要的社会规范的普遍背离使得社会变得不可预测，并使遵守社会规范的成员与背离社会规范的成员关系紧张和发生冲突，从而使社会秩序受到破坏。例如，军人出卖军事情报危及组织的生存，采购人员收受回扣而购进大量劣质货物使工厂倒闭等。

第二，破坏其他社会成员遵守社会规范的自觉意愿性。社会规范是阻止个人为自己的利益而损害他人利益的保证。许多越轨行为对个人而言都是有利的、愉快的，但对他人都是有害的。如果这类行为的越轨者没有遭受到惩罚而逍遥法外，

---

①郑杭生主编，《社会学概论新修》，北京：中国人民大学出版社，1998年，第474页。

就会动摇人们对社会公平原则的推崇和激发人们的怨恨情绪，从而减弱人们遵从社会规范的自觉性，引诱他人也去做同样的事，最终引起诸如生产严重滑坡、情杀等各种示范现象，导致社会组织管理的混乱。

第三，破坏相互间的信任关系，降低群体或社会的凝聚力。一个群体或社会的发展需要人们真诚团结和合作。社会规范是社会成员合作的契约。社会关系就是建立在相信公众能够依规范行为处世之上的。如果社会交往中出现欺诈等越轨行为，会降低人们之间的信赖度，特别是普遍的越轨行为会破坏这种信赖关系，让所有的人都充满着不安和忧虑，严重降低社会凝聚力。

2.越轨行为的正功能

越轨行为的正功能也包括了3个方面。

第一，积极的越轨行为能促进社会发展。社会规范总是产生于一定的历史条件之下，当社会条件发生变化，原有规范已不符合社会发展的要求时，打破常规的越轨行为有利于社会发展，这种越轨行为是社会变迁的必要条件。

第二，越轨行为有助于明确社会规范。社会规范或者以成文的方式体现出来（如法律），或者以不成文的方式融入社会生活之中（如风俗、道德、信念）。只有当越轨行为受到惩罚时，众人的反应才使成文的规范进一步明确，使不成文的规范明确起来。例如，现在的独生子女考上大学搬入学生宿舍之初，并不都明白所处环境的社会规范。当他往窗外乱倒脏水引起楼下同学的抗议或者被人骂为“没有道德涵养”时，他才知道往窗外倒脏水是不对的。

第三，越轨行为作为安全阀对社会的不满情绪有调控作用。例如，前苏联解体后，俄罗斯的大批失业者、贫困者通过酗酒来寻找精神解脱；美国“嬉皮士”时代的青年通过吸毒来寻找精神寄托，这就使他们加入激进的政治派别（重新对社会财富进行重大调整和分配）的可能性大为减少，这对社会的稳定有利。

三、越轨行为的理论

越轨是一种多因性的社会现实，许多学科都十分重视越轨行为的研究，从各自的角度提出了各种各样的理论。

1.神学的解释

神学是历史上最早也是影响最为深远的一种解释。这种解释差别很大，如把越轨者说成是魔鬼缠身、中了邪气或者受了上帝的惩罚等。这种解释普遍存在于生产力水平极低的原始社会，其主要影响延续到中世纪末，今天在一些落后的社会文化中依然有一定影响。

2. 生物学的解释

生物学的解释,这种理论认为越轨行为是由人的体质中的生理缺陷引起的。最早提出这种理论的是意大利犯罪学家C龙勃罗梭。他认为有些人可能是天生的犯罪者,他花了大量的时间去测量狱中犯人的头骨,发现犯人的头骨不同于正常人而与类人猿的相似,如头形古怪、朝天鼻、兔唇、下颌突出等都是人类进化中较为原始的特征。于是他总结说,犯人是现代文明社会中的野蛮人,是退化的人,是生下来就注定要犯罪的,这种犯罪特性是会遗传的。龙氏之后,有学者又将这发展为体态理论和染色体理论。

体态理论将人依体态分为3种:一种是内容型,其特征为柔软、圆胖;一种是中坯层型,其特征是肌肉发达,体格健美;一种是外坯层型,其特征是肌肉较少,体质虚弱。该理论认为中坯层型人要比其他人更容易犯罪。

染色体理论建立在染色体异常学说的基础之上。正常的细胞核都有23对(46个)染色体,其中22对(44个)是常染色体,与性别无关。只有一对性染色体,分为x染色体和y染色体两种,男性细胞核中的一对染色体是xy型,女性细胞核中是xx型染色体。但人们发现有一些男性有一种xxy型结构染色体,即比正常男性多一个女性染色体。这些人在体质上具有个子高、智商低、面部有严重粉刺等特征,在行为上具有进攻性和反社会性,在精神病院和监狱中所占的比重较大。于是,染色体理论就认为染色体异常是导致社会越轨的生理原因。

3. 社会学和社会心理学的解释

其一,社会解组论。这种理论认为人的冲动应该受到社会制度和社会规范的约束,否则便会出现越轨行为。这种理论的代表人物是20世纪初美国芝加哥大学的库利和帕克等人。他们研究当时的美国社会,认为美国在工业化、城市化以及移民潮的猛烈冲击之下,传统社会那种稳定的、紧密联系的社会体系受到破坏而解组,初级群体的功能削弱,对个人的控制力降低,社会出现了复杂性、流动性和不稳定性,从而导致大量的犯罪、自杀、酗酒、精神失常等社会越轨现象产生。

其二,社会失范论。这种理论认为,任何社会的一个基本目标就是促进一致,当因为种种原因,社会系统中的不同部分失去了一体化的时候,人们就会陷入无规范的或混乱的状态,即失范状态,这时越轨现象就可能大量产生。比如,在迅速变动的时代,当文化价值、科学技术和社会结构以不同的速率转变的时候,就会产生社会失范,很多人难以适应这种迅速的变动,就会导致较大比例的越轨行为和较高的犯罪率。这种理论最早由法国社会学家迪尔凯姆在其名著《自杀论》中提了出来,以后又有学者将之称为"迷范论"、"社会反常状态论"。

其三,社会结构论。这种理论认为,越轨行为主要是社会文化与社会结构之间极为紧张的产物。这种理论是美国社会学家默顿在迪尔凯姆失范理论的启发下提出来的。他认为，社会一体化的破坏使人陷入了极度紧张的失范状态，而这种极度紧张是由社会手段和目标的不统一造成的。他列举出在这种极度紧张的情况下，人们可能做出的5种选择：①顺从（坚持肯定的目标又使用肯定的手段）；②革新（使用社会否定的手段追求社会肯定的目标）；③墨守成规（使用社会肯定的手段却放弃社会肯定的目标）；④退却（同时放弃社会肯定的目标和手段）；⑤反叛（创造新的目标和手段以代替旧的目标和手段）。除第一种外，其他4种都是不同程度的越轨，其中第二种是越轨的普遍形式。因此，这种理论又被人称为“手段——目标论”。

其四，差异交往论（又称“文化传递论”、“随异交往论”、“不同接触论”）。这种理论认为，越轨是一个人从其生活的社会环境中学来的。所有的人都经历一种社会化的过程，但是他到底学到了什么，取决于他在进行社会化的时候与什么人交往，受到什么样的影响。如果一个人经常同越轨者接触并且受其强烈影响，那么他自己也可能成为一个越轨者。这种理论的主要代表人物是美国社会学家萨瑟兰，他指出：一个人与越轨者关系越密切（即接触的次数越多、频率越高、时间越长），而且接触时他年龄越小，他就越容易变成越轨者。

其五，亚文化群体论（又称“冲突论”）。这种理论认为，一个复杂社会包括一系列文化群体和亚文化群体，它们都有属于自己的一套规范和社会价值观。作为整体的社会所认为的越轨行为反映了强势群体与弱势群体之间的关系：社会中强大的群体能够把弱小群体的许多价值观和行为视为越轨。

其六，标签理论（标志论）。这种理论认为，越轨不是因为行为本身，而是因为社会反应、他人定义的结果；正是他人给某一行为下定义，贴标签，才使该行为成为越轨行为，并引发进一步的越轨行为。未被任何人认出和未受惩罚的越轨是初级越轨，这种越轨是人人都会有的，一般也是偶然产生的。一个偶然越轨的人可能不被别人当作越轨者，但一旦被宣布为越轨者就是被贴上了越轨的标签，其他人就会对他另眼相看，将他从“正常人”的队伍里永远开除出去。因此，越轨是社会造成的，甚至有时是社会通过提出新规范而制造出越轨行为。此时，即使是越轨者自己，在标签的刺激、暗示、强调之下，思想上也开始形成一个新的自我概念，即认定自己是越轨者并按越轨者的方式去行动。这样，初级越轨就转化为次级越轨，即习惯性的、持久的、程度严重的越轨。

其七，编剧理论。该理论认为，社会如舞台，每一个人是社会生活中的演员，一生要扮演多种角色。社会行为就是一种舞台演出，角色、道具、布景、前台、后台等一应俱全。人们总是以各种方式向他人表现自己，如利用姿势、话语、行动像演戏般表现出内在的状况，意在影响别人对他的印象。总之，他在社会舞台上演出时出于策略的考虑，会塑造出各种各样的角色形象。而有些越轨者的生活内容就是炫耀自己的越轨行为，以使他人震惊或痛恨为乐，例如，在“青春期反叛”中，吸烟、早期性行为、吸毒、酗酒等。

其八，存在主义理论。该理论认为，存在先于本质，即人们在有本质体验（象征体验）之前充满活力地感觉着、知觉着、行动着。感觉，特别是受情境左右的内驱力和情绪，是人类活动归根到底的决定性因素。而价值观念和信仰，只有和感受融为一体或者对表达感受有指导作用时才有意义。越轨者正是通过一系列缓慢的步骤，逐渐改变对自己所作所为的感受的。在越轨过程中，越轨者克服并最终摆脱因越轨行为而产生的羞耻感和犯罪感之前，既要欺骗自己，又要欺骗别人。虽然在别人看来，越轨行为是荒唐的、不可思议的，但越轨者本人并不感到荒唐，也无所谓羞耻感。其实，这只是他为了生存而对环境做出的一种反应和选择（这种反应和选择更多地受他的感觉所支配）。

4.心理学的解释

其一，心理缺陷说。这种理论认为越轨的原因在于心理上的缺陷。正常人知道限制自己的越轨冲动，而心理有缺陷的人则不知道限制自己的越轨冲动，甚至想不到越轨冲动的后果。心理缺陷是童年时期社会化失调的结果，例如，遭到双亲的遗弃，孩子的正常社会化过程中断，心理上、感情上遭受严重挫折，难以形成健全的人格，长大后就不善于处理个人与环境的关系，社会适应能力差，极易产生越轨行为。

其二，挫折—侵犯说。这种理论认为，越轨是一种因挫折而产生的针对他人和社会的侵犯形式。当个人的某种满足受到挫折时，他就会产生灰心丧气、愤愤不平等心理，即所谓的“挫折感”，并且还会把这种挫折感发泄成为一种侵犯行为。按这种理论，一定量的挫折是以需要的强度及其受阻的强度为基础的，即挫折越强烈，侵犯也越强烈。由于各种原因不能对挫折的来源实施侵犯时，还会发生侵犯的转移，即将侵犯行为施加到其他无辜者身上。

其三，性格类型说。这种学说认为，没有一个人是天生的越轨者，不过确实有一些人更容易产生越轨行为，这就是性格类型的作用。性格外向的人一般强烈需要变化和刺激，易冲动，爱冒险，具有较强的越轨倾向；而性格内向的人通常爱安静，有较强的自我控制能力，从而也较少出现越轨倾向。

其四，观察模仿说。这是社会学习理论的观点，认为越轨行为是通过观察模仿而学到的。由于人类有突出的模仿学习能力，因此经常接触偏离社会规范的言行，就会滋长较强的越轨倾向，特别是青少年，极易把电视、电影、网上的暴力、色情内容作为模仿对象。一旦有合适的环境，就很容易表现出侵犯他人的越轨行为。

其五，弗洛伊德的人格理论。这种理论认为人格由本我、自我和超我三部分构成。本我是人的本能冲动，总想表现出来，以满足自己的私利，但是这种没有任何限制的表现会造成对他人的侵犯。自我是一种认识过程，其目的是使个体维持在达到目标的轨道上，它在本我和超我之间起调节作用。超我是社会中的禁忌、准则、规范在人的意识中的反映，社会通过教育，使社会行为规范在其成员身上得到内化，这就是超我的力量。超我是人格的检察官，起着压抑本能的作用，一旦本我失控，本能随意表现，就会造成越轨。

四、越轨行为的社会控制

一个社会必须有一个正常的社会秩序，才能健康地生活和生产。因此，任何社会都要制定出一套制约办法来鼓励守法者，打击违法者，以使大多数人在大多数时间里遵守社会规范。越轨行为作为一种违反社会规范的社会行为，是社会控制的主要对象，特别是情节严重的犯罪行为，对社会的安定与秩序有着极大的危害性，此种越轨行为成为社会控制的重要对象。

但就越轨行为整体而言，从社会后果看，越轨行为有积极性的、中性的和消极性的 3 种。因此，我们进行社会控制时，要注意区分情况，进行具体的分析。第一，对积极性的越轨行为，因其对社会发展有积极进步的作用（是打破因循守旧的习惯、推动社会发展的动力之一），社会控制对此类越轨的制约作用主要表现为社会控制者通过社会宣传、舆论导向等手段，倡导这类越轨，如鼓励破除阻碍社会发展的陈规陋习等。第二，对中性的越轨行为，因其对社会共同生活秩序和社会发展的影响不十分明显（如赶时髦），社会控制者对此大可不必评头论足。第三，对于消极性的越轨行为要严加控制，将这类社会越轨限制在不足以危害社会安全运行的范围内。对于这类越轨行为，应该采取两方面的措施：一是预防，即采取措施，防止和减少越轨行为的发生；二是教育改造，即对已经越轨的人进行教育和改造。但无论对哪类越轨行为，就预防而言，有效途径有以下 3 条：

其一，改变社会规范。这是引导积极越轨行为的有效途径。随着越轨行为的出现而改变原有的社会规范，看似荒谬，然而它常常是社会进步的表现。在一个社会中，如果大多数人背离了某种社会规范，这通常说明该规范极有可能存在不合理之处，其出路只有两条：一是修改，二是废弃。

其二，消除越轨行为产生的社会条件。这是预防越轨行为的根本途径。例如，根据文化传递论，让青少年和儿童远离越轨群体，以免“近墨者黑”；根据标签理论，让越轨者恢复正常生活，别为其贴上“越轨”的标签，这可以防止继发性的越轨行为。根据社会结构论、失范论，创造更多的可以用合法手段获得的成功机会，可以减少越轨行为。

其三，增加越轨行为的社会成本。因为许多越轨行为对于行为者而言是愉快的和有利的，因此，我们必须对越轨行为进行必要的惩罚，提高其代价，使越轨行为的风险成本高于其可能获得的利益，如对已经越轨的人实行财产罚、人身罚等，这样，潜在的越轨者在“趋利避害”的理性选择之下，不再越轨。

至于对越轨者的教育和改造，最重要的是对犯罪行为的改造。这是一项系统的综合工程。正如我们前面谈到的，犯罪产生的原因是极其复杂的，因此，教育改造犯人的关键问题，就是针对其犯罪的原因采取有针对性的措施，彻底消除其犯罪的思想根源，重新树立正确的人生观和价值观，使之洗心革面，重新做人。如我国采取以下措施对犯人进行教育改造：

第一，劳动。很多犯人没有正确的劳动观念，好逸恶劳、不劳而获的思想把他们推上了犯罪的道路。所以，劳动改造是为了给犯人补课，即补上犯人在基本的社会化过程中所缺少的重要一课，把劳动知识内化，吸取劳动的社会价值观，为以后成为一个自食其力的社会成员创造身体条件、技能条件和思想条件。

第二，监管。创立监管制度也是促进犯人重新社会化的重要内容。通过对罪犯进行严格的管理和监督，使其养成良好的行为习惯和纪律、道德、法制观念。

第三，奖励和惩罚。在罪犯的重新社会化过程中，奖励和惩罚必不可少。很多罪犯就是在过去的人生经历中因为缺乏必要的奖惩，特别是他的各种越轨行为没有及时受到惩罚，以至于最后越犯越严重，锒铛入狱。因此，要提高对罪犯的改造效果，就要充分运用奖惩手段，不断地强化积极行为的影响，抑制消极行为的影响。

总之，通过采取上述措施，可以对越轨行为进行有效的社会控制，维护社会秩序，保证社会的稳定和发展。

本章小结

本章从传统文化、舆论宣传、流言、越轨行为 4 个方面总结了社会心理学在社会控制领域的应用。首先，介绍社会控制的基本含义和基本途径，对传统文化在社会控制中的应用进行了探讨，主要对传统文化中的习俗、道德、宗教、艺术等作为社会控制的具体手段进行了介绍。然后，探讨社会传播在社会控制中的应用，主要介绍了舆论宣传和流言的含义、特征及控制方法。最后，介绍了越轨行为的含义、类型、理论及社会控制途径。

- 社会心理学在社会控制中的应用
  - 传统文化与社会控制
    - 社会控制：社会组织体系借助某种特殊力量对全体社会成员施加影响，将其思想和行为纳入预定的社会轨道，从而实现社会的稳定性和一致性
    - 社会控制基本途径：从不同的角度可将它们分成不同的类型
    - 传统文化：习俗、道德、宗教、艺术
  - 舆论宣传与社会控制
    - 社会舆论：社会上的众人对于某些社会事件的一致反应和判断，是具有代表性的综合性的意见
    - 社会宣传：运用各种符号传播一定的观念，以影响人们的思想和行动的社会行为
  - 流言与社会控制
    - 流言的产生既有人们主观心理方面的原因，也有社会环境方面的原因
    - 流言的传播过程就是传闻内容被扭曲的过程
    - 流言的控制
  - 越轨行为与社会控制
    - 越轨行为概念：社会成员(个体、群体或组织)偏离或违反一切公认的现存社会规范的行为
    - 功能：负功能、正功能
    - 理论：神学、生物学、社会学和社会心理学的解释
    - 越轨行为的社会控制：预防、对越轨者教育改造

思　考　题

1. 如何理解社会控制的含义及基本途径？
2. 传统文化对社会控制有哪些意义？
3. 社会控制怎样通过舆论与宣传影响着个体或群体的行为？
4. 流言有哪些消极作用？怎样控制？
5. 试举例说明什么是越轨行为？其有哪些控制措施？

第九章　社会心理学在组织管理中的应用

知识目标

- 了解激励、领导、组织文化的基本概念和作用。
- 理解领导者影响力的构成因素及作用规律。
- 掌握各种激励理论的主要观点。

技能目标

- 能够在实践中灵活地运用各种激励理论以增加管理技巧。
- 能够根据对领导者影响力因素的理解提高自身能力。
- 能够根据组织文化的有关理论加强本单位组织文化的建设。

马克思曾精辟地论述过管理的重要性："凡是有许多人进行协作的劳动，过程的联系和统一都必然要表现在一个指挥的意志上，表现在各种与局部劳动无关而与工场全部活动有关的职能上，就像一个乐队要有一个指挥一样。"20 世纪 50 年代，社会心理学的一个新的研究领域——组织管理心理学产生，并在各个领域得到广泛的应用。在组织环境下社会心理学研究组织心理现象的规律性，探讨组织中个体、群体和组织的社会心理学问题。了解这些问题的规律性，有助于预测人们在组织中的行为，调动人们的工作积极性，改进和提高工作效率。

第一节　社会心理学在激励中的应用

激励是组织管理的核心问题。要搞好人的管理，目标有两个：一是把优秀而称职的人才吸引到组织中来；二是要激发他们的积极性，使他们发挥出高度的主动性和创造性，后者实际上就是激励问题。

一、激励概述

激励是管理心理学中的重要课题，它是一种精神动力或状态，也是一种动力手段和管理方法。

1.激励的含义

所谓激励，就是组织通过设计适当的外部奖酬形式和工作环境，以一定的行为规范和惩罚性措施，借助信息沟通，来激发、引导、保持和归化组织成员的行为，以有效的实现组织及其成员个人目标的系统活动。这一定义包含以下几方面的内容：

激励的出发点是满足组织成员的各种需要，即通过系统设计适当的外部奖酬形式和工作环境，来满足员工的外在性需要和内在性需要。

科学的激励工作需要奖励和惩罚并举，既要对员工表现出来的符合组织期望的行为进行奖励，又要对不符合组织期望的行为进行惩罚。

激励贯穿于组织成员工作的全过程，包括对员工个人需要的了解、个性的把握、行为过程的控制和行为结果的评价等。因此，激励工作需要耐心。

信息沟通贯穿于激励工作的始末，从对激励制度的宣传、组织成员个人的了解、到对员工行为过程的控制和对员工行为结果的评价等，都依赖于一定的信息沟通。组织中信息沟通是否通畅，是否及时、准确、全面，直接影响着激励制度的运用效果和激励工作的成本。

激励的最终目的是在实现组织预期目标的同时，也能让组织成员实现其个人目标，即达到组织目标和员工个人目标在客观上的统一。

激励的目标是使组织中的成员充分发挥其潜在的能力，激励是“需要→行为→满意”的一个连锁的心理过程。

2.激励的基本原则

(1)目标结合原则。在激励机制中，设置目标是一个关键环节，目标设置必须同时体现组织目标和员工需要的要求。

(2)物质激励和精神激励相结合的原则。物质激励是基础，精神激励是根本，在两者结合的基础上，逐步过渡到以精神激励为主。

(3)引导性原则。外部激励措施只有转化为被激励者的自觉意愿，才能取得激励效果。因此，引导性原则是激励过程的内在要求。

(4)合理性原则。激励的合理性原则包括两层含义：其一，激励的措施要适度，要根据所实现目标本身的价值大小确定适当的激励量。其二，奖惩要公平。

(5)明确性原则。直观性与激励影响的心理效应成正比。激励的明确性原则包括三层含义：其一，明确。激励的目的是需要做什么和必须怎么做。其二，公开。特别是分配奖金等大量员工关注的问题时，更为重要。其三，直观。实施物质奖励和精神奖励时都需要直观地表达它们的指标，总结和授予奖励或惩罚的方式。

(6)时效性原则。要把握激励的时机,“雪中送炭”和“雨后送伞”的效果是不一样的,激励越及时,越有利于将人们的激情推向高潮,使其创造力连续有效地发挥出来。

(7)正激励与负激励相结合的原则。所谓正激励就是对员工的符合组织目标的期望行为进行奖励。所谓负激励就是对员工违背组织目的的非期望行为进行惩罚。正、负激励都是必要而有效的,不仅作用于当事人,而且会间接地影响周围其他人。

(8)按需激励原则。激励的起点是满足员工的需要,但员工的需要因人而异、因时而异,并且只有满足最迫切需要的措施,其效价才高,其激励强度才大。因此,领导者必须深入地进行调查研究,不断了解员工需要层次和需要结构的变化趋势,有针对性地采取激励措施,才能收到实效。

3.激励的类型

(1)物质激励与精神激励。前者作用于人的生理方面,是对人物质需要的满足,后者作用于人的心理方面,是对人精神需要的满足。随着人们物质生活水平的不断提高,人们对精神与情感的需求越来越迫切。

(2)正激励与负激励。正激励就是当一个人的行为符合组织的需要时,通过奖赏的方式来鼓励这种行为,以达到持续和发扬这种行为的目的。负激励就是当一个人的行为不符合组织的需要时,通过制裁的方式来抑制这种行为,以达到减少或消除这种行为的目的。正激励与负激励的目的都是要对人的行为进行强化,不同之处在于正激励起正强化的作用,是对行为的肯定;负激励起负强化的作用,是对行为的否定。

(3)内部激励与外部激励。内部激励是指由内酬引发的,源自于工作人员内心的激励;外部激励是指由外酬引发的,与工作任务本身无直接关系的激励。内酬是指工作任务本身的刺激,即在工作进行过程中所获得的满足感。内酬所引发的内部激励,会产生一种持久性的作用。外酬是指工作任务完成之后或在工作场所以外所获得的满足感,它与工作任务不是同步的。外部激励作用一般会随着外酬的消失而消失,因此难以持久。

4.激励的机制

(1)激励时机。激励在不同时间进行,其作用与效果是有很大差别的。超前激励可能会使下属感到无足轻重,事后激励可能会让下属感觉画蛇添足,失去了激励应有的意义。激励如同发酵剂,何时该用、何时不该用,都要根据具体情况进行具体分析。

(2)激励频率。激励频率是指在一定时间里进行激励的次数。激励频率与激励效果之间并不完全是简单的正相关关系。激励频率的选择受工作的内容和性质、任务目标的明确程度、激励对象的素质情况、劳动条件和人事环境等多种客观因素的影响。

(3)激励程度。激励程度是指激励量的大小,即奖赏或惩罚标准的高低。超量激励和欠量激励不但起不到激励的真正作用,有时甚至还会起反作用。比如,过分优厚的奖赏,会使人感到得来全不费功夫,丧失了发挥潜力的积极性;过分苛刻的惩罚,可能会导致人的摔破罐心理,挫伤下属改善工作的信心;过于吝啬的奖赏,会使人感到得不偿失,多干不如少干;过于轻微的惩罚,可能导致人的无所谓心理,不但改不掉毛病,反而会变本加厉。所以从量上把握激励,一定要做到恰如其分。

(4)激励方向。所谓激励方向是指激励的针对性,即针对什么样的内容来实施激励。马斯洛的需要层次理论有力地表明,激励方向的选择与激励作用的发挥有着非常密切的关系。当某一层次的优势需要基本上得到满足时,应该调整激励方向,将其转移到满足更高层次的优先需要,这样才能更有效地达到激励的目的。

二、几种主要的激励理论及应用

1.马斯洛的需要层次理论及应用

美国人本主义心理学家马斯洛(A. H. Maslow)的需要层次论,是提出最早、影响最大的一种激励理论。马斯洛认为,人的基本需要可以归纳为生理、安全、交往、尊重和自我实现5类,它们是由低到高逐级形成和发展起来的,如图9-1所示。

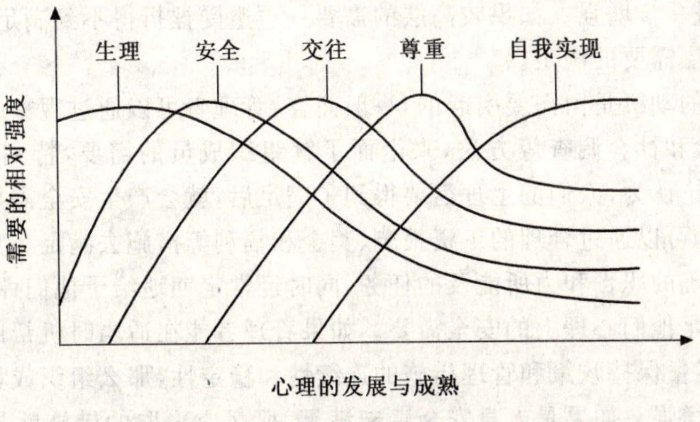

图9-1　马斯洛的需要层次论

(1)生理的需要。这是人类生存所必需的,因而也是最基本的需要。这类需要包括对食物、水分、空气、睡眠与休息和性等方面的需要。

(2)安全的需要。这是指人们寻求保护自己免受生理与心理上侵害的一类需要。

(3)交往的需要。有时也称友爱或归属的需要,包括对人际交往、对某集体或家庭的依赖、同志的友谊和异性的爱情等方面的需要。

(4)尊重的需要。社会上多数人都希望自己有稳固的社会地位,希望获得事业的成功、得到他人的好评,希望自己具备各种能力和知识等。这些都是尊重需要的具体表现。

(5)自我实现的需要。就是指人们力求充分发挥潜能、实现志向或抱负的愿望或趋势。马斯洛说:"一位作曲家必须作曲,一位画家必须绘画,一位诗人必须写诗,否则,他始终都无法安静。一个人能够成为什么,他就必须成为什么,他必忠实于他自己的本性。这一需要我们就可以称为自我实现的需要。"①自我实现需要的产生,有赖于前4类需要适度满足。

马斯洛认为,人类行为由上述5大类需要所驱动,这些需要是分层次,由低级到高级发展并依次提高的,只有未满足的需要才具有激励作用。若优势需要长期得不到满足,则会引起人的一系列无理行为。美国耶鲁大学奥德弗(Alderfer)在大量实证研究基础上提出ERG理论,即生存(existence)、相互关系(relatedness)、成长(growth)需要理论的简称。生存需要相当于马斯洛的生理需要和安全需要。相互关系需要相当于社交需要和相互尊重的需要。成长需要相当于自尊和自我实现需要。ERG理论认为当某种需要得到基本满足后,可能上升为更高一级需要,也可能没有这种上升趋势。某种需要在得到基本满足后,其强烈程度不仅不会减弱,往往会进一步增强。如果较高层的需要一再遭受挫折得不到满足,人们就会重新追求较低层需要的满足。

鉴于人的动机是由需要引起的,一般而言,管理者可以通过观察、访谈、座谈讨论、民意测验和社会调查等方法,来全面了解组织成员的需要,特别是优势需要。需要层次理论认为,人们的生理需要得到了满足后,就会产生安全需要。对经济上的安全需要,可以通过合理的工资报酬、奖金和福利等措施去满足。只要能给组织成员规定明确的职责和力所能及的任务,同时经常定期地给予他们评价和表扬,就可以基本满足他们心理上的安全需要。如果管理者能在适当时机帮助和指导下属解决难题,尽量保持政策和管理措施的连续性和稳定性,那么组织成员在心理上的安全感就会增强。如果是人身安全感未满足,那么应采取的措施就是设法改进工作条件、提高劳动保护水平、合理安排作息时间以及加强安全保卫工作等。有效的管理者还应多提供一些使人们与外界接触和交往的机会,要允许甚至鼓励某些非正式群体的存在满足员工的交往需要。另外,让组织成员参与制定决策也往往能

①马斯洛,《动机与人格》,北京:华夏出版社,1987年,第53页。

培养他们对集体的归属感，增强其集体意识和主人翁责任感。由于尊重需要涉及自尊与他尊两方面，所以领导者不仅要尽可能设计出带有一定难度或挑战性的工作任务，使人们在完成任务后体验到成就感，而且还需要经常运用表扬、奖励、让组织成员参与管理、授权授责、提级晋升、提供进修和培训机会等方法满足组织成员对尊重的需要，并且还为员工创造更多地机会充分发挥他们的潜能，从而满足其自我实现的需要。总之，因为人的需要本身具有复杂多变和多层次性，满足需要的方法也应是多种多样的。只要管理者持之以恒、勇于探索和创新，根据实际情况，综合运用各种方法和措施，就一定会取得满意的激励效果。

2.双因素理论及应用

双因素理论，又称激励—保健因素理论，是美国的行为科学家赫茨伯格（Fredrick Herzberg）提出来的。双因素理论强调内在激励，核心内容就是保健因素和激励因素。

1959年，赫茨伯格和他的助手们在美国匹兹堡地区对200名工程师和会计师进行了调查访问。结果他发现，使职工感到满意的都是属于工作本身或工作内容方面的；使职工感到不满的，都是属于工作环境或工作关系方面的。他把前者叫做激励因素，后者叫做保健因素。保健因素包括公司政策、管理措施、监督、人际关系、物质工作条件、工资、福利等。激励因素包括成就、赏识、挑战性的工作、增加的工作责任，以及成长和发展的机会。传统理论认为，满意的对立面是不满意，而根据双因素理论，满意的对立面是没有满意，不满意的对立面是没有不满意。传统的激励假设，如工资刺激、人际关系的改善、提供良好的工作条件等，只能消除不满意，防止产生问题，但不会产生更大的激励。要调动人的积极性，就要在“满足”二字上下工夫。赫兹伯格的双因素论，强调内在激励，为管理者更好地激发员工工作的动机提供了新思路，在组织管理中有很大的应用价值。

首先，管理者要善于运用保健因素创造良好的工作外部环境。保健因素是人们需要生存的基本保障。组织的决策层要让企业员工首先在薪酬福利上有所保证，再在培训发展中创造机会，竭力消除不满的消极态度，努力调动职工的积极性，这对提高工作效率和管理效能有积极的作用。

其次，实施激励因素激发员工潜能。管理者若想持久而高效地激励职工，必须改进职工的工作内容，进行工作任务再设计，注意对人进行精神激励，给予表扬和认可，注意给人以成长、发展、晋升的机会。用这些内在因素来调动人的积极性，激发员工追求卓越，自觉自愿为实现企业目标而奋斗。

再次，要保健因素、激励因素并重，营造组织良好氛围。保健就是稳定，激励就是发展。管理者可以将物质作为奖励，但在领导能力、绩效管理、沟通、工作环境和工作满意度都良好的组织，简单的物质奖励和经济手段已不能满足员工的需要，同时必须实施更能增加员工责任感的措施。如对企业而言，尽快建立现代组织制度，让职工通过股份形式参加企业管理，使员工成为企业真正的主人，将企业前景与个人命运紧密相连，才是最有效的激励机制。

3. 期望理论及应用

美国心理学家弗鲁姆(V. H. Vroon)于1964年提出了有名的“期望理论”。期望理论认为，只有当人们认为存在实现预期目标的可能性，并且实现这种目标又是非常重要的时候，他们的激励程度或动机水平才会最大。也就是说，决定行为动机的因素有两个，即期望与效价。用公式表示为：动机水平(M)＝期望值(E)×效价(V)。

动机水平也即激励程度(motivation)，反映一个人工作积极性的高低和持久程度。期望(expectancy)是指人们对某一行为导致的预期目标或结果可能性大小的判断。效价(valence)则是指人们对所预期目标的重视程度或评价高低。如果一个人认为某种目标或结果对他有重要价值，而且他估计通过自己的努力有很大把握实现这个目标，他的积极性就会得到激发，就会推动他的行为去努力实现这个目标。如果效价很高，但个人估计达到目标的可能性很低，或期望值很高，但认为目标对自己没有意义，这两种情况都不能激起他的工作的积极性。弗鲁姆的期望理论作为一种分析工具，它能帮助管理者明确了解员工的工作积极性是否已被充分调动起来。根据期望理论，若想有效地激发组织成员的动机，必须正确处理好以下三种关系：

第一，努力与工作成绩的关系。如果一个人认为通过努力可以达到目标，就能激发出强大的内在动力；如果他认为目标高不可攀，就鼓不起干劲。因此，管理者一方面保证组织成员有能力完成某项工作任务，根据人的能力特长来分配安排工作，通过指导和培训来提高组织成员的能力。另一方面制订切实可行的工作目标，尽量排除那些可能会干扰组织成员完成任务的不利因素。

第二，工作成绩与奖酬的关系。许多人都希望在取得良好成绩后获得适当的奖励或报酬，管理者要制定出按劳分配的工资和奖励制度，使组织成员完成任务与得到相应的奖酬密切结合起来。并使这种政策和制度保持连续性和稳定性。

第三，奖酬与满足需要的关系。组织成员总是希望通过努力所得到的奖酬能满足自己的需要，由于人们在年龄、性别、资历、社会地位和经济条件等方面各不相同，他们在需要层次和种类上也存在差异。因此，奖励要因人而异、内容丰富、形式多样、奖人所需。只有这样，才能最大限度地调动组织成员的工作积极性。

4. 目标理论及应用

目标理论是目前国际上流行的目标管理的理论依据。人类行为的重要特点就是其目的性。所谓目标，是指行为的目的或指向物，是与满足一定的需要相联系的客观对象在主观上的超前反映。目标理论认为目标是引起行为的最直接动机，设置合适的目标会使人产生想达到该目标的成就需要，因而对人具有强烈的激励作用。最早提出这一理论的是美国马里兰大学心理学教授洛克(E. A. Locke, 1968)，他和他的同事通过大量研究发现，大多数激励因素都是通过目标来影响工作动机的，重视并尽可能设置合适的目标，即具体的、难度较大而又为人们接受的目标是激发动机的重要过程。在设置目标时要注意以下几个问题：

首先，设置目标要具体。目标越具体，越便于测定，人们努力的方向就越明确，实现目标的信心就越大。

其次，目标要有一定难度。国外 84%的研究结果表明，较困难的目标比中等难度或较易的目标导致更好的绩效，目标设置过高或过低，都不能激发人的积极性。

第三，目标要被组织成员所接受。许多研究表明，在设置目标的过程中，让组织成员参与讨论目标的制定，将大大影响组织成员对目标的接受或承诺程度，从而影响工作效率。

第四，在实现目标的过程中要有反馈。反馈是对行为结果的了解，使人们及时了解目标，及时了解自己实现目标的进展情况，有助于保持自己的行为不偏离既定的目标，增强实现目标的信心。目标理论的意义还在于它告诉管理者，应该尽可能使组织中各级人员都能经常关心组织目标和个人目标，并随着目标实现的进度不断予以反馈，只有这样，组织成员的积极性才会充分调动起来。应该指出，目标理论也不是包医百病的灵丹妙药，更无法用来抵消由于管理不善引起的消极作用。同时，并非一切领域都能应用目标理论，因为在许多情况下很难设置明确的具体目标，如科研、创造发明性质的劳动、政府部门的工作等。

5. 强化理论及其应用

美国心理学家斯金纳(B. F. Skinner)提出的强化理论认为控制和预测人的行为无需了解人的内在状态和心理过程，他提出以行为主义的学习理论来解释人类行为的形成机制，而学习过程的最基本原理就是强化。

所谓强化，指的是对一种行为的肯定或否定的后果(奖励或惩罚)，它在一定程度上决定该行为是否重复。按照强化理论，只要控制行为的后果就可以达到控制和预测人的行为的目的。在管理实践中常用的强化手段有积极强化、消极强化、惩罚和消退 4 种类型。积极强化也称正强化，是指通过出现积极的、令人愉快的结果使某种行为得到增强或增加。消极强化也称负强化，是指通过减少或终止令人不快的结果而使某种行为得到增加或增强的措施。惩罚是指当某行为出现后给予某种带有强制性、威胁性的不利后果，以期减少这种行为出现的可能性或消除该行为的方法。消退也称衰减，指撤销对某种行为的积极强化，以终止该行为或降低该行为出现的可能性的方法。前两种强化对人的行为具有鼓励作用，后两种则具有抑制作用。因此，我们把管理中实际运用的所有强化措施都归为奖励性措施和惩罚性措施，强化要想达到预期的激励效果，必须遵循以下几条原则：

第一，奖励与惩罚相结合的原则。实践证明，奖惩结合的方法优于只奖不罚的方法。奖惩结合可以带来的双重的激励效果，因为在前一种情况下，即使得不到奖励也要努力去干，否则就会受到惩罚，使人们始终保持高度的积极状态。

第二，以奖为主、以罚为辅的原则。强调奖励与惩罚并用，并不等于奖励与惩罚并重。首先，过分使用惩罚会造成新的不良行为。因为它只告诉人们不该做什么，没有告诉该做什么。正如斯金纳所说的，“受过惩罚的人，并不会因此就改弦更张，不我行我素了，他充其量也不过学会了如何免于惩罚而已。”[①]其次，过分的惩罚会使人产生挫折感，产生低落情绪，甚至还会损伤人的自尊心和自信心，严重时还会使人丧失理性，转而产生攻击行为。再次，人的自觉性、人的觉悟是不能罚出来，所以运用时就必须慎之又慎。

第三，及时而正确强化的原则。让人们尽快知道其行为结果之好坏或进展情况，并尽早地予以相应的奖惩。而正确强化就是要“赏罚分明”，赏罚适当。

第四，奖人所需、形式多变的原则。每个人都有各自的特点和个性，其优势需要各不相同，因而奖励不要搞一刀切，应该奖人之所需，形式多样化。奖励不宜过于频繁，防止出现厌倦心理，使强化作用减弱。

6.公平理论及应用

公平理论是美国心理学家亚当斯于1963年提出的，他认为人们的工作态度和工作的积极性不仅受其所得的绝对报酬的影响，而且还受其所得的相对报酬（如把自己的付出和所得与别人相比较）的影响。另外，人们还会把自己现在得到的利益和自己的付出，与过去所得的利益和付出进行比较，比较的结果如果是相等的，就会产生公平感，相反就会产生不公平感。这两种比较可以用公式表示如下：

$$\frac{\text{自己的所得}}{\text{自己的付出}}=\frac{\text{他人的所得}}{\text{他人的付出}}\quad \text{（横向比较）}$$

①沃特曼等著，余凯成等译，《成功之路》，北京：中国对外翻译出版社，1985年，第90页。

$$\frac{\text{自己现在的所得}}{\text{自己现在的付出}}=\frac{\text{自己过去的所得}}{\text{自己过去的付出}}\text{（纵向比较）}$$

根据亚当斯的公平理论，当人们面临不公平，尤其是所得/付出比值（称为公平指数）过低引起的不公平时，他们在心理上将会产生紧张、不安和不平衡，在行为或心理上将会设法采取一些措施以减少自己心理上的不公平感。不公平感是受两方面因素制约的：就客观原因而言，包括奖励分配制度的不完善、领导者的管理素质低、人事管理制度的不合理以及社会上的不正之风等。就主观原因而言，包括感知的片面性、情感的偏向、思想品德以及传统的公平观念等。对于不同原因产生的不公平感，领导者应该采取不同的方法和措施才能有效地消除或减少这种不公平感，保证组织成员工作积极性充分发挥。

首先，领导者应该尽可能公正无私地对待每一位同志，尤其在工资、奖金、职称、住房等敏感问题上要公平合理。领导者的官僚作风、主观片面或对一些组织成员抱有偏见，是造成分配奖励时缺乏公平的主要原因。其次，进一步改革不合理的奖励分配制度，打破平均主义、大锅饭的思想传统。不仅要从思想观念上打破平均主义的框框，加强对工资和奖励分配制度的科学研究，对工作绩效的考核要更加客观和科学，更好地贯彻按劳分配原则，注意把收入差距控制在人们心理承受能力允许的范围内。再次，改革目前不合理的人事制度，对由于机会不均等造成的不公平应从改革现行的人事制度着手，努力创造条件促进人才的合理流动和职位的公开竞争，逐步实现机会均等。最后，必须进行必要的思想观念教育工作。一方面，要引导组织成员进行全面、客观的比较；另一方面，要帮助组织成员树立正确的公平观。还要应尽可能提供机会让组织成员倾诉自己的不满，对领导工作进行批评和监督，从而最大限度地避免和纠正不公平的做法，创造公平、民主的组织气氛，使组织成员始终保持高涨的工作热情。

第二节　社会心理学在领导过程中的应用

一个组织的成功与否，归根到底在于人的积极性是否得到了充分的发挥。影响组织成员积极性的因素十分复杂，除了被领导者的素质，还有组织的特点和环境的影响。但人们普遍认为一个组织成就的高低，在很大程度上取决于领导行为的优劣。

一、领导的含义

领导活动是与人类活动共生的。领导这个概念是许多社会学科共同研究的对象，在不同的历史时期，研究者们从不同视角出发对它进行过不同的解释。从字义上解释，领者，项也，衣之端首也，治理也；导者，先也，诱引也，启迪也，教也，训也。领导就是率领、引导、指挥的意思。在传统观念里，领导就是“统治”和“服从”。在现代，对领导的含义也有不同的见解。比如，有人认为领导的本质就是影响力，把领导看成是某些具有天赋气质和能力的人对组织成员施加影响力的行为。有人认为，领导就是管理；领导就是服务；还有人认为领导是处于权威地位的人运用权力的过程等。

我们认为，领导是具有决策权的管理者影响下属行为以共同实现组织目标的过程。这个定义比较贴切地指明了领导行为的几层含义：第一，领导是管理者与被管理者共同参与的组织活动；第二，它是领导者有意识地对被领导者施加影响的过程；第三，领导行为的目的是实现组织目标，领导活动的形式常表现为个体性，但其实质永远是组织性的。这个定义还突出了领导活动中领导者和被领导者两个显性因素，但不应忽略领导过程中的环境因素，领导行为永远不可能脱离环境任意进行，环境为领导活动提供了背景、条件和限制。因此，领导活动中各要素的关系可以用下面公式来表示：

$$领导 = f(领导者、被领导者、环境)$$

二、领导者的影响力

所谓影响力是指一个人在与他人交往时影响和改变他人心理和行为的能力。领导者影响力一般由权力影响力和非权力影响力构成。权力影响力是由社会赋予个人的职务、地位、权力构成的，这种影响力只属于那些担任一定职务，掌握权力的人。非权力影响力也称为自然影响力，它产生于个人自身的素质，如专长、品质等。非权力影响力对人的影响是建立在他人“信服”的基础上，被影响者表现为自愿、主动地服从。

1. 领导者权力影响力的构成因素

传统因素是指人们对领导者的一种传统观念。长期以来，人们认为领导者比普通人要强，这种观念逐步成为某种形式的社会规范，从小就对每个人发生作用，产生对领导者的服从感。因此，就使领导者的言行增加了影响力。这种传统观念所产生的影响力普遍地存在于领导者的言行之前，可以说它是传统附加给领导者的力量。

职位因素是指个人在组织中的职务与地位。居于领导地位的人，组织赋予了他一定的权力，使其具有强制下级的力量，凭借权力可以左右被领导者的行为、处境、前途乃至命运，使被领导者产生敬畏感。领导者的职位越高，权力越大，其影响力也就越强。由职位造成的影响力是以法定的权力为基础的，与领导者本人的素质无直接关系，也同样存在于领导者的言行之前。

资历因素是指领导者的资格与经历对被领导者产生的心理影响。尽管一个人的过去与现在有着一定的联系，但毕竟不是现实的行为。然而人们对一个资历较深的领导者普遍表现出敬重的心理。资历因素也是存在于领导者的言行前。由传统因素、职务因素和资历因素所构成的影响力都不是领导者的现实行为所造成的，而是外界赋予的，这类影响力的核心是权力。

2.领导者非权力影响力的构成因素

品格因素。品格包括道德、品行、人格、作风等，反映在领导者的一切言行中。品格是一个人的本质表现，好的品格可以使人产生敬爱感，能够吸引他人，诱使人模仿。无论领导者的职位高低，倘若在品格上出了问题，他的影响力就会扫地。因此，领导者必须十分注意自己的品格表现。

才能因素。才能不仅仅反映在领导者能否胜任自己的工作上，更重要的是反映在工作的结果能否成功上。一个有才能的领导者会给组织带来成功，使人们产生对他的敬佩感。敬佩感是一种心理磁力，会吸引人们自愿地接受其影响。

知识因素。知识是人最为宝贵的财富，它本身就是一种力量，而且是科学赋予的力量。知识与才能是密切联系在一起的，具有丰富知识的领导者，容易取得他人的信任，并由此产生信赖感。

情感因素。人们相处在一起，彼此间会产生一种情感关系，或亲密或疏远。只有与他人建立了良好的情感关系，彼此才能产生亲切感，增强彼此间的吸引力和影响力。领导者如能待人和蔼可亲，能时时体贴关怀下级，与群众保持融洽的关系，他就能获得较高的影响力。

非权力影响力是领导者自身素质与行为造成的，他与权力无直接关系，是任何人都可以具备的，要提高领导者的影响力必须在非权力影响力的培养方面下功夫。在非权力影响力的4个因素中，品格与才能占有突出的地位，当一个领导者的品格与才能居于较高水平时，情感因素将变得十分重要。

三、领导行为

领导行为的研究开始于20世纪40年代，那时许多社会心理学家在调查研究中发现领导者的领导行为与他们的工作效率存在着密切的关系，为了寻求最佳的领导行为，许多研究机构着手进行领导行为的研究，形成了各种各样的理论。

1. 领导行为的四分图模式

领导行为的四分图是美国俄亥俄州立大学于 1945 年研究设计的，当时在斯多基尔和沙特尔两位教授的领导下，调查了 1 000 多种刻画领导行为的因素，最后筛选归纳出了“抓组织”和“关心人”两大类。所谓“抓组织”是指领导者对组织机构的设置、明确责任和相互关系、沟通交流渠道、设置工作目标和工作程序等方面的工作。“关心人”主要指建立相互尊重、相互信任的气氛，尊重下属的意见，注意下属的情感变化，关心下属所表现出来的行为等。他们用“四分图”的形式将这一概念表示出来，如图 9-2 所示。

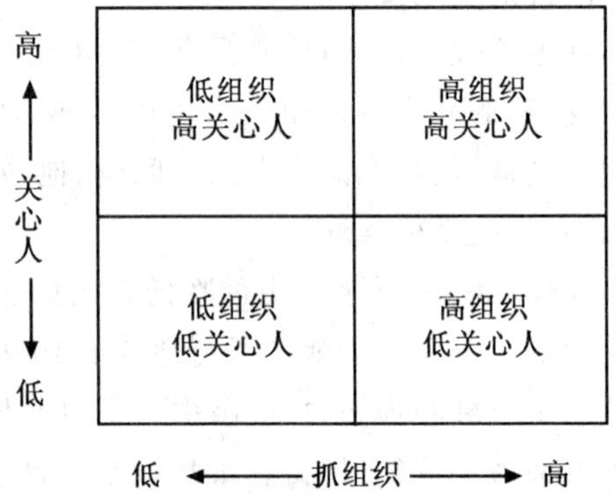

图 9-2 组织行为的四分图模式

从图 9-2 中可以看出领导行为的 4 种情况，属于高组织、低关心人的组织领导者最关心的是工作任务的完成；属于低组织、高关心人的领导者最关心的是与下级的合作关系，重视相互尊重和相互信任的气氛；低组织、低关心人的领导者，对组织和人都不关心；高组织、高关心人的领导者，对工作和人都比较关心。这个理论认为第 4 种领导行为是最为有效的。

在领导行为四分图的基础上，布莱克和莫顿于 1964 年提出了领导方格图，把每个维度分成 9 份，共 81 个方格。他们列出了 5 种基本的领导行为(图 9-3)。

1.1 型：贫乏型领导，对人和工作都不关心，只以最小的努力来完成必须做的工作。属于最低能的管理，其结果只能导致组织的失败。

9.1 型：属于任务第一型的管理，对生产和效率高度重视，对人则漠不关心，只准下属服从而不让其发挥主动性和创造精神。属于独裁式的领导方式。

1.9 型：属于一团和气的领导方式，只关心人而不关心工作和组织的任务，对

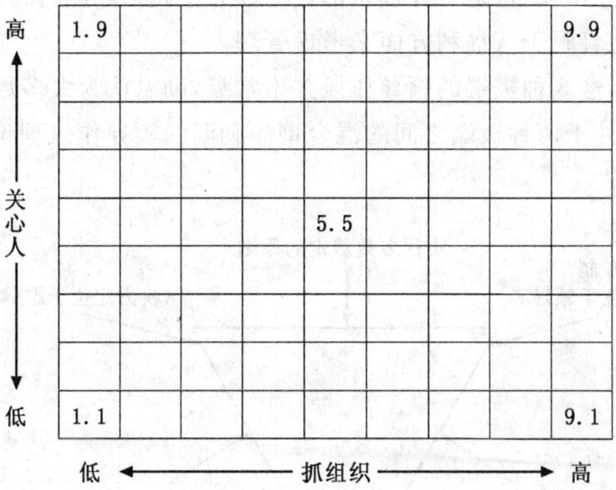

图 9-3　管理方格图模型

下属一味迁就做好人，认为只有下属精神愉快生产成绩才能提高。

5.5 型：属于中间型领导，对人和生产的关心均保持了正常的状态。这类领导只图一般的工作效率，安于现状，甘居中游。不能充分地发挥下属的创造革新精神。

9.9 型：属于协调型领导。对人和组织都给予了高度的关心，通过协调各种活动促进生产和人的发展。这种管理既可以增强组织的竞争力和效率，又可以改善各部门的相互关系，促进组织成员创造的积极性和对工作的责任感。

2. 勒温的领导作风理论

勒温的领导作风理论研究领导者的工作作风类型对组织成员的影响，以期寻求最佳的领导作风。创始人是社会心理学家勒温，他以权力定位为基本变量，把领导者在领导过程中表现出来的极端工作作风分为 3 种类型。

专制型的领导作风：认为人的本性是懒惰的、不可信赖的，他们不愿承担责任，甘心情愿接受他人的指挥，因此，必须采取强制措施使他们服从组织的目标。专制型的领导强调严格监督，主要从工作方面考虑管理，实行独裁式的管理行为。

民主型的领导作风：注重从人际关系方面考虑管理，认为领导者的权力是由他领导的群众给予的，认为人是勤奋的，他们不仅会接受责任，而且会主动寻求责任。被领导者受到激励后能够自我管理，并发挥出相当的想象力和创造力。民主型的领导主张被领导者也要参加适当的决策，实际上是以人为中心的领导方式。

放任自流的领导作风:这是一种俱乐部式的领导作风,领导者认为权力来自被领导者的信任,因此着眼于从福利方面来考虑管理。

在实际工作中,这3种极端的领导作风并不常见,勒温认为大多数领导者采纳的领导方式往往是处于两种极端之间的混合型。勒温的领导作风理论从图9-4可以得到很好的说明。

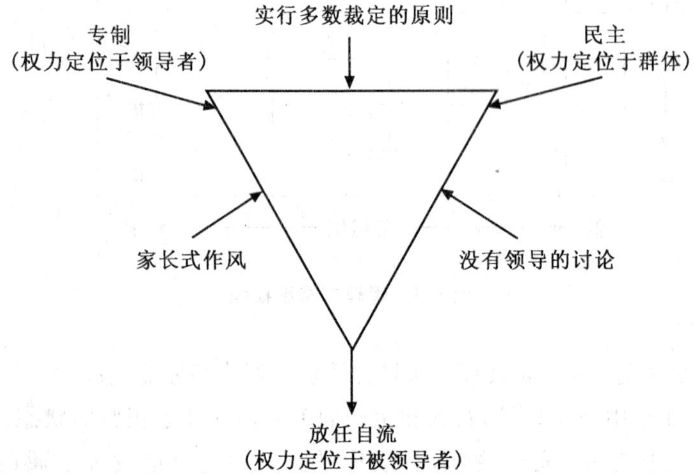

图9-4 勒温的领导权力定位关系

勒温通过研究发现,放任自流的领导作风工作效率最低,他所领导的群体只达到了社交目标,而没有达到工作目标。专制作风的领导,虽然经过严格管理实现了工作目标,但群体成员的消极态度和对抗情绪在不断增长,比民主作风领导的群体发生的争吵多30倍,挑衅性行为多8倍。民主的领导作风工作效率最高,所领导的群体不但达到了工作目标,而且也达到了社交目标,成员表现出了较高的成熟性和创造性。在勒温之后,许多心理学家的研究结果支持了勒温的观点。

3.领导行为的权变理论

自20世纪60年代以来,人们在领导实践中逐渐认识到不存在一个适合任何组织、任何性质的领导行为方式,领导的效率如何,是由领导者、被领导者、环境等因素共同决定的,必须根据具体情况确定领导方式,这种观点被称为权变理论或情景理论。用公式表示,即领导行为的有效性$=f$(领导者、被领导者、环境)。

坦南鲍姆(R. annenbaum)和施米特(W. H. Schmidt)于1958年提出了连续带模型,认为在独裁和民主两个极端之间,存在一系列具有不同民主和独裁程度的领导行为方式，构成了一个连续带（图 9-5）。有效的领导方式就是在特定的时间和地点条件选择所需要的领导行为。

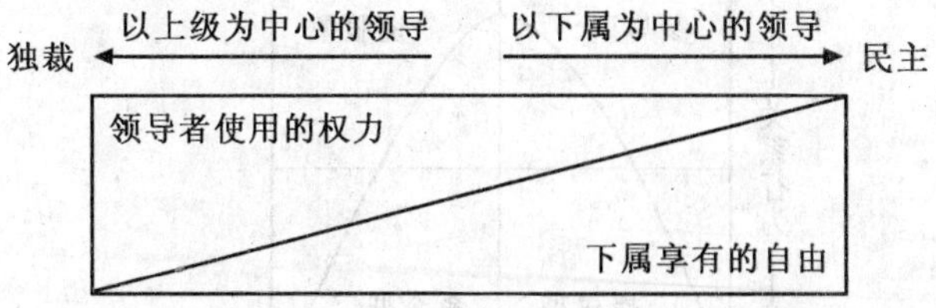

图 9-5 领导行为的连续带模式

一般来说，领导者认为他的下属有才干，能独立地处理问题，就可以采取下属为中心的领导行为，即民主型的领导方法；反之，则采用上级为中心的领导方法。领导行为的连续带模式要求领导者要有较强的适应性和灵活性，来应付不断变化的情况，能根据自己的能力、下属的素质和组织的目标，将权力有效地下放。

美国哈佛大学克里斯·阿吉里斯（Chris Argyris）提出了不成熟——成熟理论，他认为一个人由不成熟到成熟的过程，会发生 7 个方面的转变：从被动到主动；从依赖到独立；从逃避责任到主动地寻求责任；从浅薄表面直接兴趣到深刻的间接兴趣；从知觉眼前到知觉过去和未来；从附属地位到同等或优越的地位；自我意识从不成熟到成熟。这种变化是持续的、循序渐进的。作为领导者应针对下级不同的成熟度采取不同的管理方法，对那些成熟度低的人，应使用传统的领导方式。对比较成熟的人，应扩大个人的责任，创造一个有利于发挥才能和个人成长的环境。

俄亥俄州立大学心理学家科曼（Karman）把领导行为的四分图与阿里吉斯的不成熟—成熟理论结合起来，创立了管理周期理论。这个理论认为，有效的领导行为应把工作行为、关系行为和被领导者的成熟度结合起来考虑，高组织、高关心人的领导并不一定是经常有效的，低组织、低关心人的领导也不一定完全无效，关键取决于被领导者的成熟度。该理论认为，工作行为、关系行为与成熟度之间是一种曲线关系，这条曲线可以帮助领导者了解领导方式与下属成熟度的关系（图 9-6）。随着下属由不成熟走向成熟，领导行为应该按下列顺序逐步变化：命令型→说服型→参与型→授权型。科曼认为，受过高等教育，同时又是情感成熟的人，领导者应采取“低组织，低关心人”的授权式领导方式。

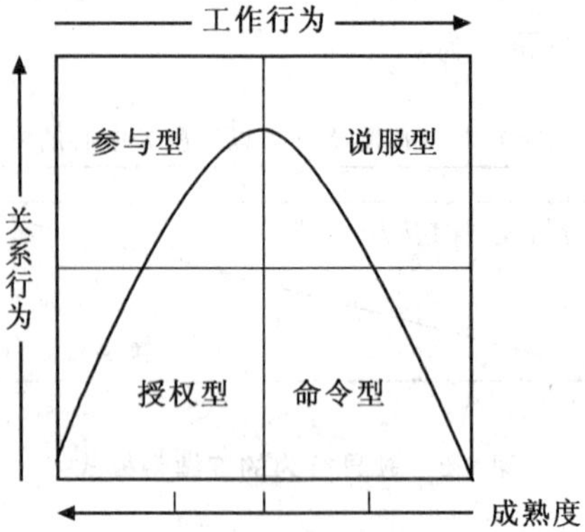

图 9-6 管理周期模型

第三节 社会心理学在组织文化中的应用

组织文化是指一个组织在长期的生存发展中形成的，为组织多数成员共同遵循的基本信念、价值标准和行为规范。组织文化构成了组织的软环境，它是一个组织的灵魂，是推动组织发展的不竭动力，它确定了该组织的风气和人们的行为准则，也影响到计划、组织、用人、领导和控制等各个管理职能的实施方式。

一、组织文化概述

组织文化(organisational culture)，是一个组织由其价值观、信念、仪式、符号、处事方式等组成的其特有的文化形象。广义的文化是人类社会历史实践过程中所创造的物质财富与精神财富的总和；狭义的文化是社会的意识形态以及与之相适应的组织机构与制度。而组织文化则是组织在生产经营实践中，逐步形成的，为全体员工所认同并遵守的，带有本组织特点的使命、愿景、宗旨、精神、价值观和经营理念，以及这些理念在生产经营实践、管理制度、员工行为方式与企业对外形象的体现的总和。其核心是组织的精神和价值观。

1.组织文化的层次

(1)表层的物质文化。物质文化是组织文化在物质层次上的体现。比如，厂容厂貌、产品样式和包装、设备特色、建筑风格、厂旗、厂服、厂标、纪念品、纪念建筑等，它们构成了文化的具体表象物件。

（2）浅层的行为文化。行为文化是组织成员在生产经营、学习娱乐、人际交往中产生的活动文化。它包括经营活动、教育宣传活动、协调人际关系的活动和各种文娱体育活动等。这些活动也反映了组织的经营作风、精神风貌、人际关系模式等文化特征，也是企业精神、企业目标的动态反映。

（3）中层的制度文化。制度是外加的行为规范，它约束组织成员的行为，维持组织活动的正常秩序。制度层包括各种制度、规章、组织机构以及组织内部的一些特殊典礼、仪式、风俗等。

（4）深层的精神文化。精神文化是现代企业文化的核心层，指组织在运作过程中所形成的独特的意识形态和文化观念。它包括组织目标、组织精神、组织风气、组织道德和组织哲学等。精神文化往往是一个组织长期积累和沉淀的结果。

2.组织文化的内容

根据组织文化的定义，其内容是十分广泛的，但其中最主要的应包括如下几点：

（1）经营哲学。经营哲学是一个组织特有的从事生产经营和管理活动的方法论原则。它是指导组织行为的基础。一个组织在激烈的市场竞争环境中，面临着各种矛盾和多种选择，要求它必须有一个科学的方法论来指导，有一套逻辑思维的程序来决定自己的行为，这就是经营哲学。

（2）价值观念。组织的价值观，是指组织成员对组织存在的意义、经营目的、经营宗旨的价值评价和为之追求的群体意识，是组织成员共同的价值准则。组织价值观决定着员工行为的取向，关系组织的生死存亡。

（3）组织精神。组织精神是指组织基于自身特定的性质、任务、宗旨、时代要求和发展方向，并经过精心培养而形成的组织成员群体的精神风貌。组织精神要通过组织全体员工有意识的实践活动体现出来。组织精神是组织文化的核心，在整个组织文化中起着支配的地位。组织精神通常用一些既富于哲理，又简洁明快的语言予以表达，既便于员工铭记在心，时刻用于激励自己，也便于对外宣传，从而在社会上形成个性鲜明的组织形象。

（4）组织道德。组织道德是指调整本组织与其他组织之间、组织与顾客之间、组织内部员工之间关系的行为规范的总和。组织道德与法律规范和制度规范不同，它不具有后者的强制性和约束力，但具有积极的示范效应和强烈的感染力，当被人们认可和接受后就会具有自我约束的力量。它是约束组织和员工行为的重要手段。

（5）团体意识。团体意识是指组织成员的集体观念，是组织内部凝聚力形成的重要心理因素。团体意识的形成使组织的每个职工把自己的工作和行为都看成是实现组织目标的一个组成部分，使他们对自己作为组织的成员而感到自豪，对组织的成就产生荣誉感，从而把组织看成是自己利益的共同体和归属，会为实现组织的目标而努力奋斗，自觉地克服与实现组织目标不一致的行为。

(6)组织形象。组织形象是组织通过外部特征和经营实力表现出来的，被消费者和公众所认同的组织总体印象。由外部特征表现出来的组织形象称表层形象，如招牌、门面、徽标、广告、商标、服饰、营业环境等。通过经营实力表现出来的形象称深层形象，如人员素质、生产经营能力、管理水平、资本实力、产品质量等。表层形象是以深层形象为基础，没有深层形象这个基础，表层形象就是虚假的，也不能长久地保持。

(7)组织制度。组织制度是在生产经营实践活动中所形成的，对人的行为带有强制性，并能保障一定权利的各种规定。组织制度作为员工行为规范的模式，使个人的活动得以合理进行，内外人际关系得以协调，员工的共同利益受到保护，从而使组织有序地组织起来为实现组织目标而努力。

3.组织文化的特质

(1)历史性。组织在一定的时空条件下产生、生存与发展，其现象本身就是当时社会政治、经济、文化的折射，是创造历史的载体。组织文化是历史的产物，折射出大到一个时代，一个国家的一定时期，或者一个民族、一个地域；小到一个地方区域的经济与文化特征。反过来，组织文化一旦形成，也在改造着一个组织所处的环境。

(2)人本性。组织文化关注的中心，在于对组织中人的因素的管理与激发。一个人一生中最宝贵、历时最长的时间与空间都是用于职业生涯的，所以，组织的成长与发展需求与个人的成长与发展需求在组织文化这个层面达到了完美的契合。组织文化是一种以人为本的文化，着力于以文化因素去挖掘企业的潜力，尊重和重视人的因素在企业发展中的作用。

(3)复杂性。每个组织都在特定的环境中生存与发展，所面临的历史阶段、发展程度，以及本身固有的文化积淀都不相同。成功是不能复制的，组织文化也同样不能拷贝。把别人成功的组织文化照搬照抄教条行事，或者将优秀的组织文化奉为金科玉律，试图找到放之四海而皆准的真理是行不通的。

(4)动态性。一个单位的组织文化一旦形成，就具有在一定时期之内的相对稳定性。随着组织的发展以及生存环境的变化，组织文化也随之发生改变。有一种说法叫做“呈螺旋式上升状”，这其实是一种理想状态下优秀组织文化的发展态势，僵化的、落后的组织文化也在运动。一个优秀组织的文化体系建成之后，就会显示其对外部因素以及新生文化因子强大的吸收力、包容力与消化力，形成动态开放的系统。

(5)有机性。组织文化是一个整体有机系统，组织文化的各个构成要素以一定的结构形式排列，各个要素相对独立，各司其职。同时，组织文化又是一个系统工程，是一个严密有序的有机结合体，由企业内互相联系、互相依赖、互相作用的不同层次、不同部分结合而成。

二、组织文化的功能

研究组织文化，其目的是利用组织文化为企业的生存与发展发挥作用。组织文化一旦形成，就会成为约束组织成员行为的非正式控制规则，而使组织成员放弃一些不适合组织期望的行为和利益取向。由于受到组织文化的熏陶，组织成员取用相同的价值观和道德观，这样组织内的人际关系将更加融洽，组织的各种矛盾得到缓解。组织文化概括起来主要有以下6个方面的功能。

1.导向功能

组织文化的导向功能体现在对组织整体和组织成员的价值取向及行为取向所起的引导作用，使之符合组织所确定的目标。组织文化所建立起的自身系统的价值和规范标准引导员工的行为心理，使人们在潜移默化中接受共同的价值观念，自觉自愿地把组织目标作为自己追求的目标。组织目标代表着组织发展的方向，没有正确的目标就等于迷失了方向。完美的组织文化会从实际出发，以科学的态度去制立组织的发展目标，这种目标一定具有可行性和科学性。组织员工就是在这一目标的指导下从事生产经营活动。

2.约束功能

组织文化的约束功能是指组织文化对每个组织成员的思想、心理和行为具有约束和规范的作用。组织文化对组织成员的约束是一种软约束，团队意识、社会舆论、共同的习俗和风尚等精神文化内容，会造成强大的使个体行为从众化的团队心理压力和动力，使组织成员产生共鸣和自我控制。组织文化的约束功能主要是通过完善管理制度和道德规范来实现。组织制度是企业内部的法规，企业的领导者和企业职工必须遵守和执行，从而形成约束力。道德规范是从伦理关系的角度来约束领导者和员工的行为。如果人们违背了道德规范的要求，就会受到舆论的谴责，心理上会感到内疚。

3.凝聚功能

当一种价值观被组织成员共同认可后，组织文化成为组织成员的黏合剂，从各个方面把组织成员团结在一起，从而产生巨大的向心力和凝聚力，产生深刻的认同感，使组织成员乐于参与组织的事务，发挥各自的潜能，为组织目标做出贡献。共同的价值观念形成了共同的目标和理想，组织成员会把组织看成是一个命运共同体，把本职工作看成是实现共同目标的重要组成部分，因此，整个组织步调一致，形成统一的整体。

4.激励功能

组织文化具有使组织成员从内心产生一种高昂情绪和奋发进取精神的效应，共同的价值观念使每个职工都感到自己存在和行为的价值。在以人为本的组织文化氛围中，"以人为中心"的企业文化可以满足组织成员对尊重等高层需求的追求，从而激发组织成员从内心深处自觉产生为组织目标拼搏的精神。同时，领导与职工、职工与职工之间互相关心，互相支持，职工会感到受人尊重，自然会振奋精神，努力工作。另外，组织文化建设取得成功，在社会上产生影响时，员工会产生强烈的荣誉感和自豪感，他们会加倍努力，用自己的实际行动去维护企业的荣誉和形象。同时，企业文化通过软约束调整组织成员的不合理需要，形成积极向上的整体力量，使员工自我激励，产生持久的驱动力。

5.调适功能

调适就是调整和适应。组织各部门之间、职工之间，由于各种原因难免会产生一些矛盾，解决这些矛盾需要各自进行自我调节。企业与环境、与顾客、与企业、与国家、与社会之间都会存在不协调、不适应之处，这也需要进行调整和适应。组织哲学和组织道德规范使经营者和普通员工能科学地处理这些矛盾，自觉地约束自己。

6.辐射功能

良好的组织文化不仅对内部成员产生影响，而且通过各种渠道向社会辐射和传播。一方面，可以树立组织在公众中的良好形象；另一方面，优秀的组织文化也可以在一定程度上推动社会文化的良性发展，起到以点带面的辐射作用。

组织文化功能的发挥也受到各种主客观因素的影响，如社会文化背景的影响、组织创业者和领导者素质的影响以及组织成员素质的影响等。

三、组织文化与组织行为

文化塑造了人，并且对人自身的行为有着重大影响。组织文化对组织行为的影响力有强弱之分。组织文化的强度是指组织文化的核心，即意识体系得到组织成员认可和接受的程度。意识体系越能得到组织成员的认可和接受，组织文化的强度越大；反之，越小。组织文化对组织行为产生着重要作用。

1. 良好的组织文化能提升组织的核心竞争力

最近的研究表明，组织竞争力是指在竞争性市场中，一个组织所具有的能够持续地比其他组织更有效地向市场提供产品或服务，并获得赢利和自身发展的综合素质。国际著名的兰德公司经过长期研究发现，企业的竞争力可分为3个层面：第一层面是产品层，包括企业产品生产及质量控制能力、企业的服务、成本控制、营销、研发能力；第二层面是制度层，包括各经营管理要素组成的结构平台、企业内外环境、资源关系、企业运行机制、企业规模、品牌、企业产权制度；第三层面是核心层，包括以企业理念、企业价值观为核心的企业文化、内外一致的企业形象、企业创新能力、差异化个性化的企业特色、稳健的财务、拥有卓越的远见和长远的全球化发展目标。第一层面是表层的竞争力，第二层面是支持平台的竞争力，第三层面是最核心的竞争力。从这一结论中我们可以看出，组织文化对增强竞争力的重要作用。

2. 良好的组织文化能促使组织可持续成长

没有好的组织文化的组织也可以成长，但没有好的组织文化的组织却难以实现可持续成长。文化不解决组织是否赢利的问题，但解决组织成长是否持续的问题。物质资源总有一天会枯竭，但是组织文化却是生生不息的，它会成为支撑组织可持续成长的支柱。世界上著名的长寿公司都有一个共同特征，就是他们都有一套坚持不懈的核心价值观，有其独特的企业文化。企业文化的本质体现在其核心价值观上，企业成长的可持续关键是它追求长治久安的核心价值观要被接班人确认，接班人又具有自我批判的能力，这样就能使核心价值观在适应技术与社会环境变化的前提下得以继承和延续。近年来，众多企业所提倡的二次创业，其目标实际上就是可持续成长。第二次创业的主要特点是要淡化企业家的个人色彩，强化职业化管理，把人格魅力、个人推动力变成一种氛围，形成合力，以推动和引导企业的正确发展。

3. 良好的组织文化能提高组织的管理水平

组织的发展依靠核心竞争力，核心竞争力来自技术，技术的成功开发和应用靠管理，而管理靠的是优秀的组织文化。在任何一个组织中，人们所公认的管理要素，如计划、组织、指挥、控制等本身就带有一定程度的文化色彩，脱离文化的组织行为活动是不存在的。管理决策不能在真空中做出，必须反映组织的历史和现在，因此必然受到组织文化的制约。在知识经济时代，如果用组织文化对员工进行管理会极大的提高员工的工作积极性。在有优秀组织文化的企业里，企业高层与中层、基层会容易达成共识，上下层之间沟通很顺畅。由于组织文化是组织成员共同认可的一套价值体系，并且在建设过程中员工都曾参与，因此对员工都有普遍的引导约束作用，不会造成员工感到迷惘、迟疑而不愿跟进的情况。另外，由于组织文化的凝聚力量，组织里也不会出现分权分利分心的现象。

4.良好的组织文化使组织能获得优秀的人力资源

知识经济时代使人才成为组织生存和发展的关键，取得大量的优秀人才并留住人才，对组织的发展来说非常重要。组织对人才的争夺真正体现在不同组织文化的竞争上。各种人才通过对一个单位组织文化的了解和认识，选择适合自己发展的组织。对于知识型员工来说，物质不再是非常重要的东西，只有组织文化才会对他们起到很强的吸引作用，使他们产生强烈的归属感。同时，组织文化具有特殊的强制渗透功能，决定了组织价值观以及在此价值观之下的组织群体行为。随着组织文化的形成与发展，它将渗透到组织成员日常的一切活动中并产生重大影响，成为决定组织兴衰的关键因素。一个组织将其价值观念渗透到人员招聘上，可以提高员工的适应能力。将组织文化贯穿于员工培训之中，可以提高员工的行为能力。在考核体系中，如果将组织价值观念作为多元考核指标的一部分，通过鼓励或反对某种行为，既可以达到诠释企业价值观的目的，也可以提高员工的管理绩效。此外，组织文化通过提供公平和富有人性的竞争环境，激发员工工作积极性，促进员工发展，增进组织效益。

组织文化的内涵决定了它对组织行为必定产生极大的影响，未来企业组织之间的竞争是组织文化的竞争，组织文化才是组织的核心竞争力。如同企业家韦尔奇所说："如果你想让列车再快 10 km，你只需要加大油门；但你若要使车速增加一倍，你就必须要更换铁轨了。如目前推进的工业企业资产重组只可提高一时的公司生产力，只有文化上的改变，才能维持高生产力的发展"。

本章小结

本章主要探讨了社会心理学的有关理论在组织管理领域中的应用。首先，介绍了社会心理学在激励中的作用，探讨了需要层次理论、双因素理论、期望理论、目标理论、强化理论以及公平理论等激励理论在管理中的应用。其次，介绍了领导行为与组织成员积极性的关系，重点强调了领导者影响力的构成因素以及不同类型领导者的管理特点。最后，本章强调社会心理学理论通过对组织文化建设产生重要影响，从而推动有效的组织行为的产生，进而提高组织的管理效能。

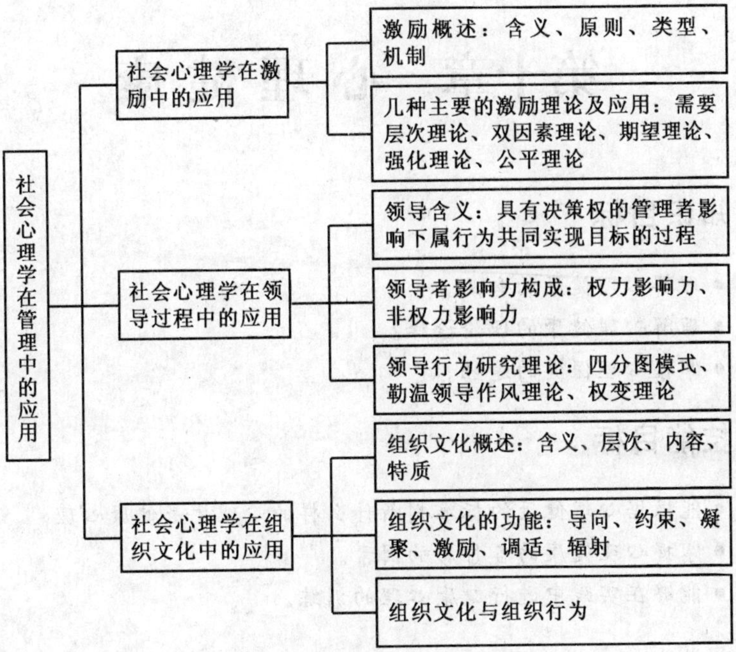

思　考　题

1. 试举例论述各激励理论及其在实践中的应用。
2. 试分析不同类型领导类型的优缺点。
3. 领导者如何才能有效提高自己的影响力？
4. 试分析组织文化在组织管理过程中的重要作用。

第十章 心理健康

知识目标

- 理解心理健康的含义。
- 理解心理健康的理论诠释。
- 掌握心理保健的途径。

技能目标

- 能根据心理健康的标准判断什么样的心理才是健康心理。
- 掌握心理健康的各种影响因素。
- 能够在实践中进行健康心理的训练。

进入21世纪，社会变化了，时代变化了，环境变化了，对人才的要求也变化了。人才不仅要有良好的思想道德品质、科学文化素质和身体素质，还必须要有良好的心理素质。我国社会目前正处于快速社会转型时期，经济的发展加速了生活节奏、加剧了社会竞争，伴随着外来文化与本土文化的持续冲突和相互抗拒，社会主导价值观动荡不居，价值取向从单一走向多元。文化多元和价值冲突的出现，往往导致社会成员的认知失调、心理困难以及行为失范。现代人面临的来自各方面的压力越来越大，而我国原有的社会支持系统正在迅速瓦解失去作用，新的社会支持系统尚未真正建立健全，力量薄弱，这更加剧了心理矛盾和冲突。心理健康成为现代社会中人们关注的焦点。世界卫生组织公布，心理疾病将成为全球第二大疾病；从青少年到中年乃至老年，心理问题都严重地影响到人群的健康。本章将运用心理学的相关理论探讨心理健康问题，通过探讨心理健康的含义和标准、影响心理健康的因素以及心理保健的途径，使学生能正确认识心理健康，并懂得如何自觉维护心理健康。

第一节　心理健康概述

自古以来,中外的医学家和思想家们就注意到了人的健康是包括身和心两个方面的,注意到了心和身是相互联系、相互依赖、相互影响、不可分割的整体。早在祖国医学的经典之作《黄帝内经》中就提出了"形神若一"的思想,并从五脏六腑(身)、七情(心)、六气(环境)3个方面,用联系的观点分析研究人的健康和疾病。西方的"医学之父"希波克拉蒂也提出了健康的身体和健康的个性、稳定的情绪是紧密相连的。随着自然科学的发展,医学、生物学也有了很大的发展,并建立了医学的"生物学模式"。一方面,这对促进人类健康起了很大作用,有着不可磨灭的贡献;另一方面,由于只看到人的自然性、生物性,只见"身",不见"心",忘记了人的社会性,丢掉了传统医学中身心统一的宝贵思想。而现代社会的发展又使人际关系、社会交往和需求变得越来越复杂,人的心理承受的压力也越来越大。人心理的紧张紊乱又引起了许多身体上的病变、紊乱,使持有"生物医学模式"的医学家们转而寻求心理学、社会学、伦理学等学科的协作和支持,并共同建立了"生物—心理—社会"医学模式。所以,健康不只是医学的事,同时也是其他许多学科共同的事。维护和增进人的身心健康也就成为社会性理学义不容辞的责任和亟待研究的课题。那么,什么是心理健康呢?

一、心理健康的概念

"心理健康"一词最早出现在英国克劳斯顿博士(Dr. T. S. Clouston)于1906年出版的《心理卫生》(*mental hygiene*)一书中,但真正使世界开始关注心理健康的是克利福德·威廷汉姆·比尔斯于1908所著的《自觉之心》(*a Mind that Found Itself*),该书出版后,引发了各界对心理卫生的关注。

关于心理健康的含义,国内外并没有一个公认的统一界定,学者们从各自的学科领域出发对心理健康进行了不同的解释。学者们的说法虽然角度不同,但基本观点是一致的:心理健康是指在正常发展的智能基础上所形成的一种良好个性、良好处世能力和自我潜能最大限度发挥的心理特质结构。也就是说,心理健康的含义不只停留在适应的层面,它还包括个体的自我完善和积极的发展。另外,在理解心理健康的含义时,我们必须明白不同的国家,不同的民族对心理健康有不同的认识,随着社会的发展和变化,心理健康的标准也会发生相应的变化。

我们认为心理健康指的是个体既能适当地评价自我、接受自我,又能与他人和谐相处;既能适应自己所面临的不断变化发展着的现实环境,又能不断完善和保持自身的人格特征；同时具有良好的自我节制和调控能力，并在认知功能、情绪反应活动和意志行为方面都能处在比较积极的状态。心理健康是一种持续的、稳定的、积极的、建设性的协调状态。

二、心理健康的标准

我们通过什么样的标准来鉴别一个人是否心理健康？心理健康的标志是什么？这是一个非常复杂的问题，迄今为止仍没有公认的说法。不过已有许多心理学家都从不同的角度对此进行积极的探索，提出了各种观点。

1. 心理是否健康的10条标准

人本心理学家马斯洛（A. H. Maslow）曾提出衡量人的心理是否健康的10条标准：

(1)充分的安全感；

(2)充分了解自己并对自己的能力做适当的评价；

(3)生活目标能切合实际；

(4)与现实环境保持接触；

(5)能保持人格的完整与和谐；

(6)具有从经验中学习的能力；

(7)能保持良好的人际关系；

(8)适当的情绪发泄与控制；

(9)在不违背集体利益的情况下，能做有限度的个人发挥；

(10)在不违背社会规范的情况下，对个人基本需求做恰当的满足。

2. 心理是否健康的7种标志

心理学家G·W·奥尔波特主张判断一个人心理是否健康的7种标志是：

(1)积极的自我观念；

(2)良好的人际关系；

(3)情绪上的安全感；

(4)知觉客观；

(5)具有各种技能，并专注于工作；

(6)现实的自我形象；

(7)内在统一的人生观。

3. 我国归纳心理是否健康的7点

以上对心理健康的判断标准虽有不同，但大多主张从个体行为的适应角度着手，把是否具有正确的自我概念、是否具有调控情绪的能力，以及人际交往和环境适应情况等方面作为鉴别个体心理是否健康的标准。我国学者在借鉴外国学者研究的基础上，也提出了自己关于心理健康的标准，概括起来，可以归纳为以下7点：

(1)乐于工作，富有热情。人在生命过程中总要找一份工作（无论是为了自我实现或解决生活问题)，心理健康的人能够积极寻找工作，能够珍惜自己的工作机会，在工作过程中积极主动地完成各项任务，把智慧与能力有效的运用到工作上，并能够克服工作中遇到的困难，富有热情，以期有所建树。因而他乐于工作，不会把工作看成负担或痛苦。而心理不健康的人，常常被不必要的疑虑和恐惧困扰，精神与注意力不能集中于工作，身心疲惫，工作效率低下。

(2)具有正确的自我概念，并能悦纳自己。心理学者桥多可夫(B. Chodokof)曾用实验的方法研究自我概念与知觉防卫及行为适应的关系，结论为：①被试的自我概念和实际情况愈接近，则其所表现的知觉防卫现象愈少；②被试的自我概念和实际情况愈接近，则其行为适应也愈佳；③被试行为适应愈佳，则其所表现的知觉防卫现象也愈少。可见正确的自我概念和行为适应是正向关系。

人贵有自知之明。心理健康的人能够正确认识自身存在的价值，能够悦纳自己。不但了解自身的优点，并将其发扬光大，也能正视自身的缺点，并能努力发展其身心潜能，尽可能地完善自己。对无法补救的缺陷，也能安然接受，尽可能发挥自身的长处，而不是花费力气和精神去掩饰或采取不恰当的防卫行为。而一个心理不健康的人，却不能发现自己的长处，常常困扰于自身的不足，否定自己。这类人常常怀有强烈的自卑感，不能正视自己的缺点，尽量回避不去思考，或者在生活中担心、内疚、紧张，运用各种防卫性行为来保护自己，有的甚至讨厌自己，因而对现实环境不易客观了解与适应。正确的自我概念(self-concept)是心理健康的条件，我们据此来选择最适合自身的行为。

(3)具有适应社会环境的能力。心理健康的人能与现实环境保持良好的接触，并能对周围的客观环境做出正确的、客观的认识和评价，接受现实；对环境的改变能够积极有效的适应；面对生活、工作和学习中的各种困难和挫折能够正确认识，不怨天尤人，并针对问题予以切实的方法加以解决，而不是企图逃避。心理不健康的人不能正确认识现实，不肯面对现实世界，往往用不切实际的幻想代替现实；同时也承受不了环境的改变，一旦面临困难或挫折便消极应对，缺乏面对现实的勇气，或怨声载道，难以适应社会。

(4)乐于交往，人际和谐。心理健康的人能够了解与他人交往的重要性，因此，常常主动与他人交往沟通，并能体验到这种交往的愉悦；同时，在交往过程能够以尊敬、理解、信任和喜悦的态度对待他人，常能和他人建立良好的关系；适应良好的人能够根据自己的需求结交一定的朋友，这种需求并不意味着他要利用别人来达到自身的目标，而是通过与他人共同分享和负担生活的喜怒哀乐，相互间获得“受人重视”、“有所隶属”、“摆脱心理孤独”的心理感受。而心理不健康的人，不能接受他人、悦纳他人，在与他人相处时，常以仇恨、嫉妒、怀疑、畏惧、憎恶的态度对待别人，或者封闭自我，与周围的人格格不入，把自己游离于社会群体之外。由此而言，良好的人际关系既是维护心理健康不可缺少的条件，也是心理健康的内在需要和重要标准。

(5)情绪稳定，并具有良好的情绪调控能力。心理健康的人一般具有稳定、乐观、愉快、满意等积极情绪。面对生活环境中的各种问题也能适度表达愤怒、悲哀的情绪，合理地宣泄这些不良情绪。但终能保持镇静，把不良情绪控制在一定范围内，并化悲愤为力量，以积极谋求合理有效的解决办法。而心理不健康者情绪波动大，不善于控制自己的情绪，经常放大自己的消极情绪，悲观失望，失去进取心。

(6)心理行为符合年龄和性别特征。人的心理和行为在不同年龄阶段、不同的性别，都会有相应的心理模式和行为表现。心理健康的人在社会认知、态度情感以及言行举止等方面均符合其所处的年龄、性别特点，如身心健康的大学生应该具有的特征是：朝气蓬勃、思维敏捷、热爱生活、喜欢探究、具有独立判断和独立生活的能力；相反，如果过于幼稚、过于依赖他人或者过于老成世故，则是与这样的年龄段不相符的行为特征，一般被认为是心理不健康的表现。

(7)人格品质完整统一。人格是指一个人在其漫长的经历中所逐渐形成的，表现为稳定的和持续的心理特点以及行为方式的总和。人格完整统一是指构成人格要素的气质、能力、性格、理想、信念、人生观等各方面都均衡发展。心理健康的人，其人格结构的各个方面能平衡地发展，也就是说，一个人的所思、所言和所为是协调一致的，其人格作为人的整个精神面貌能够完整、协调、和谐地表现出来。心理不健康的人则缺乏完整和谐的人格，表现为性格孤僻、不会为人处世；对问题的思考方式有悖常理；情绪反应极端，难以接触社会，也无法摆脱自己将面临的心理危机，甚至导致心理异常。

三、影响心理健康的因素

人的心理活动是一个极为复杂的动态过程，影响心理健康、造成心理障碍的因素也是复杂、多样的，其中包括生物的、个体的、社会的和文化的等因素。

(一)生物学因素

影响人的心理健康的生物学因素主要有：遗传因素和生理因素。

1.遗传因素

遗传是指肌体的生理解剖结构和机能特性由上一代传递给下一代。一般的观点认为，人的心理活动是不能遗传的，然而，19 世纪末叶的英国科学家高尔顿(A. Galton)曾出版了《遗传的才能与性格》和《遗传-天才》等许多著作，他认为人的心理，包括才能和性格都是遗传决定的。最新的研究也表明，人作为一个身心具备的整体，尤其是个人的体型、气质、神经活动特点、能力与性格的某些成分等都会受到遗传因素的直接影响。心理卫生学的研究表明，人的某些心理障碍或疾病也同遗传因素有关。卫生部门在对精神病人的家属进行抽样调查统计后发现，其亲属中血缘关系从远到近，发病率具有从少到多的趋势。如果祖父辈得病，孙辈得病的几率为 12.66%；父母的同胞有精神病，子辈得同类病的几率为 13.56%；父母有精神疾病，子女得同类病的比例是 33.21%，这说明心理疾病确实也会遗传。

2. 生理因素

生理因素主要指人的身体和神经系统方面的功能。影响健康的生理因素包括胎儿期的心理健康、人体神经组织结构的功能以及大脑和整个神经系统的正常生理机能。孕妇的健康状况、情绪波动、营养状况以及分娩过程都可能影响胎儿的生理发育，并进而影响其心理功能的正常发展。此外，如果中枢神经系统受到病毒的侵扰，会损害人的神经组织结构，导致器质性心理障碍或精神失常。脑外伤或化学中毒，会损坏大脑及整个神经系统正常功能，不仅会出现语言障碍，也是造成心理障碍与精神失常的原因。

(二)个体心理因素

影响人的心理健康的个体心理因素主要有情绪因素、个性特征、心理冲突等。

1. 情绪因素

情绪表达了人与客观事物之间极其复杂的相互关系，以及客观事物对个体的多方面的意义。情绪受认知的影响，人们对于生活事件的不同评价往往会产生不同的情绪体验，不仅有积极、乐观、幸福等积极的情绪体验，同时也有诸如忧郁、嫉妒、焦虑、悲伤等消极情绪体验。尽管所有的情绪都有其功能，有助于个体行为的适应，但过于强烈的情绪反应与持续的情绪反应，则对个体有害。近代医学科学实验研究已证明消极情绪对身心疾病的发生和发展过程起着不良作用。如过强的情绪反应会使个体出现不合理、不适宜的行为，工作效率减低，影响生活功能；持续的情绪反应会使情绪的生理变化长久延续，将造成身体上的疾病，妨害身体健康，严重者会造成心理失常，出现各种心理疾病。

2. 个性特征

个性特征是指个体在心理发展过程中逐渐形成的带有倾向性的、本质的、比较稳定的心理特征的总和，其中包括气质、性格、能力等。一个人的个性特征对其心理特点和行为方式有很大的影响。

研究表明，各种精神疾病特别是神经官能症，往往都有相应的特殊人格特征基础。临床心理学家弗瑞德曼(M. Freedman)把人的性格分为A、B、C 3种类型：A型性格的人争强好胜、性情急躁、无耐心、时间感强、急于求成、怀有敌意；B型性格的人与此相反，安静、保守、有耐心，容易相处；C型性格的人则内向、抑郁、孤独、不爱交际、怨气和怒气都积郁在心中，不向外发泄。由此可见，个体的性格因素也是影响心理健康的原因之一。

3. 心理冲突

心理冲突是指个体在有目的的活动中，因目标的多样性而出现难以抉择的情况而产生的心理矛盾状态。常见的心理冲突有4种形式：第一种是"双趋式"心理冲突，这时个体面临两种选择，而这两种选择都能给个体带来好处，并且个体也想得到这两种选择的好处；第二种是"双避式"冲突，与上一种情况相反，个体面临两种选择，而且每一种选择都会为个体带来不利的后果，但又必须接受其中之一。第三种冲突是"趋避式"冲突，即某一目标既能为个体带来好处，同时又伴随不良的影响。个体只想取其好处，而不想要它所带来的后果。最后一种"双趋—双避式"冲突，这是最常见的冲突形式。这时个体面临两种选择，每一种选择都能为个体带来某些好处，但同时又都伴有不利的影响。在日常生活中，人们常常面临这样两难的目标选择，于是内心出现冲突。当个体处于心理冲突时，常常使人的需要部分地或全部地得不到满足，目标的实现受到阻碍，亦即产生了挫折。伴随挫折而产生的是人的紧张情绪和焦虑反应，这便给心理异常的产生提供了基础，影响了人们的心理健康。

（三）环境因素

影响人的心理健康的环境因素主要有自然环境因素和社会环境因素等。

1. 自然环境因素

自然环境是环绕人们周围的各种自然因素的总和，如大气、水、植物、动物、土壤、岩石矿物、太阳辐射等。随着人口的快速增长，人类文明及科技进步等因素的影响，人类生活的自然环境逐渐被破坏，形成环境污染。包括空气污染、水污染、土地污染及噪声等，这些因素不仅会影响孕妇的健康，进而导致初生儿的生理、心理各方面的健康受到影响，同时，也会影响其他人的身体以及情绪，从而影响到心理健康。

2. 社会环境因素

社会环境包括社会期望、社会组织形态及其他社会现象等，往往决定个体及团体的生活方式、价值观念与行为形态。社会经济衰退和失业的增加已经与精神崩溃、家庭分裂和其他社会心理问题密切相关。由于社会变迁急速，社会价值体系与文化形态不能随着变迁而调适，使人们遭遇到各种挫折与冲突，增加了许多苦恼，如不能提供子女物质上的需要，将使子女产生不安全感，当家庭对孩子的控制力丧失，易使孩子向外寻求物质的满足与安全。同时，在个体生长和生活的环境中，也往往会遭遇各种各样的变化，如年老退休、刚刚参加工作、各级新生入学、毕业生离校、自己的职位提升或下降、学生对自己的接纳程度、结婚、生子、孩子长大离家、搬迁等，所有这些变化，都向人的环境适应力提出挑战。善于适应的人，很快就能在新环境中有新发展；而不善于适应的人，则有可能在新环境中产生大量的负性情绪而无法自拔，尤其是一些突然变化的事件如各种家庭变故、疾病、灾难等更是导致心理失常或精神疾病的主要原因。

(四)文化教育因素

影响人的心理健康的文化教育因素主要有家庭教育、学校教育和社会教育等。

1.家庭教育

家庭是个人最早接受教育的场所，对个体智力、体力、道德品质的发展、个性特征的形成产生全方位的影响。家庭教育中的家庭结构特点、家庭的稳定性、父母的思想意识、文化修养、言行举止、家庭成员的关系，特别是父母与子女之间的亲密程度、父母的威信、参与子女教育的理念及其教育方式、生活资料和发展资料的数量和质量等都会对子女的身心发展产生程度不同的影响。据有关资料统计，目前我国20%～30%的家庭中存在着心理或精神方面的问题。全国有心理疾病约为1 600 万人，其中1/3是在儿童或青少年时期发病的。因此，家庭教育因素也是影响心理健康的重要因素。

2.学校教育

学校教育指的是由专职人员和专门机构承担的有目的、有系统、有组织的向下一代传授知识、技能、价值标准和社会规范的机构。学校教育生活是大多数人发展过程中的一个重要历程。人们不仅从学校获得文化知识，还获得了社会知识，促进了自我的身心发展和社会发展。学校教育的各种因素如学校的教育理念、教育方法、学校的管理制度与方式、教师榜样作用和教育态度、学校的人际关系以及学校风气等方面的问题，都会影响学生的成长和心理健康。如有的学校只强调智育教育，以升学率和考试分数作为衡量学生的指标，学生每天背着沉重的“分数包袱”，担惊受怕，久而久之有的学生就会出现厌学、自卑、内疚、缺乏自信等消极反应，影响正常的心理发育。

3.社会教育

“人类心智广大的可塑性，几乎全部为他周围的一切所决定，其中最大的影响力也许来自个人所生存的社会”。社会教育涉及社会生活的方方面面，电影、电视、广播和书刊、网络、学术报告、文艺演出等大众传媒构成了多样化的社会教育渠道，在传输积极健康、自强自立、奉献精神的同时，色情、凶杀、暴力等不健康的内容以及拜金主义、享乐主义、人际关系中的冷漠、贪污腐化等社会风气也会随之而来，类似这样的消极因素也会影响人们的身心健康。另外，社会文化本身对人的心理健康也有重大影响。文化精神病学的研究表明，不同文化（科学、教育、宗教、风俗、传统文化、社会习惯等）中精神病的发病率与临床表现形式都存在明显的差异。比如，在发展中国家狂躁或抑郁性精神病较少见，而在发达国家抑郁症却是颇为常见的病症。不同社会文化的价值取向不同，亦对人格产生影响。如爱尔兰社会文化强调人性本恶，因此，爱尔兰人有较强的罪恶感。与之相反，中国传统文化认为人性本善，以和为贵，忍让为美德，自以为善人多。

第二节　心理压力和压力应对

伴随着现代社会文明的发展，社会生活日新月异，随之而来的是生活节奏加快所带来的紧张感，工作上的竞争压力、家庭成员的精神负担、升学就业问题、错综复杂的事情所带来的情绪上的困扰等，这些紧张情绪使越来越多的人产生心理上压力，当压力达到一定的程度，不仅会降低学习水平和工作绩效，还会影响现代人的身心健康。

一、压力

压力（stress，也译作应激）是指由刺激引起的，伴有躯体机能以及心理活动改变的一种身心紧张状态。它由 3 个环节构成：一是压力源。是指任何情境或刺激所具有的伤害或威胁个人的潜在因素，如考试、人际关系紧张、经济状况发生变化等。二是认知评估。个体对刺激事件所做出的反应。如果个体认为某些事情的刺激或情境对自己造成威胁，那就构成压力；反之，如果当事人不认为此刺激或情境对自己有威胁，那就不是压力，这个过程即为认知评估。如不同学生对于考试的态度。有的同学害怕考试，出现巨大的压力，而对另一些同学，则认为考试是对自己能力的检验，则不会给其造成太大的压力。三是焦虑反应。当事人意识到他生理的健康、身体的安全、心理的安静、事业的成败或自尊的维护，甚至自己所关心的人正处于危险状态或受到威胁时的一种反应。如害怕考试的同学会认为考试对他来说是一种威胁，常常会出现考前焦虑。

二、压力反应

压力与个体的心理健康有密切的关系，在过度压力状态下，个体会发生生理、心理以及行为等方面的变化。

1.生理上的反应

在压力状态下，大脑皮质、特别是前额区、边缘系统及下丘脑的积极参与，并把各种心理刺激物作用于人的感官而引起神经冲动，通过脑干的感觉通路传递到丘脑和网状结构，而后继续传递到涉及生理功能调节的植物神经和内分泌的下丘脑，以及涉及心理活动的前额认知脑区和边缘系统情绪脑区，从而表现为血压升高，呼吸变粗加快，心跳加速的生理反应。

2.心理上的反应

个体在刺激反应中最常见的情绪状态是焦虑、恐惧、抑郁和愤怒。焦虑是人们对即将到来的、预期会出现不良后果的事物所表现出的复杂情绪状态，其中包含恐惧和担心。如人在参加重要考试前、接受医生体检前或者一次重要的会见前等，适当的焦虑是一种保护性反应，但焦虑过度就会成为有害的心理反应。恐惧是一种预期将要受到伤害或威胁生命的情绪反应，如果没有战胜的能力和信心，只能采取回避或逃跑。过强的或过久的恐惧，会对身体产生严重的影响。抑郁常指个体在遭遇重大变故时如亲人去世、失恋、失业或者长期病痛等时，所出现的情绪低落、丧失愉快感、悲观、缺乏兴趣、自我评价降低、失眠、缺乏食欲等。抑郁对个体危害很大，重者还会导致自杀，因此要进行积极干预。愤怒是由于有目的的活动受阻，自尊心受到打击，为排除阻碍或恢复自尊，从而出现的一种激烈的情绪状态。

3.行为上的反应

伴随着压力的心理反应，机体为缓冲压力对个体自身的影响、摆脱心理紧张而出现一些外显行为上的变化。人们对压力的反应通常经历 3 个不同的阶段。第一阶段为冲击阶段。发生在暴露于压力源后不久或当时。如果刺激过大，就会使人感到眩晕，表现麻木呆板、不知所措，也可称为“类休克状态”。如突然听到亲人死亡的消息后大多数人会表现出发呆、惊慌或歇斯底里，只有少数人能保持冷静与镇定。第二阶段为安定阶段。这时，当事人会努力恢复心理上的平衡，控制焦虑和情绪紊乱，恢复受到损害的认知功能。然后采用各种心理防御机制或争取亲人、朋友的支持。第三阶段为解决阶段。当事人将自己的注意力转向产生压力的刺激，并努力设法处理它。可能采取逃避行为远离产生压力的原因；或者提高自己的应付技能，改变策略和行为，直接面对刺激、解决刺激。

三、压力源

压力产生的原因可称为压力源或应激源。压力源广泛存在，几乎生活中的任何改变都可能成为压力的来源。

1. 自然环境压力源

面对各种自然灾害如水灾、地震、台风等，人们的反应往往是震惊、茫然，然后是了解灾情，开始合作，但在合作自助的过程中常常出现力不从心的感觉，渐渐会出现情绪化。

2. 社会环境压力源

现代心身医学理论认为，大脑机能的实现是以信号活动形式进行的。通过对外界环境、身体内部和信号本身进行综合处理，并做出适当的反应。而个体所生存的社会环境和生活事件具有最大的信息量，是人体最重要的信息源泉，因此，社会环境中的某些事件是有损身心健康的压力源。这些事件也可以分为三类：一是生活的小困扰。我们常常会遇到一些无法避免的生活琐事，如上班堵车迟到、钱包被偷、与人吵架等，尽管每件琐事的严重程度虽不足够成危害，但累计的压力会对个体身心造成不良影响。有研究表明，生活小困扰的多少与身体健康有着密切的关系。二是长期的社会事件。如人口膨胀所带来的交通拥挤、紧张复杂的人际关系、住房紧张、升学竞争、就业压力、工业发展所带的环境污染、物价上涨等，这些长期存在于社会生活中的事件带给现代人许多生活压力，对健康的损害也是非常突出的。三是一些灾难性的天灾人祸。如非正义战争、飞机失事、工厂爆炸、煤矿坍塌等，这些突发性的事件带给人的精神刺激和心理压力是巨大的。如德国心理学家对柏林 55 家医院的新生儿作回顾性调查，发现在 1927—1933 年希特勒上台前的 7 年间，新生儿畸胎率仅占 1.25%；希特勒上台后的 7 年间，上升到 2.38%；第二次世界大战后，战败的德国政治压力严重、经济贫困、人民遭受巨大的身心打击，畸胎率上升到 6.5%，与战前相比，高出 5 倍之多。可见，各种灾难性的事件可以造成孕妇心理负荷和高畸胎率。

美国精神科医师霍尔姆斯与雷（Thomas Holmes&R. H. Rahe）1967 年编制了"社会再适应量表"（social readjustment rating）。通过对 5 000 名不同年龄、文化、职业的受试者在半年内发生的事件作定量分析，列举了 43 种主要生活事件的不同刺激程度比值（如配偶死亡刺激程度等级最高为 100 分，无任何心理刺激为 0 分），然后让被试勾选出过去一段时间他所遭受的变动事件，再累加所选出事件的分数，就可以知道受试所承受压力的程度。得分在 150～199 分之间属轻度生活危机组，200～299 分之间是中度生活危机组，300 分及以上为重度生活危机组。分值超过

300分的，将有80％可能会发生心理健康问题(表10-1)。

表10-1 社会再适应量表(SRRS)

等级	生活事件	平均值	等级	生活事件	平均值
1	配偶亡故	100	23	子女成年离家	29
2	离婚	73	24	涉讼	29
3	夫妻分居	65	25	个人有杰出成就	28
4	牢狱之灾	63	26	配偶新就业或刚离职	26
5	家族亲人亡故	63	27	入学和毕业	26
6	个人患病或受伤	53	28	生活条件变化	25
7	新婚	50	29	个人改变习惯	24
8	失业	45	30	与上级矛盾	23
9	分居夫妻恢复同居	45	31	改变上班时间或环境	20
10	退休	45	32	搬家	20
11	家庭中有人生病	44	33	转学	20
12	怀孕	40	34	改变休闲方式	19
13	性关系适应困难	39	35	改变宗教活动	19
14	家庭添进人口	39	36	改变社会活动	18
15	事业重新整顿	39	37	少量负债	17
16	财物状况改变	38	38	改变睡眠习惯	16
17	亲友亡故	37	39	家庭成员团聚	15
18	改变行业	36	40	改变饮食习惯	15
19	夫妻争吵加剧	35	41	度假	13
20	中等负债	31	42	过圣诞节	12
21	负债未还，抵押没收	30	43	微小违法行为(如违章过马路)	11
22	改变工作职位	29			

3. 自身环境压力源

上述各类压力来源，是属于外在的环境造成的压力。实际上，有许多压力属于自身环境因素的困扰。首先是身体上的困扰，如生病，从日常生活的一些小病到重病、意外伤残、各种疑难杂症等，都会产生烦躁的情绪体验。其次是个体内在心理因素的困扰，如个人的心理冲突、动机行为受挫，也是压力的重要来源。有些人自我要求很高，凡事总希望做到尽善尽美，不仅对自己要求对他人亦是如此，但往往要求过高，非自己能力所及，常常患得患失，因此承受着很大的压力。

生活中总是会出现各种各样的压力事件，它是不以人们意志为转移的客观存在，但是人们对压力的反应是不同的：具有积极性认知评价倾向的人能够正确认识压力，并采取有效的方式应对；而具有消极认知评价的人，不能正确认知和应对压力，情绪紧张，甚至悲观失望，对身心的健康影响很大。因此，对压力正确认知和应对至关重要。

四、压力应对

面对无处不在的压力，明智的选择就是积极应对：积极适应环境的改变；加强心理素质的自助功能；积极获取社会支持；恰当运用心理调节。

（一）积极适应环境的改变

一般来说，每个人都会根据自我实现的需要积极寻找适合自己发展的环境，由此一个人的一生总要经历一些环境的变化，如新生入学、职业改变、家庭搬迁等，这就需要我们的认知也能尽快跟上发展变化了的环境。适应新环境的关键是要尽快熟悉新环境，明确新环境对自己的新要求，尽快缩短融入新环境的心理调适期。在生活方式、思维方式以及行为方式上做出适当地调整和改变，并形成积极向上的生活态度。

（二）加强心理素质的自助功能

心理素质高低决定了个体面对同样压力的不同反应。较强心理素质的人表现为应对自如，而心理素质较弱的人面对同样的生活事件往往表现出悲观失望的情绪体验。这种不同的反应差别取决于个体主观能动性的发挥，是个体能够自己控制的，具有较强的自我操作性的程度，即“心理自助”的努力程度。要获得良好的心理素质，个体的自我教育是重要环节。前苏联教育家苏霍姆林斯基说：“自我教育开辟了人的发展的可能性。”因此，个体通过自身的努力把外部教育转化个体内部的自我教育，即为自身的发展发挥了重要的主观能动作用。

（三）积极获取社会支持

社会支持是指个人在社会体系中，获得关心、尊重与协助，这些来自社会他人的资源可帮助减少压力或解决问题。美国西北大学黄维仁认为：新的实证研究表明——不抽烟、不喝酒、多运动、好饮食、多睡眠等所有因素加起来抵不上爱的关心对健康的影响。低社会支持的人比高社会支持的人感冒的几率多 4 倍。人的一生总要面临各种情绪紧张、压力和挫折，需要与他人分享各种情感体验，因此社会支持尤为重要。一般来说社会支持网络是由家人、亲友、同学、同伴、老师、邻居或者其他社会机构的专业人员构成。

(四)恰当的心理调节

当个体面对压力和痛苦时要学会运用恰当的心理调节技术使身心迅速恢复正常,这对个体健康心理模式的培养意义重大。常用的心理调节方法有反向心理调节方法、森田疗法以及疏泄疗法。

1. 反向心理调节方法

反向心理调节法是指从相反的方向思考问题,即逆向思维,这样做常常能使人的心理和情绪发生良性变化,得出完全相反的结论。有这样一个寓言故事:两个工匠一起去卖花盆,不幸途中翻了车,花盆大半打碎,悲观的花匠说:"完了,坏了这么多花盆,真倒霉!"而另一个乐观的花匠却说:"真幸运,还有这么多花盆没有打碎。"后一个花匠运用的就是反向心理调节法。从不幸中挖掘出了有幸,通过此种方式使人战胜沮丧,从不良情绪中解脱出来。美国教育家卡耐基认为:如果我们有着快乐的思想,我们就会快乐。如果我们有着凄惨的思想,我们就会凄惨。如果我们有害怕的思想,我们就会害怕。如果我们有不健康的思想,我们还可能会生病。对这个问题,英国文学家萧伯纳讲得更为明确。曾有一名记者问萧伯纳:"请问乐观主义者与悲观主义者的区别何在?"萧伯纳回答:"这很简单,假定桌子上有一瓶只剩下一半的酒,看见这瓶酒的人如果高喊:'太好了,还有一半。'这就是乐观主义者;如果有人对着这瓶酒叹息:'糟糕!只剩下一半。'那就是悲观主义者"。对问题不同视角的思考会获得不同的情感体验,因为在大多数情况下,一个人的快乐和痛苦不是取决于客观环境的好坏,而是来源于个体自身的情绪和心态。完全一样的遭遇,有的人会看到积极乐观的一面,而另一些人看到的却是消极的一面,所以便会出现不同的情感体验,这完全是心情使然。人的一生难免会遇到各种各样的困难、挫折、逆境、厄运等不顺心的事,运用反向心理调节方法会帮助我们走出低谷,获得健康的心理。

2. 森田疗法(Morita Therapy)

森田疗法是20世纪20年代前后由日本精神病学家森田正马(Morita Shoma)博士在总结国内外心理治疗方法,以及自己10多年临床治疗经验基础上,反复探索实践,不断改进完善而创立的一种基于东方文化背景的、独特的、自成体系的心理治疗的理论与方法。森田博士生前把他独创的心理疗法称为神经症的"特殊疗法"。神经症是一种非气质性的,由心理作用引起的精神上或躯体上的功能障碍。神经症包括的范围很广。神经质只是神经症中的一部分,主要表现为个体具有某种症状,如头痛、自卑感、注意力不集中、各种恐怖症状以及焦虑发作等,这些症状对个体的正常生活造成影响,因此个体本人有强烈的克服症状,从症状中摆脱出来的欲望,并积极努力地克服症状。1938年森田博士病逝后,他的弟子们将这种疗法命名为“森田疗法”。

森田疗法的特点：

(1)不问过去，注重现在。森田疗法的治疗采用“现实原则”，不去追究过去的生活经历，而是引导患者把注意力放在当前，鼓励患者从现在开始，让现实生活充满活力。

(2)不问症状，重视行动。森田疗法的治疗注重引导患者积极地去行动，“行动转变性格”、“照健康人那样行动，就能成为健康人”。

(3)生活中指导，生活中改变。森田疗法不使用任何器具，也不需要特殊设施，主张在实际生活中像正常人一样生活，同时改变患者不良的行为模式和认知。在生活中治疗，在生活中改变。

(4)陶冶性格，扬长避短。森田疗法通过积极的社会生活磨炼，尽力发挥个体性格中的优点，抑制性格中的缺点。

森田疗法的治疗原则：

一是顺其自然的原则。面对各种症状出现时，越想努力克服症状，就会使自己内心冲突加重，苦恼更甚，症状就越顽固。如果症状出现时，对其采取不在乎的态度，顺应自然，既来之则安之，接受症状，不把其视为特殊问题，以平常心对待。对于由不得自己的事情，即使着急也无济于事，只能面对现实接受它。就像天气一样，不管其好坏，都应该任其自然，坚持去做自己能做的事。顺其自然不是放任自流，无所作为，而是个体一方面对自己的症状和情绪自然接受，另一方面靠自身努力带着症状，去做自己应该做的事。

二是忍受痛苦，为所当为的原则。如果因有头痛感而不工作，因害怕疾病而不外出，因赤面恐怖而避开人群。当实在逃避不开时就尽量敷衍。这种逃避的态度永远不可能适应现实生活。要想改变，必须做到无论多么痛苦，都应该做到忍受痛苦投入到实际生活中去，做应该做的事情，这样就可以在不知不觉中得到改善。就像不跳入水中永远也学不会游泳一样，不忍受痛苦坚持去做自己应该做的事情，从事积极、有效、建设性的活动，就永远不可能改善。只有当个体把原来集中于自身的精神能量投向外部世界，在行动中体验到自信与成功的喜悦，症状就会淡化直到消失。

三是目的本位，行动本位的原则。森田疗法主张个体抛弃以情绪为准则的生活态度，而应该以行为为准则。神经质者共有的生活态度是看重情绪，常常感情用事。情绪不好时什么都不想做，一些平常的生理现象也觉得是得了病。森田疗法要求对于不受意志支配的情绪不必予以理睬，让我们重视符合自己心愿的行动，唯有行动和行动的成果才能体现一个人的价值。“与其想，不如做”。对情绪既来之则安之，不受其控制，要为实现既定的目标去行动。

四是克服自卑，保持自信的原则。神经质者有极强的追求完美的欲望，做事务求尽善尽美，对自己苛刻。事实上人无完人，我们每天都可能出现各种意想不到的失误。苛求自己的结果只能使自己感到失望、失败，从而失去信心。神经质者当事实与他们的主观愿望背道而驰时，就不可避免地成为不完善恐怖，常常夸大自己的不足与弱点，并为此苦恼不堪，自卑自责，低人一等，结果一事无成。自信产生于努力之中。当徘徊在做与不做之间时，就应该大胆去做，即使没有自信或可能失败，也必须去行动。只要努力就可能成功。

3.疏泄疗法

疏泄法又称宣泄法，是常用的心理调节方法之一，是利用或创造某种情境，把压抑的情绪以科学的方法宣泄出来，以减轻或消除个体的心理压力，避免引起精神崩溃，使之更好地适应社会环境的心理治疗方法。一般来说，人的心理承受能力是有限的，疏泄疗法，有自动疏泄、引导疏泄。自动疏泄的人，个性多呈外向型，是个体心理调节的积极措施。引导疏泄，是指个体在不愿意讲述心中郁闷的情况下，医生、家人或同事、朋友等及时地给予同情、关怀，并以十分耐心的态度、技巧的语言，引导其无所顾虑，畅所欲言。需要引导疏泄的人，个性多呈内向型、抑郁型。

一般而言，疏泄法包括以下几方面：

(1)表达疏泄法。表达疏泄法是指在情绪不好时，运用谈话的方式随时地向自己的亲人、朋友等值得信赖的人倾诉自己的心事，获得他们的支持、安慰和鼓励，或者通过写信、记日记、写文章或写博客等书写的方式将内心的消极情绪排解出去，以达到缓解压力的目的。

(2)运动疏泄法。运动疏泄法是通过自己身体的各类运动，如跑步、爬山、打球等释放能量的方式，把自己所承受的压力、苦恼等不良情绪发泄出来，以减轻自己的心理压力的一种心理倾诉法。事实证明，情绪状态可以改变身体活动，身体活动也可以改变情绪状态。

(3)哭泣疏泄法。哭泣疏泄法就是通过哭来宣泄自己内心的痛苦，缓解不良情绪带给自己的压力。哭泣是人体对不愉快情绪的正常反应和表现。研究显示，流泪能将人体内导致情绪压抑的化学物质排出，从而令不愉快的情绪一扫而空，从而缓解或消除心理上的压力。因此，当个体遭遇到挫折，内心感到非常痛苦的时候，不要过分压抑自己，所谓“男儿有泪不轻弹”在某些情况下是不正确的，痛哭一场，释放内心的压力，对改善人的情绪起着很重要的作用。

(4)出气疏泄法。出气疏泄法是指通过对引起自己不良情绪的模拟物品发泄不满和愤怒，从而使自己的不良情绪得到缓解的方法。这种方法在日本大公司里使用较多，工人可在一定时间内到公司设立的出气室里去出气。把对老板、经理、上司的不满通过踢打或漫骂的方式发泄在塑料模拟像上，以平息心中的愤怒。

总之，当我们面对压力或情绪不好时，可以通过寻找“合理”的方式宣泄心中的不满，此种宣泄方式是在不损害其他人、集体和国家的利益以及不违反社会的伦理道德的前提下进行的，绝不能无端迁怒他人，同时也要注意选择合适的宣泄场合和合理的宣泄方式。

第三节 心理保健

预防问题的发生是最好的解决问题的方法。虽然目前心理治疗技术已经日趋成熟，但心理疾病一旦形成，就会对人的日常生活、社交生活、工作或者事业造成破坏性的影响。为了减少心理异常的发生，我们应当从日常的心理保健做起，提高心理健康的水平。在本节里，我们将从有关的心理健康的理论入手，探讨心理保健的方法。

一、心理健康理论

心理学家从不同的角度对人类的心理及其所表现的行为进行研究，其中有四大理论与心理健康密切相关：一是心理动力论（psychodynamic theory）；二是社会学习论（social leaning theory）；三是人本论（humanistic theory）；四是认知论（cognitive theory）。这些理论从不同的视角对心理健康的适应和成长做出解释，我们可以从中获得启发，主动维护自己的心理健康。

（一）心理动力论

心理动力论（psychodynamic theory）对人类行为的看法，注重人格原始驱力之动力性或交互作用，如欲望、焦虑、冲突与防卫等，个体即由各种冲突力量所驱使，如各种冲动与抑制之间的冲突，个体欲望与社会规范之间的冲突。这一学派的观点以弗洛伊德为主，以后他的弟子又做了许多修正和发展。

弗洛伊德认为由本我、自我和超我所组成的人格系统常常由于三者目标的不同而出现相互之间的冲突。本我是人格的基础部分，储存着心能的潜意识，由生或性及死或攻击这两种原始本能所驱动，基于“快乐原则”行事。自我直接由本我产生，基于“现实原则”而运作，对本我的需求会以社会满意的方式为之。超我是由社会道德标准所形成的部分，基于“完美原则”运作，许多不被接纳的冲动的压抑，即由超我直接产生。本我、自我和超我之间时常冲突，使个体常常处于“进退两难”的境地，通常是由自我控制冲突，制衡本我与超我，同时，本我之欲求或超我的制裁会威胁霸占自我的控制，此时，自我便会感到焦虑。虽然有时候自我能够以直接的、实际的方式处理焦虑，但最通常对焦虑的反应为"逃避"，即以自我防卫方式予以伪装掩盖。

弗洛伊德的弟子对其观点做了修正和阐扬。荣格(Carl Gustav Jung)在其自创分析心理学中认为领悟的目的不单在获得对本我的理性控制和心能来源，亦有助于个体发现和发展成为完整的个体。哈特曼(Heinz Hartman)认为自我的发展与本我无关，有其本身独立的功能，心理动力论对行为的探讨应集中在自我和"无冲突"功能与"冲突解除"功能间的关系。荣格和哈特曼都是特别强调"自我"，重视发展的目标与自我导向作用，并不重视在弗洛伊德理论中起关键作用的性和潜意识。弗洛伊德的继承者埃里克森把弗洛伊德的性心理发展论转换为更为广阔的人格发展论。他的社会心理发展八阶段理论，即信赖与不信赖、主动与羞疑、创发与罪疚、勤奋与自卑、自我肯定与角色错乱、亲密与孤独、奋发有为与停滞颓废、荣耀与失望，与弗洛伊德强调本能的生物学观点相比较，更加侧重于社会文化因素在自我意识形成与发展中的作用。

心理动力论对适应的判断，关键在于人们是否有效管理和控制生活中出现的冲突力量。一个具有良好适应能力的人，必须有坚强的自我，是一个现实导向者，能够在自我欲望和社会要求之间做出适当的调试。

(二)社会学习论

社会学习理论由班杜拉等根据实验研究，证明观察模仿可有效处理病态恐惧，强调直接改变行为本身，不必重视行为背后的动机与人格特质，只要增进个人与环境互动的技巧，不良的适应行为是可以改进的，且由于人类具有强大学习潜能，所以环境变迁恰好足以导致个体成长。社会学习的主要方式是通过观察学习，即人们通过观察他人与事而学习，不需要任何的直接酬赏与强化，人们依据其所见所闻而行事，并非仅限于行为的直接结果，这种学习被称为"观察的、模仿的、替代的或认知的"。

班杜拉等人通过系统减敏等实验方法有效地处理了人对蛇的恐惧。他们强调学习历程及个人与其环境的交互作用，认为只要给予适当了解和辅导，许多不良适应行为都可以改进。实验将被试分成三组：第一组为观看影片方式的象征性模仿组，第二组为有指导者参与的实际模仿组，第三组为控制组。第一组由观看影片学习如何抓握蛇，并通过影片教导被试肌肉松弛法；第二组由指导者参与，被试先观看榜样活生生抓握蛇的示范动作，然后由模仿者亲自抓握蛇，先戴手套抓握，再直接用手抓握；控制组则不加处理。结果观看影片的模仿组被试，无论年龄大小都敢抓握蛇，而由指导者参与接受实际模仿的那一组被试，学习效果最好，感受最大的恐惧消除，也最能接近蛇。

社会学习论对认为个体知识与行为的学习，并不需直接增强，虽然观察学习有时是为了增进学习效果，也可与其他方法（如直接增强）联合使用。

（三）人本论

人本论以罗杰斯（Rogers）和马斯洛（Abraham Maslow）2人为代表，重视主观经验感受及自我抉择潜能，更强调个人成长与自我实现，认为不良适应并非个人没有天赋成长倾向，而是由于环境阻碍或自我防卫，致使不能自由发挥个人潜能，或者由于缺乏环境激励，使个人受制于循规生活的保障与无奈，不能从事挑战性选择，当个体愈能实现自我，就愈能超脱现实的约束，便愈能勇往直前，成为一个成长导向的人。

人本心理学崛起于20世纪50～60年代，是与心理动力学派及行为心理学派并行的三大学派，人本心理学强调人类自由及个人价值，主要涉及现象自我、内在自由和自我实现3个概念。现象一词是指呈现于感官或为感官所感受者，即个体所经验的现实。人本心理学的倡导者罗杰斯认为行为的基础是个人所感受的现实，而绝非“绝对现实”，客观外在的绝对现实是冷静死板的，而个体经验所感受的则是活生生的友情世界，有机体即根据其经验感受从事行为反应，以满足其要求，人类行为是有目标导向的；换言之，我们对环境中事物之所见及解释，会影响我们对它的反应。内在自由是指自我意识本身（即个人对其经验的潜在警觉）始终是影响“决定”的一项不能摆脱的因素，而且自我警觉与潜能对抽象思考具有高层次的作用，使我们会摆脱对冲动的盲从或超越环境刺激。自我实现是人本论的中心概念，是由美国心理学家马斯洛提出，认为每一个人皆天生具有实现其潜能的需求，只有当个人基本需求获得满足以后，个体才会更重视其成长动机或自我实现需求，使个体不断成长，不断发展。

人本论重视个人成长或自我实现，认为适应是自我实现的历程，是个人才能渐进的分化与统合，具有良好适应性、成长导向的人对自己与环境的积极紧张有良好的认知，是实现自我的最佳个体。

（四）认知论

认知论是由临床心理学家艾里斯（Albert Ellis）和宾州大学精神科医师贝克（Aaron Beck）2人所发展的，其强调理性与逻辑思考的重要性，认为良好适应的个体不会因不理性的想法而造成生活上的困扰，一个心理健康的人，不会在未拥有充分证据之前，即匆忙下结论，也不会用“选择性萃取信息”，即只注意符合他的自我挫败图式的相关信息而忽略其他不符合这项图示的其他信息的方式来思考问题。

艾里斯在其所发展的理性情绪疗法中特别强调认知的重要性，认为刺激的功能只是在引发我们的认知或是自我内在语言，而认知才是真正影响我们做出反应的绝对因素。如老师同时批评 2 个同学，不同的认知会产生不同的效果。一些非理性的想法如人应该是完美的、能干的且是有价值的；避免人生困难与责任比面对它更加容易；卑鄙可耻的人应该受到惩罚或报应等，常常造成个体的心理困扰，常会使个体出现自我挫败的行为模式。贝克也认为认知在影响行为的决定上，扮演着重要角色。人们都发展出一套图式，用以主导人们观察世界的方式，抑郁倾向的人较易于使用自我责备和自我反对的图式，在生活的许多层面上，他们都能采取理性和逻辑的态度，唯在评估自己和自己的未来时，则倾向做出不合逻辑的推论。

认知论虽未明确界定心理健康的定义，但却认为合乎逻辑思考、理性的社会认知是一个适应良好的个体所应具备的素质，同时思考要丰富，且具有科学的验证精神，不用“举证谬误”或“选择性萃取信息”的方式思考问题。

二、心理保健的途径

心理模式是指个体如何了解世界、采取行动的假设、印象和成见。人们的行为往往受到心理模式的制约。在人的一生当中会遇到各种各样的问题，这些问题会引起我们不同的情绪反应，当负面情绪过多时，会对人的身心健康产生影响，进而影响我们正常的工作、学习以及生活质量，因此，在社会快速发展的今天，要跟上时代的节奏，就需要我们注意调整心态，改善心理模式。那么，怎样才能培养健康的心理模式，做好心理保健呢？一是要有正确的价值观；二是要具有积极的认知评价。

（一）树立正确的价值观

价值观是指一个人对周围的客观事物（包括人、事、物）的意义、重要性的总评价和总看法，是人们对事物好坏的判断，它表明人们“相信什么、想要什么、坚持追求和实现什么”，是人们在认知基础上进行价值选择的内心定位、定向系统。有关研究表明，价值观是决定行为选择的心理机制，在对事件的认知过程中起过滤作用，它能够制约人的情绪性质及其变化，是人认知成分的核心内容。由于不同的人具有不同的价值观，表现出对事物的态度也就不同。不同的态度产生不同性质的情绪，不同性质的情绪产生不同的心理与行为，因此，正确的价值取向是健康心理的基本保证。

1. 强化健康向上的主流价值导向

在商品经济发展的大潮中，出现了拜金主义、享乐主义等异化的价值观，这些消极的价值取向反应在生活中就是过分追求物质上的享受，行为上表现为浮夸、浮躁和浮华，把个人利益看得高于一切，为了满足私利，甚至不择手段，损人利己，损公肥私。这种欲望的满足不是建立在诚实劳动的基础上，而是通过一些不正当的手段获得，与国家的法律、社会道德相违背，因此，他们的欲望和需要的满足，常常会受到挫折。这些人常常对社会、集体和他人不满意，对社会道德不满意，对国家法律不满意，所以与主流价值观相悖的人会被遭遇更多的挫折，体验出更多的忧愁和烦恼。因此，我们要大力倡导马克思列宁主义、毛泽东思想和邓小平理论在意识形态领域的指导地位，坚持“三个代表”重要思想；坚持个人利益与集体利益相统一的集体主义原则；坚持诚信；坚持民族精神、爱国主义的培养；承接传统价值观中的优秀文化，如儒家思想中的人道精神、奋斗精神，道家的有积极意义的“无为”思想，佛教的平等思想等；社会公德、职业道德和家庭美德教育。

2.形成适度的自我价值感

自我价值感是个体对自我重要性价值的主观感受，它反映一个人对自己的悦纳程度，以及是否有积极健康的自我。一个人能否正确认识自我，对个人内在心理与外表行为及人际关系皆有重大影响：如果一个人只看到自己的不足或缺点，就会丧失信心、缺乏勇气、缺乏积极性；反之，一个人只看到自己比别人好，又会盲目乐观、自以为是、自我欣赏。因此，过高或过低估计自己，形成自满或自卑，或者自我主观评价与社会客观评价过于悬殊，使个体与周围人们的关系失衡，出现矛盾，皆不利于心理健康与自我成长。

我们可以通过 3 种途径正确地认识自己：一是根据他人对自己的态度来获得自己的评价。别人对自己的态度，是自我评价的“一面镜子”，一个人处在特定的社会关系中，通过与他人相处，从他人对自己的评价中看到自己的形象，为自我评价提供基础。从他人一系列评价中概括出来的一些经常稳定的评价，是自我评价的基础。二是与社会上条件、地位相似的人进行比较来评价自己。自我评价不是孤立的，而是通过与自己条件和能力相似的人加以比较后获得的。三是通过个体对自己内心的活动分析来评价自己。通过自我判断选出与自己相符的有关个人品质的词汇，通过此种方式获得自我评价。

3.自我成长

天生万物，各有所长，各有所短，不必强求。自我的最大优点就在于“与众不同”，个体在成长过程中，了解自己，寻求自我肯定，激励自己，寻找自我超越。我们可以通过以下几条途径完成“心灵的成长”。一是不断地发掘自己的长处。人的兴趣和能力是多元的（实用性、研究性、艺术性、日常性），可以根据自己的兴趣和能力选择与自己匹配的事。二是探索生涯历程的适应性。通过“生涯辅导”，提升人们对工作的认识、对各行业的尊重以及正确的工作观念和态度。三是在大我中实现小我。生活在群体中的个人，要与团体有共同的意识、相互依存。学会悦纳自己、悦纳社会；在团体活动中增加归属感和凝聚力，在团队中了解自己、改变自我、发展自我;在团队中学会换位思考,了解他人;在团队中建设自我。

(二)培养积极的认知评价

生活中的每个人都会面临很多刺激,包括自然方面、社会方面与自身方面的各种刺激。由于不同的人具有不同的认知评价,因而对不同的刺激人们会做出不同的心理反应。有的人会用积极乐观的态度对待面对的事情,也有的人会出现一些不合理的思考,如看问题走极端,非此即彼;任意推断,草率下结论;过度引申,把偶然事件引申为一般规律;选择事物的消极面;无故自责等,心理学家阿·贝克认为:这些不合理的"自动思考"一经产生,便会引出不良情绪和不良行为。因此,我们要培养积极的认知评价。

1.学会弹性思维

弹性思维是指人们从不同的角度考虑和评价问题。人们习惯于从自己的角度看待问题,往往会出现"一叶障目,不见泰山"的错误。因此,对问题的理解需要多元思维,既能看到问题的正面效应也能看到问题的负面影响;不仅能用静止的眼光看问题,也能用辩证的、发展的眼光全面地看问题,努力形成对问题的正确认知或者改变已经出现的错误判断。对已经出现定论的问题也可以多问几个为什么,从而多角度地验证结论。在面对同一种情况时要有多种考虑和选择,即使是已经有了定论的问题,也可以重新下结论,找出解决问题的新办法。有两种途径提升思维弹性:首先对待任何问题均要有公正无私的态度,不是单纯的从自己的角度看问题,而是要保持客观中立的态度。其次要了解我们认知的对象,不能根据道听途说的消息妄下结论。

2.提高身心健康水平

身心健康既包括身体上的健康又包括心理方面的健康。身心健康水平高的人,能对各种刺激做出较全面与客观的评价。而身心健康水平较低的人,则可能对其各种环境刺激做出不适当的生理心理反应。因此,要通过各种途径提高身心健康水平。首先,保持身体健康。身体上的疾病易引起消极的情绪体验,因此适当的饮食、运动和积极的思考是获得健康的关键。其次,加强心理素质的锻炼。心理素质的高低可以影响对待挫折的耐受力。通常用各种积极的人生态度对待所面临的各种问题是一种很好的锻炼心理素质的手段。最后,是丰富的社会实践知识。一般来讲,知识经验丰富的人对事情的评价相对正确,而很少接触社会的人遇事往往会出现"少见多怪"、"井底之蛙"、"自我中心"等知识贫乏的偏见,人际关系淡漠。因此,可以通过社会实践扩大社会交往范围,获得丰富的社会知识,以增加对问题的认知。

3.培养良好的个性特征

个性特征指人的兴趣态度、价值观、情绪、气质、性格等内容。与个性特征密切相关的因素有神经类型、性格特征、生活态度、社会适应性等品质。神经类型强弱不同,对外部刺激的反应也不相同。神经属性较强的人能够承受较强的刺激,而神经属性较弱的人对较强的刺激会引起生理心理的反应。不同性格特征的人对刺激反应不同,具有良好性格特征的人具有很多良好的品质,如谦虚、开朗、勤奋、认真等,这类人有较好的社会适应能力,稳定而协调的情绪。而良好个性特征可以通过以下途径培养:一是用微笑积极地面对生活,建立健康、丰富、快乐的生活模式。二是锻炼用平常心面对生活,接受不可改变的现实和改变能够改变的现状。三是不断地学习、完善和充实自己。这是一个不断发展变化的时代,必须与时俱进,否则面对新事物内心便会出现惶恐感。四是培养宽阔的胸怀。对待现实既要学会宽容自己又要学会宽容别人,不计较名利得失。

4.提高自身的认知能力

个体的心理和行为受其认知理念和认知方式的影响。认知方式正确与否直接影响个体对事物的认知评价,从而影响到其心理。许多心理紊乱常因对事物的歪曲理解而造成的,如在分析影响自己失败的因素时,有些人习惯地把失败原因归为运气不好、没有人帮助或者任务太难等外部不可控制的因素,而不是分析自己的能力和努力程度等,从而怨天尤人,甚至是心灰意冷,这种归因方式不利于个体的进步和成长。正确的做法是用发展的、客观的、辩证的观点看待周围一切事物,从实际出发,既应看到外部不利因素,更应该从自身内部寻找不足。美国心理学家阿尔伯特·艾里斯(Albert Ellis)认为:人既有理性的一面又有非理性的一面,人的大部分情绪困扰和心理问题都来自于不合理或不合逻辑的思考。因此,应该尽量以理性思维方式和观念代替不合理的思维方式,以理性治疗非理性,以最大限度地减少不合理的理念给他们的情绪所带来的不良影响,以此使自己的心理臻于健康。

本章小结

本章从三个方面探讨了社会心理学在心理健康方面的应用。一是心理健康的含义、判断标准和影响因素。心理健康是指在正常发展的智能基础上所形成的一种良好个性、良好处事能力和自我潜能最大限度发挥的心理特质结构,是一种持续的、稳定的、积极的、建设性的协调状态。其评定标准有7个:乐于工作,富有热情;具有正确的自我概念,并能悦纳自己;具有适应社会环境的能力;乐于交往,人际和谐;情绪稳定,并具有良好的情绪调控能力;心理行为符合年龄和性别特征;人格品质完整统一。其影响因素主要从生物的、个体的、社会的、教育等方面进行分析探讨。二是针对生活现实,介绍了现代人急需了解的压力和压力应对策略,在对心理压力的相关知识进行介绍的基础上,提出积极适应环境改变、加强心理素质的自助功能、积极获取社会支持、学会适当的心理调节 4 种策略。最后，通过对心理动力论、社会学习论、人本论及认知论 4 个流派对心理健康进行的理论解释，介绍培养健康心理模式的途径，提出通过树立正确的价值观、建立积极的认知评价来进行心理保健。

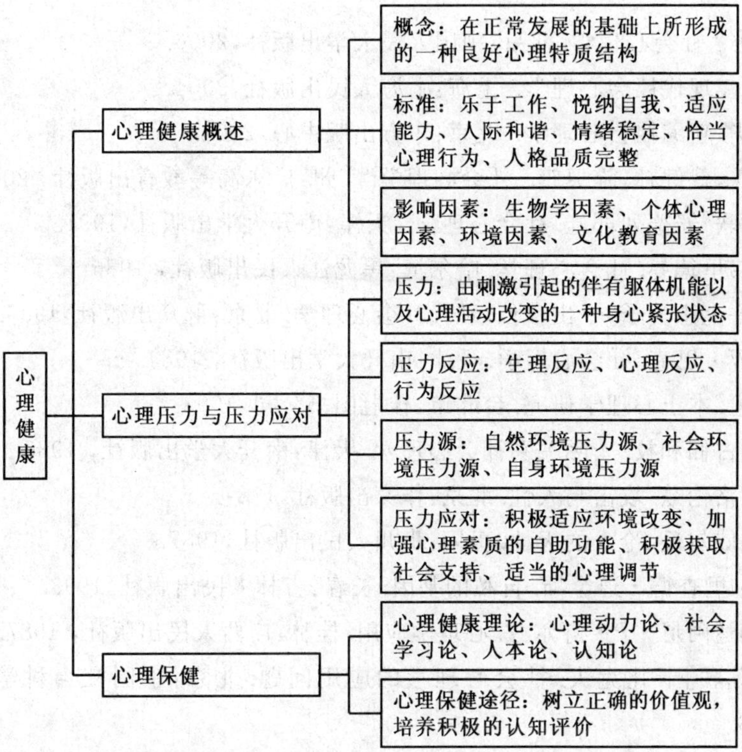

思 考 题

1. 何谓心理健康？评定心理健康的标准有哪些？
2. 试论述并解释心理健康的各种理论。
3. 试举例分析生活中所出现的影响心理健康的因素有哪些？
4. 结合具体案例论述培养健康心理模式的途径。
5. 结合自己的经验，谈谈如何应对压力。

参 考 文 献

1. 沙莲香. 社会心理学. 北京:中国人民大学出版社,2006.
2. 周晓虹. 现代社会心理学. 上海:上海人民出版社,2004.
3. 时蓉华. 新编社会心理学. 北京:东方出版中心,2005.
4. 吴江霖,戴健林,陈卫旗. 社会心理学. 广州:广东高等教育出版社, 2004.
5. [前苏联]安德列耶娃. 社会心理学. 天津:南开大学出版社,1991.
6. [美]弗里德曼. 社会心理学. 哈尔滨:黑龙江人民出版社, 1986.
7. [日]井上惠美子,午出彦仁. 现代社会心理学. 北京:群众出版社,1987.
8. [美]W·巴克. 社会心理学. 天津:南开大学出版社, 1984.
9. 杨国枢. 本土心理学研究. 台北市:桂冠图书公司,1993.
10. [日]古佃和校. 人际关系社会心理学. 天津:南开大学出版社, 1986.
11. [奥]洛伦兹. 攻击与人性. 北京:作家出版社,1987.
12. [英]威尔逊. 论人的天性. 贵阳:贵州人民出版社,1987.
13. [英] 里查德·道金斯. 自私的基因. 长春:吉林人民出版社,1998.
14. [美]达阿尼·P·舒尔兹. 心理学应用. 桂林:广西人民出版社, 1987.
15. [前苏联]卡扎克夫. 社会心理学的应用问题. 北京:中国社会科学出版社, 1988.
16. 吴江霖. 民族社会心理学. 广州:中山大学出版社,1993.
17. 孔汪周,等. 社会心理学新编. 沈阳:辽宁人民出版社, 1987.
18. 马广海. 应用社会心理学. 济南:山东人民出版社,1992.
19. 乔健,潘乃谷. 中国人的观念与行为. 天津:天津人民出版社,1995.
20. 孙彤. 组织行为学. 北京:高等教育出版社, 1989.
21. 卢盛忠. 管理心理学. 杭州:浙江教育出版社, 1985.
22. 徐联仓,等. 管理心理学. 北京:人民出版社, 1988.
23. 罗大华. 犯罪心理学. 北京:中国政法大学出版社,1999.
24. 程贵铭,朱启臻. 当代中国农民社会心理研究. 北京:首都师范大学出版社, 2000.

25. 朱启臻.打交道的学问——现代人际交往心理学. 北京:科学普及出版社,1992.
26. 高启杰.现代农业推广.北京:中国科学技术出版社,1997.
27. 李秋洪.中国农民的心理世界. 郑州:中原农民出版社,1992.
28. 彭家栋.农业推广运行机制与工作方法.苏州:苏州大学出版社,1994.

图书在版编目(CIP)数据

社会心理学原理及应用/朱启臻主编．—北京：中国农业大学出版社，2008.10
ISBN 978-7-81117-515-8

Ⅰ．社…　Ⅱ．朱…　Ⅲ．社会心理学　Ⅳ．C912.6

中国版本图书馆 CIP 数据核字(2008)第 130766 号

书　　名　社会心理学原理及应用
作　　者　朱启臻　主编

策划编辑　丛晓红　　**责任编辑**　董　维　陈巧莲
封面设计　郑　川　　**责任校对**　陈　莹　王晓凤
出版发行　中国农业大学出版社
社　　址　北京市海淀区圆明园西路 2 号　　**邮政编码**　100193
电　　话　发行部 010-62818525，8625　　读者服务部 010-62732336
　　　　　　编辑部 010-62732617，2618　　出　版　部 010-62733440
网　　址　http://www.cau.edu.cn/caup　　**E-mail**　cbsszs @ cau.edu.cn
经　　销　新华书店
印　　刷　北京时代华都印刷有限公司
版　　次　2008 年 10 月第 1 版　　2013 年 10 月第 7 次印刷
规　　格　787×980　　16 开本　　17.5 印张　　314 千字
印　　数　30 001～35 000
定　　价　27.00 元

图书如有质量问题本社发行部负责调换